21世纪教学活动设计案例精选丛书

中小学美术教学活动设计案例精选

丛书主编　禹　明
本册主编　戴高桃
副 主 编　田丹丹　宋颖瑶　冯英杰

北京大学出版社
PEKING UNIVERSITY PRESS

图书在版编目(CIP)数据

中小学美术教学活动设计案例精选/禹明丛书主编. —北京:北京大学出版社,2012.3
(21世纪教学活动设计案例精选丛书)
ISBN 978-7-301-20248-7

Ⅰ. ①中… Ⅱ. ①禹… Ⅲ. ①美术课—教学设计—中小学 Ⅳ. ①G633.955.2

中国版本图书馆CIP数据核字(2012)第021973号

书　　名:中小学美术教学活动设计案例精选
著作责任者:禹　明　丛书主编　戴高桃　本册主编
策　　划:周雁翎
责 任 编 辑:李淑方
标 准 书 号:ISBN 978-7-301-20248-7/G·3333
出 版 发 行:北京大学出版社
地　　址:北京市海淀区成府路205号　100871
网　　址:http://www.pup.cn　　新浪微博:@北京大学出版社
微信公众号:通识书苑(微信号:sartspku)　科学元典(微信号:kexueyuandian)
编辑部邮箱:jyzx@pup.cn
总编室邮箱:zpup@pup.cn
电　　话:邮购部 010-62752015　发行部 010-62750672
编辑部 010-62767857　出版部 010-62754962
印 刷 者:三河市博文印刷有限公司
787毫米×1092毫米　16开本　17.25印张　350千字
2012年3月第1版　2023年8月第7次印刷
定　　价:59.00元

序

朱慕菊

当今世界正在发生着深刻的变化。社会的发展决定了教育必须跟上时代的步伐,因此,教育必须朝着适应未来的方向进行深刻的变革。自2001年9月启动我国新一轮基础教育课程改革以来,中小学的课堂里正在发生着质的变化,课程改革的理念已在基础教育改革的实践中得到广泛认同。

课堂教学设计是教学中的一个重要环节,是教学的目的性、过程性、科学性与艺术性的统一,不但需要深厚的教育理论作支撑,而且需要适切运用丰富多样的教学方法和教学技术。本丛书编写者长期以来坚持以新课程的理念为指导,对课堂教学进行了深入的探索,获得了有益的经验。

第一,在教育理论与实践的结合上进行了有益的探索。长期以来,教师们普遍认为系统而复杂的教学理论不易被有效地运用于课堂教学中。而在新课程推进过程中,教师们努力学习新课程所倡导的教学理论,并积极探索与实践的结合,特别注重把教学理论和研究成果运用于实际教学,指导教学工作,同时也注重将教师的教学经验总结上升到理论层面。事实证明,理论必须与实践不断结合才能为教师所掌握和运用;同样,也只有经常性地反观课堂教学实践,对其进行深度思考与梳理,才能使教学认识上升到理性的高度。这套《21世纪教学活动设计案例精选丛书》正是积极探索教育理论与实践相结合的产物。

第二,在教师的专业发展上进行了有益的探索。新课程的推进既向教师提出了巨大的挑战,同时也应看到,它更是教师专业发展的极好机遇。教师工作的性质决定了它不是机械的重复。教师既要坚定不移地贯彻落实党的教育方针,同时作为专业人员还必须遵循少年儿童心理发展的规律,谙熟他们的需求,掌握学科教学的内容与方式。在当今社会快速发展的背景下,教师的专业修养也需要与时俱进。因此,新课程所倡导的学生学习方式的变革、教师教学方式的变革,都需要教师在工作岗位上不断思索,不断进步,实现其专业发展。而本丛书编写者正是深刻理解了教师专业发展对于推进新课程的重要性,他们想方设法促使教师对自己的课堂教学进行自觉的反思与总结,引导教师们在理论与实践之间进行反复的"对话",并将"对话"的结果以课堂教学设计的形式表达出来,帮助教师整理了教学思想,提升了教育理念,促进了教师专业的发展。

第三,在改变课堂教与学的方式上进行了有益的探索。查尔斯·赫梅尔在《今日的教育为了明天的世界》中指出,在百科全书式的知识已经过时、百科全书比老人老得还快的大变革时代里,教师再也不能仅限于传授知识,而需要"唤醒不被知晓或沉睡中的能力,使得每个人都能分享到人们完全能够发挥自己才能的幸福"。因此,改变教与学的方式成为本次课程改革追求的重要目标之一。这套丛书正是以改变教与学的方式为突破口,对课堂教学如何体现学生的主体地位,如何突出知识的建构过程,如何增强学生的情感体验,如何使学生形成正确的价值观等方面的问题作了大量深入的探索。这套丛书中的教学设计虽然侧重活动性,但每一个教学活动的设计都力图向人们反映一种理念:只有将学习任务转化为学生的自我需求,才能真正唤起学生的求知欲望,才能真正激活学生学习的内在动力,才能真正使学生成为学习的主人。

衷心希望这套丛书能够为全国的中小学教育工作者提供借鉴。

2012年2月

(朱慕菊:国家基础教育课程教材专家工作委员会秘书长)

前　　言

禹　明

最近，国家九年义务教育课程标准正式公布了。在总结我国十多年来基础教育课程改革经验的基础上，教育部正式公布的国家九年义务教育课程标准在强调德育领先、坚持渗透社会主义核心价值观的同时，特别强调了对学生创新精神和实践能力的培养。而要实现这一点，我们就要继续转变中小学课堂教学方式，在课堂上尊重学生，充分调动学生的积极性和主动精神，培养学生的批判性思维和学生的实践能力。为了学习，落实国家九年义务教育课程标准的精神，帮助中小学教师转变课堂教学方式，北京大学出版社出版了《21世纪教学活动设计案例精选丛书》，以帮助中小学各学科教师更好地在国家九年义务教育课程标准的指导下，研究课堂教学，改进课堂教学，提高基础教育的教育质量。

我们一直强调教学过程的重要性。因为学生知识的获取，能力的提升，情感的变化都是在教学过程中逐步实现的。教学过程要由一个一个教学活动构成。要想实现有效的教学过程，一定要设计好每一个教学活动，使教学活动符合学生的认知发展水平，符合学生的实际生活经历。在设计教学活动时，要考虑在活动中学生学什么？怎样学？学得怎样？要考虑如何让学生主动学习，合作学习，探究学习。一堂课是否有效与课堂教学活动的好坏正相关，学生是否能成为课堂学习的主人也与课堂教学设计的好坏正相关。因此，研究课堂教学活动的设计是课程改革的需要，是落实国家九年义务教育课程标准的需要，也是中小学教师专业发展的需要。

《21世纪教学活动设计案例精选丛书》的编写不以某一版本的教材为依据。它是根据基础教育课程改革的基本理念，依据国家九年义务教育课程标准编写的。这就使本丛书具有普适性，可供使用任何版本教材教学的中小学教师参考使用。本丛书收集的活动设计，有别于教育教学案例，它是课堂教学中的某个教学环节，或是精心设计的导入，或是针对具体学习任务而设计的小游戏。每一个教学活动设计体现了以学生为主体的理念，而且经过了多年教学实践的检验，行之有效。由于丛书提供的活动类型多样，宛如一个课堂教学活动设计的“超市”，各个学科的教师完全可以根据自己教学的实际需要，任意选用或组合，也可以在现有基础上改造与创新。在编写本丛书时，我们并没有强求体例一致，这样，我们可以保存每个教学活动设计的个性与特点，体现教学活动设计的多元化。对于广大的一线中小学教师而言，本丛书是实用的教学参考书，因为本丛书的作者都是来自教学第一线，他们的教学活动设计就是在教学第一线产生的。

《21 世纪教学活动设计案例精选丛书》是一套“草根”作品，散发着浓浓的芳草气息，而课程改革的春天不正是弥漫着这股清香味么？愿同行们喜欢它，也期待着你们的指教。

2012 年 2 月

于深圳市教育科学研究院

（禹明：特级教师，教育部教师教育课程资源专家委员会专家，教育部“国培计划”首批教师培训专家，教育部九年义务教育课程标准综合审议专家，教育部外国人子女学校认证专家组专家，深圳大学师范学院兼职教授，教育硕士导师）

编者说明

师范院校的教师职业技能培养的严重缺失，课程改革培训中重理论轻教法的倾向，教师职业技能方面专业引领的不足，这些是导致课程改革中出现诸多问题的重要原因。改变教师的教育理念非常重要，但新的理念不是自然而然地就能转化为新的教学设计和行为的。在这个过程中需要专业技能的支撑，比如如何上好讨论课，如何通过游戏使学生掌握英语的时态，如何使学生通过有趣的活动认识数学的抽象概念，如何让学生通过讨论春游的安排了解人民代表大会的议事程序，等等。新的课程理念只有在这些细节的落实之处才能真正体现出来——这就是我们编写这套《21世纪教学活动设计案例精选丛书》的初衷。

谁是教师职业技能培养的引领者？是那些将自己的热情和智慧奉献给课程改革事业的富有创造性的教师们。南山区的教师们在这方面作出了有益的探索。本套丛书所收集的活动，不同于以往的案例，它是课堂上的一个教学环节，或是一种精心设计的导入，或是一个针对具体的学习任务而设计的小游戏……每一个活动设计都体现了以学生为主体的理念，都已经被教学实践证明是行之有效的好方法。

这套丛书没有依据某一个版本的教材，而是按照课程改革的理念，依据课程标准编写的，这就使得这套丛书具有了普适性，使用任何版本教材教学的教师都可以使用。其中所设计的活动的类型多种多样，宛如一个课堂活动的“超市”，教师可以根据自己教学的需要，任意选用和组合。即便是每本书或每个设计，我们也没有强求体例一致，我们想让每个教师鲜明的个性跃然纸上。这套丛书是教师的实用参考书。

当教师们的职业技能逐渐提高的时候，课程改革的事业就会展现出更加绚丽的前景！我们编写本套丛书的目的，是希望为提高教师的职业技能贡献一份力量。我们也期待热心的读者提出宝贵的意见。

目　　录

风来了(一)

【设计理念】

当今的美术课程改革呼唤着人文精神的回归,要求教师渗入与未来发展及社会环境相适应的多元、审美、人文、创新等综合意识,使学生能以一种科学和艺术审美的眼光去认识客观世界,全面促进学生的人格发展。法国社会学家普朗格说过:“教育不是向人传授已有的知识,而是要把人的创造力诱导出来,将生命感、价值感唤醒,一直到精神生活的根。”

在本活动的教学设计中突出一个“导”字:引导学生以新颖的视角、独特的方式去看待熟悉的客观自然,更深层次地把握事物,启发、丰富他们的想像力,并用独特的艺术语言及形式表达出来。

【活动目标】

1. 用情感表现风中的景物,渲染风的气氛。

2. 提升学生的形象观察能力和形象记忆能力,发展学生的想像能力和绘画表现能力。

【活动准备】

电脑课件、范图、绘画工具。

【活动过程】

1. 创设情景,引入新知

教室里响起由小至大的环绕的风声。学生纷纷议论:“起风了”,“风来了”……教师迅速用排笔沾上颜色刷出课题:“风来了”,使字体产生出风动的效果,展示课题。

2. 记忆交流,尝试表现

(1) 探究物体在风中与平常不同的形状特征(风声连续播放)。

师:仔细听,这是什么风?

学生议论开来:“微风”、“大风”、“狂风”……

师:你还知道有哪些风? 能学一学风的声音吗?

学生发出阵阵的唏嘘声:“呜……”,“嘘……”。

师:风是什么样子的? 有形状吗? 有颜色吗?

生:没有。

师:你怎么知道风来了。我们一起找一找风在哪里。请你用动作表现出物体在风中的状态。

学生纷纷用语言说出或用肢体语言做出物体在风中的形状。

交流结果：我们找到了风——在物体被风吹时的形态中。

(2) 进一步探究物体在各种风中不同的形状特征。

师：在风中物体与平常的形状一样吗？(生答：不一样)。产生了变化。仔细观察以下的画面，认真体会在微风、狂风、龙卷风中物体的形状变化。(播放动画课件)

学生议论：在微风中，树叶微颤，旗帜垂下，炊烟斜着徐徐飘动……

在狂风中，树斜了，旗帜直了，炊烟被吹散了，水面上荡起层层波涛……

在狂风中，房子被刮歪了，树被掀翻了，旗杆折了，水柱冲天……

交流结果：物体在风中与平常形状不一样，而且风越大，物体形状变化也越大。

(3) 学生自主表现，教师指导。

请同学们用手中的画笔，选择一种风吹的时候各种物体的形象。

(4) 学生交流小结，谈一谈自己表现了哪些风中的景象。

有的学生画出了台风吹倒了房屋，有的学生画出了龙卷风将汽车刮到了半空……

3. 深入探讨、表现心境

(1) 体会心情，启发想像。

师：同学们已经画出了风中物体的变化。那么，当你在画树、房子的时候，有没有想到它在风中会有怎样的心情？

学生们一脸困惑的样子。

师：从同学们疑惑的眼神里，老师看出了问号："树"有心情吗？我们可不可以把它们当作"人"？人有心情，有喜、怒、哀、乐的表情。

师生讨论：(播放动画课件) 也许葫芦在微风中翩翩起舞，非常快乐……也许大树在狂风中哀伤哭泣……也许房子在龙卷风中害怕，甚至恐惧……

(2) 学生深入进行自主表现，教师根据学生情况进行指导。

用拟人化的手法，把各种物体的表情画出来，让人们知道它们在风中的心情。

(3) 学生交流小结，说一说自己所画的风中物体有怎样的情绪。

学生们表现出了房屋在风中哈哈大笑，小草在风中哀号……画面更为丰富多彩。

4. 渲染气氛、表现风的声音、足迹

(1) 师生讨论表现风的声音、足迹的方法。

师：大家画出了风中的物体和它们的心情。一幅好的画，会让人产生身临其境的感觉。怎样才能让人们看见你的画时，仿佛耳边有微风袭来，或有狂风呼啸而过？仿佛听见了风的声音，看见了风的足迹呢？(师生讨论)

交流小结：可以用线条、笔触等方法。

师：怎样的线条才能更好地表现呢？

利用风扇制造大小不同的风，以彩纸当作线条，师生共同演示在人为制造的风中纸条的变化，请几位学生在黑板上画线条，其余学生在画纸的背面作线条练习。

交流小结：微风中树枝颤动，彩纸条是斜的，用细而短的斜线表现；狂风中树枝弯了，彩纸条的斜度接近水平，用粗而长的斜线表现；龙卷风则用螺旋线加以表现……

(2) 讨论运用色彩的心理暗示作用表现各种风的情绪。

师：我们画了风中的物体的心情。风是不是也有感情？风的情绪怎么表现呢？

师生讨论。

交流小结：老天发怒了，刮起了狂风，用黑、黄等色彩来画；老天笑了，吹来了和煦的微风，用绿、粉红色等色彩来画……

(3) 启发学生为自己的画配上自己创作的诗歌、儿歌。

(4) 学生进一步自主表现，教师根据学生情况进行指导。

(5) 学生相互交流画作，大声朗诵自己创作的诗歌、儿歌。

5. 结束语：拓展加强，深化主题

(1) 欣赏有关风主题的名画，学生自己比较、相互讨论。

(2) 引导学生在课后留心观察阳光、冰雪、风雨、雷电中物体的不同变化。

【活动评述】

本活动的设计在以下方面进行了尝试：

1. 教学方法的探索

层层推进、抽丝剥茧的教学方式，有利于学生更深入、更细腻地进行艺术表现。本课的教学内容丰富，如果教师整段地传授知识，对于刚从低年级升上来的小学三年级学生来说，有一定的难度。而将课堂知识化整为零，更利于学生将所学的知识经过自己消化过滤后，充满激情地表达出自己的真情实感，摆脱了对自然的简单的描摹。

2. 情感教学的探索

教学以教材为本，更要活用教材，超越教材，深入挖掘教材中的情感因素，将情感教育融于教学中。本活动设计大胆地采用了拟人化的手法表现风中景物的喜、怒、哀、乐等情绪，灵活地将色彩的心理特点运用于表现风的情绪中，贴近小学三年级学生的年龄特点，学生们感到新颖，易于接受，乐于表现。

3. 融合教学的探索

结合本校正在进行的诵诗活动，有机地将姊妹艺术——文学融入美术课堂教学中，利用画配诗、儿歌等，整合了学生的知识结构，丰富了学生的艺术创造力。事实证明：学生不仅较好地运用了已有的文学知识，而且还创作出了谜语甚至散文，融合教学取得了成功。

【资料链接】

李绵璐、汪华主编：《义务教育课程标准实验教材·美术(三年级上册)》，《风来了》一课，湖南美术出版社，2002 年 7 月版。

(深圳市南山中英文学校　吴　艳)

风来了(二)

【设计理念】

爱因斯坦关于“想像比知识更为重要”的观点，阐明了在人类进步过程中，文明本身就来源于创造性思维。本教学活动设计就是通过教会学生从熟悉的环境中拓展思维，运用绘画语言创造性地表现绘画作品，培养学生的创新意识，发展其创新能力，使其不受时间和空间的限制，不受生活真实的约束，充分展开想像的翅膀，自由发挥、任意描绘。

【活动目标】

1. 诱发学生的想像思维。

2. 把风吹时所引起物象变化的景象用绘画语言表现出来。

【活动准备】

1. 学生准备相应的画具和材料。

2. 教师准备一台风扇、风吹的声音资料、各种吹风时物象形态变化的录像、卡通片。

【活动过程】

1. 创设情景、引入课题

(1) 上课前，教室里风扇不转，窗户闭着，没有半点风，同学们比较焦虑。这时教师适时走进教室，把风扇开到小档位，一阵阵微风吹得同学们心情舒畅。随着风扇的转动，教师把录音打开，一阵阵风铃声传入同学们的耳朵，同学们心情更加喜悦。

(2) 选一位长发女同学站在开着的、吹着强风的台式风扇前，女同学的头发被吹得高高地飘散着，衣服也鼓鼓的。在强风呼呼的音乐声中，全班同学开心地笑了。

(3) 选一位较瘦小的同学站在台上，对着风扇正面。同时电视屏幕播放龙卷风席卷而过的场面。龙卷风声呼啸而过，震耳欲聋，台上的小同学不由自主地打了一个冷颤，双手紧抱双肩。这时全班同学们更大声地笑开了。

2. 引发思维，自主探究

(1) 通过模拟人对各种风的感受引出了课题，同学们随之总结出风的种类：微风、阵风、强风、台风、龙卷风。

(2) 欣赏课本中法国画家柯罗的油画《阵风》，该画通过向左侧强烈倾斜的树木之可视形象，明确地表现出阵风吹过时的情景。灰色的天空密布沉重的云层，被风吹得摇摇欲坠的树木好像将被连根拔起。乡间的田野一片寂静，更加强了阵风天气的气氛。边欣赏边播放阵风音乐，增添场景的气氛。

(3) 通过欣赏与启发，让学生展开讨论。同学们总结出风是看不见、摸不着、抓不住的东西，只能通过物象的变化来表现无形的风。

(4) 提问：风能给我们的生活带来什么样的变化？请描述你对风吹时的印象，也

可根据此印象进行夸张性的联想。

“龙卷风最厉害，能把房屋、汽车、动物卷到天上去。”

“海上的龙卷风形成一条水柱，冲上几十米的高空。”

“台风来了，天上乌云密布，雨伞都给吹折了。”

“放风筝时，有阵风吹过来就能放飞上天了。”

“我设计的飞机能借助强风飞上天去遨游而不会掉下来。”一个同学很自豪地说。

“这是环保飞机。”老师补充了一句，学生会心地笑了。

“我想，台风来袭击我们的城市时，用科学技术把它引开，绕城市而过，我们的城市就不会有损失。”班长一下子想到了科学幻想的话题上来。

“那我想到了设计一种防台风雨伞，六级台风都吹不跑的。”一位女同学说。

老师对同学们的想法给予肯定。

3. 图片欣赏，画法示范

(1) 范画：风把树叶吹得团团转。

(2) 仿照凡·高的画把看不见的风画成有韵律的流动着的色点。

(3) 幻想坐上神话故事里的飞毯，在空中随风飘荡。

(4) 放映卡通片：① 蒲公英被风吹起，随风飘扬，到处播种。② 海洋卷起层层大浪，轮船摇摆不稳。

4. 拓展加强，深化主题

故事链接——打仗也靠气候：古代三国鼎立时期，曹操的军队南下伐吴，周瑜率水军到达赤壁，正好与曹操相遇。两军隔岸对峙，曹军在江北，吴军在江南。曹操命令将战船用铁环锁在一起，这为周瑜火攻提供了条件。但时值农历十一月隆冬季节，多西北风，而曹军在西北方向，位于东南方的吴军只有东南风起才能火攻。此时诸葛亮看出周瑜的心思，并根据他在当地的经验，估计将会有短时东南风，就以“借东风”为名，让周瑜放心备战。不久果然刮起了东南风。黄盖驾船十艘，满载引火之物，顺风直奔曹营，曹操狼狈逃跑，实力大伤。这就是著名的借东风火烧赤壁之战。

5. 巡堂指导，引申课题

(1) 学生根据前面的画法示范以及活动，用画笔在纸上自主表现起风时的景象。

(2) 教师对学生作品进行评价，给予肯定，并引申课题，进行安全教育。

台风五个等级分类：① 白色台风信号；② 绿色台风信号；③ 黄色台风信号；④ 红色台风信号；⑤ 黑色台风信号。其中黄色台风信号、红色台风信号、黑色台风信号发布时全市中小学生停课，同学们不宜外出，应留在安全室内。

【活动评述】

本活动设计通过已有的经验、印象，创建自主的绘画语言，开拓思维，进行丰富的想像，学生表达了自己的感受，将生活感受用概括、集中、强化、夸张甚至幻想的方法表现出来，最终借此来锻炼学生的形象记忆能力、想像力和创造能力。

【资料链接】

1.《美术(第七册·教学参考书)》，岭南美术出版社。

2.新浪网动漫世纪 http://www.sina.com.cn

3.气象台网站气象常识。

（深圳市南山区西丽小学　曾远君）

风来了(三)

【设计理念】

爱因斯坦说过："想像力比知识更重要，因为知识是有限的，而想像力概括世界上的一切。"本教学活动设计重在点拨、启迪学生想像力，引导学生以新颖的视角、独特的方式去看待熟悉的自然现象，鼓励学生大胆创新，并用独特的艺术语言及形式表达出来。

【活动目标】

1. 认识风的特点、种类及风吹来时发生的各种现象。

2. 通过交流，丰富对风的联想，建立对风的情感，对大自然的热爱。

3. 在自主、合作、交流、探究的学习过程中体验学习的快乐。

【活动准备】

所需材料：多媒体课件。

【活动过程】

1. 创设情景，激发兴趣，引入课题

师：上课前老师请同学们玩一个猜谜语的游戏，好不好？(教师一上课就让学生参与猜谜语的游戏，极大地激发起学生的好奇心，而学生在猜谜语的过程中，初步感知到风的特点，同时激发起求知欲。)

生：好！

师：请大家看大屏幕。(播放课件，猜谜语：看不见来摸不到，四面八方到处跑，走过江边水生波，穿过森林树呼啸。打一自然现象，你能猜得到吗？)

生：是风。

师：让我们听一听正确答案(谜底：风)。真不错，同学们都猜对了。事实上，风是我们身边最常见的一种自然现象，今天我们就来研究如何表现风来了的画面。(屏幕上显示相应课题："风来了"。)

2. 自主探究，合作交流，切入主题

师：从刚才的谜语中我们知道风是看不见、摸不到的，但是你们怎么知道风来了没来呢？另外，风来了会发生什么现象？

生 1：有风的时候，树叶会摇摆，国旗会飘，风铃会响。

生 2：风大的时候，会发出声音，我们可以到广场上放风筝。

生 3：夏天它带给人们清凉，冬天它带给人们严寒。

生 4：当台风来临的时候，树枝、电线杆可能会被折断，所以我们就要躲在房子里。

生 5：有时候风会给人们带来灾害，但是它对我们人类也有帮助，因为它可以用来发电。

师：同学们说得真好，看来同学们平时很注意观察生活。正如同学们所说，风虽是无影无形的，但是我们能听到它的声音，更能通过风的大小变化感觉到风来到了我们的身边。此外，风的种类很多，如微风、阵风、台风、龙卷风等，那么，我们该怎么画呢？把刚才所说的情景都描绘出来吗？

生 1：我觉得不需要都画出来，因为那样画面会太乱，应该有选择地画。

师：这位同学说得对不对？

生 2：我认为他说得有道理。

师：接下来就请同学们互相交流讨论你将如何构思一幅“风来了”的画面，两分钟后告诉我你们讨论的结果好吗？（学生在回忆中对风有了初步的感性认识，在这基础上，教师引导学生尝试互相交流画面的构思，这些都极大地调动了学生的多个感官，激发了学生学习的积极性，突出了学生的主体地位，满足了学生的探索欲望。）

3. 交流与分享

师：时间到，请同学们大胆发言，告诉我你的画面是怎么构思的，好吗？

生 1：我是这样构思的：猪妈妈带着她的猪宝宝在草地上放风筝玩。

生 2：我要画龙卷风把大卡车都卷到天上。

生 3：我想要把风画成一个美丽的姑娘。

师：同学们的想法可真奇妙，其实只要你在画面中表达出你对风吹来时的最深感受、最深的印象并且适当做一些想像的描绘，一幅风吹来了的画面就会很生动了。（教师设置的自主交流讨论情境，符合学生爱学习的心理，极大地调动了学生的积极性。而欢快轻松的背景音乐为学生的创作营造了既紧张又和谐的课堂氛围。）

4. 学生作业

(1) 依据记忆和想像描绘一幅与风有关的画面。

(2) 任意选择你最喜欢的绘画工具。

(3) 任意选择各种艺术形式绘画。

5. 学生互相参观欣赏，交流作业

让学生参观并互相提建议，可以充分发挥学生的自主性，提高其评判能力。教学过程中，教师的过程性评价、实质性评价贯穿课堂始终，促进了学生各方面潜能的发展。

6. 拓展加强，深化主题

师：老师也画了一幅风来了的画，而且画中的主人公还会说话呢！你们想不想看，想不想听呢？（播放课件“风娃娃”：“嗨！大家好，我是风姑娘。我最喜欢轻轻地来到你们身边，带给你们清凉，看着小朋友们乘着风放飞风筝，去踏浪……但是当植被遭到破坏，森林被砍伐的时候，我将会发怒，狂风大作，侵袭你们美丽的家园，给你们带去不可估量的灾害。敌人和好朋友之间，我愿意选择做你们的好朋友，所以我衷心地希望在座的小朋友能从小事做起，热爱、保护珍贵的森林资源，相信你们能做到的，对吗？”）

师：同学们，你们能做到吗？

生：能做到！

师：老师相信你们一定能做到！（教师的课后小结“热爱、保护珍贵的森林资源，让风成为人类的好朋友！”将课堂知识延伸到了课外，主题得到了升华。）

【活动评述】

本活动设计遵循让学生多说、多想、多练、多动脑的理念，根据思维递进的规律来积极引导、点拨学生，并利用猜谜语的形式引入课题，激发学生的学习兴趣，活跃课堂气氛，培养学生动脑思考能力。这正是新课程所提倡的。最后，全班学生一起互相交流探讨画面构思，所获得的效果很好。这是本活动设计的亮点，让学生交流自己的想法，为自己的构思成果而高兴，大大地激发学生学习美术的兴趣。

但是也有一些缺憾，如整个教学设计不够新颖，教学活动不够丰富，讲授的知识点过于饱满等。

【资料链接】

1. 李绵璐、汪华主编：《义务教育课程标准实验教材·美术（三年级上册）》《风来了》一课，湖南美术出版社，2002 年 7 月版。

2. 中华人民共和国教育部制定：《全日制义务教育美术课程标准（实验稿）》，北京师范大学出版社，2001 年 7 月版。

（深圳市南山区月亮湾小学　吴　柳）

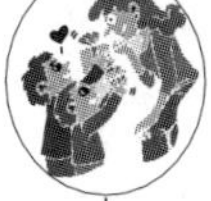

小 小 水 滴

【设计理念】

本教学活动设计主要从美术学科的角度考虑开展多学科融合的综合艺术教育。根据《艺术课程标准》对教材的要求，在设计内容上紧密联系学生生活经验，注重实现音乐、美术、戏剧、舞蹈等学习领域艺术能力的综合与联系。围绕课程目标的四个方面，采取“以美术为主，兼及数科的教学方式”。水滴是孩子们所熟悉的，水滴的声音也是平时经常听到的。本活动设计以水滴为主线，由“听水滴的声音——剪水滴的形状——找出生活中的水滴——画水滴在生活中的情景——说生活中水滴的故事”五个部分组成。通过这几个活动的开展，学生能够掌握水滴不同的艺术表现方法，了解简单的节奏变化，在主动参与中培养他们对艺术和生活的感知能力和细微观察能力，提高整体人文素养和艺术能力，充分体现以人为本的学习理念。

【活动目标】

1. 通过听水滴的声音变化，学生能掌握并变化出简单的节奏。

2. 能用不同的艺术形式简单地表现生活中出现的不同情景的水滴。

3. 引导学生通过对生活环境的观察、聆听和反思，感受生活和周围环境中体现的与艺术表现相关的要素，培养他们对艺术和生活的感知能力和细微观察能力，增强对艺术和生活的热爱。

【活动准备】

水滴声音的录音、CAI课件、在生活中出现水滴的不同情景图片、彩色纸、剪刀、胶水、绘画用具。

【活动过程】

1. 听声音

请学生帮助丁丁找他的朋友，听丁丁的朋友唱歌，(播放水滴落下的声音)猜猜他们是谁。以此引起全体学生的关注。

2. 创编表演

(1) 请学生用手指在空中画出水滴的形状，并用肢体语言表现水滴的样子。如屈膝上下动，来表现水滴落下的样子。教师适时引导学生根据水滴的歌声做较慢和较快的律动，体验节奏的快慢变化。

(2) 你还会让小水滴唱怎样不同的歌？请学生自编简单的节奏。

嗒嗒 | 嗒嗒 | 嗒 — | |

嗒 | 嗒 | 嗒嗒 嗒 | |

(3) 教师把律动加入儿歌中进行表演，激发学生的表演欲望。

小 水 滴 嗒嗒 嗒，
跳 一 跳 嗒嗒 嗒，
扭 一 扭 嗒嗒 嗒，
水滴 水滴 嗒嗒 嗒。

(4) 你还能用身体的哪些部位发出声音代替“嗒嗒”声？还可以拍手、弹舌等。由创编动作的学生领做，全班同学共同参与活动。

3. 剪纸表现

小水滴这么可爱，请你用彩色纸剪出漂亮的小水滴。老师与学生一同剪，同时教师注意强调水滴形状的表现。

4. 游戏粘贴

教师讲故事，同时在黑板上出示相应的图片。

第一幅图片：有个叫兰兰的小女孩，她非常喜欢劳动，你看她正浇花呢！这时小水滴会在哪儿出现呢？出示一个女孩手拿一把没有水洒出的喷壶在浇水的图片，请学生用刚剪好的小水滴到黑板上选择位置粘贴。问：你的小水滴为什么会在这里出现？答：因为浇花时会有小水滴出现。

第二幅图片：这时，太阳出来了，天气变得好热啊！小花被晒蔫了。这时小水滴会在哪儿出现呢？出示太阳、女孩、晒蔫的小花的图片，学生继续用剪出的水滴在黑板上粘贴。问：小水滴为什么会在这里出现？答：因为天太热了，小女孩会出汗；小花被太阳晒干了，小女孩哭了……

第三幅图片：这时，乌云来了，兰兰撑起了伞，小水滴会在哪儿出现？出示乌云、打伞的小女孩的图片，学生继续用剪好的小水滴粘贴补充画面，同时说明原因。

第四幅图片：小花有了小雨的滋润，茁壮起来，兰兰高兴地唱起歌来。播放由《小雨沙沙》旋律改编的歌曲《水滴嗒嗒》，老师与学生共同表演唱。

水滴、水滴，嗒嗒、嗒嗒，
种子、种子，在说话，在说话，
哎哟哟，水滴真甜，
哎哟哟，我要长大。

第五幅图片：雨过天晴了，小花长成了大树，这时小水滴会在哪里出现？出示雨后大树的图片，继续请学生来粘贴小水滴。问：为什么这里会出现小水滴？答：雨后叶子上会留下小水滴，还有水滴会从叶子上落下来。

5. 说一说

请学生找一找、说一说在生活中还会有哪些时候会出现小水滴。（冲凉时身上会有水滴，晾晒衣服时会有水滴落下……）教师根据学生说的情况出示相应的图片给予补充。

6. 创作表现

请学生用绘画的形式把找到的小水滴在生活中的情景表现出来。

7. 展示与评价

请学生根据自己画中表现出的情景，来讲一讲画中的故事。对讲得好的同学及时给予鼓励。

8. 延伸

教师出示一滴污水，问：小水滴为什么会变黑？学生回答：由于人们乱丢垃圾、乱泼污水……问：那我们该怎样帮助小水滴呢？学生回答：爱护环境，保护水源……由此渗透环境保护教育。

【活动评述】

1. 德国古典美学家曾提出“艺术就是游戏”的观点，艺术与游戏密不可分，想像和自由创造是艺术和游戏的共同特点。本活动设计通过有组织或随机的游戏活动，使学生在潜移默化的情感体验中学习艺术。

2. 本活动设计把日常生活和学生真实的生存环境作为艺术教育的起点，让学生感受生活和周围环境中体现出的与艺术表现相关的要素，培养他们对艺术和生活的感知能力和细微观察能力，增强对艺术和生活的热爱。

3. 本活动在实施过程中强调教学中的“双主体”互动关系的对话行为，关注学生的参与体验行为，即在游戏性情境中体验艺术，达成艺术能力和人文素养的整合。例如本课中“游戏粘贴”环节即是。本活动设计充分发挥了教师的导向作用，在本教学活动中教师始终是引导者，教学活动的设计符合学生的年龄特点，注意到学生参与活动的感受。

4. 本活动设计具有开放性，留给学生自由表达思想和情感，进行艺术创作的空间较广。活动环节紧密，每个教学活动都是连续的，每个活动都使学生已有的经验得到拓展，并力求使学生的兴趣保持和发展。例如听不同节奏的水滴声，使学生联想到更多的水滴声，从而创编出其他节奏的水滴声这一环节即是。

【资料链接】

1. 滕守尧主编：《艺术课程标准(实验稿)解读》，北京师范大学出版社，2002 年 4 月版。

2. 杨立梅主编：《综合艺术课程与教学探索》，高等教育出版社，2003 年 7 月版。

3. GIF 动画库 http://www.5see.com

4. 闪吧 http://sound.flash8.net

（深圳市南山区沙河小学　隋延顺）

小雨沙沙

【设计理念】

本教学活动设计注重艺术与生活、艺术与情感的融合，通过这个课题，让学生凭借说、唱、动、画、思等活动，进行感受、鉴赏、表现和创造，使学生通过艺术体验，初步感受大自然的奇妙，在对大自然的追寻中，了解它，喜爱它，从而更加热爱生活。

【活动目标】

1. 通过读童谣、听歌曲、欣赏大自然的美景等活动，感受自然界的变化，使学生尽情享受春天带来的喜悦。

2. 观察小雨中事物的变化，培养学生的观察能力。

3. 提高学生的表现力。

【活动准备】

1.《春天》录像带和 PowerPoint 制作的《春天——春雨蒙蒙地下》、音乐、喷壶、其他小朋友的作品。

2. 工具材料：水彩笔、油画棒、水粉颜料、纸、笔。

【活动过程】

1. 导入新课

师：（打开音乐，播放歌曲《春雨蒙蒙地下》）请同学们闭上眼睛，感受一下音乐。它将我们带入了一个什么样的季节？（老师用喷壶将水雾轻轻喷出，洒在同学们的脸上、身上，制造小雨的气氛。）

生：（惊喜地）下雨了！好凉快啊！（学生的情绪一下子被调动起来了，都关注着老师要干什么呢。）

师：（播放各种雨声）你们都听到什么了？

生：雷暴雨声，倾盆大雨声，雨点打在树叶上的声音，打在屋檐上的声音，小雨的声音。

师：请大家模仿一下你听到的声音。

生有的说滴、滴、滴；有的说答、答、答；有的说沙、沙、沙……还有的同学用书轻轻地摇起来模仿，有的同学用笔盒轻轻地摇……

最后请学生单独模仿小雨的声音，从而引入课题。

师：（板书课题“小雨沙沙”）今天我们一起来学习《小雨沙沙》一课。

2. 提问

描绘春雨过后的景象，播放录像带《春天》，请同学们观看，然后回答老师的提问。

师：春雨过后，种子发芽了，大自然中的其他事物还会发生什么样的变化呢？请你描绘雨中的各种景象，并将你说的景象用动作表达出来。

生：迎春花开了。

老师板书：迎春花开了。

生：下雨了，蚂蚁在搬家，把他们的食物都搬到高的地方(模仿蚂蚁搬家的样子)。

老师板书：蚂蚁搬家了。

生：小树发芽，而且慢慢长大了。

老师板书：小树发芽了。

生：小蝌蚪长大了，在水里游来游去。

老师板书：小蝌蚪长大了。

……

3. 改编歌词

师：播放蚂蚁搬家的图片，板书改编的词并唱：小雨小雨，沙沙沙——沙沙沙——蚂蚁蚂蚁，在搬家，在搬家。哎呀呀，雨水真多！哎呀呀，我要搬家。

学生一起唱。

师：有谁能像老师一样来改编歌词，将我们刚才说的小雨中的变化唱出来？

生：小雨小雨，沙沙沙——沙沙沙——柳树柳树，要发芽，要发芽。哎呀呀，雨水真甜！哎呀呀，我要发芽。

生：小雨小雨，沙沙沙——沙沙沙——迎春迎春，要开花，要开花。哎呀呀，雨水真甜！哎呀呀，我要开花。

师：将改编的歌词迅速写到黑板上，一边唱一边表演。

组织活动：放歌曲《小雨沙沙》伴奏，一半学生用各种工具模仿小雨的声音、节奏，另一半学生为歌词伴舞。全班一起唱《小雨沙沙》和改编的歌曲。

4. 画一画

师：(出示几条线条画)老师的黑板上有一些画了小雨的图片，但是也有画错了的，请你把不像小雨的图片找出来，好吗？

学生积极地找出错误图片。

师：你们还能用什么样的线条将小雨表现出来？

请学生上黑板画。

师：下面我们来欣赏以《小雨沙沙》为主题的儿童作品。(展示作品)在这些画面上你们看到了什么？

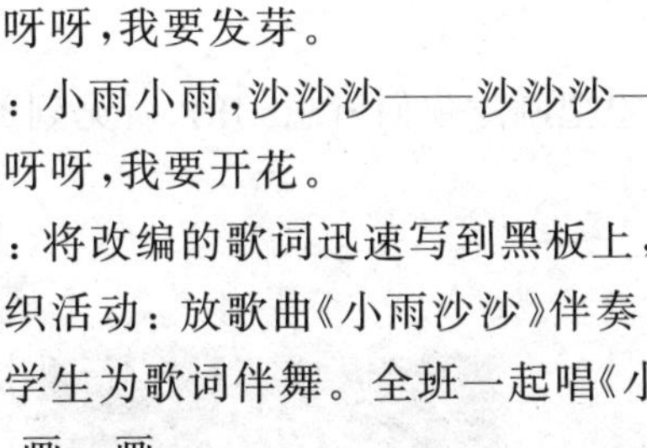

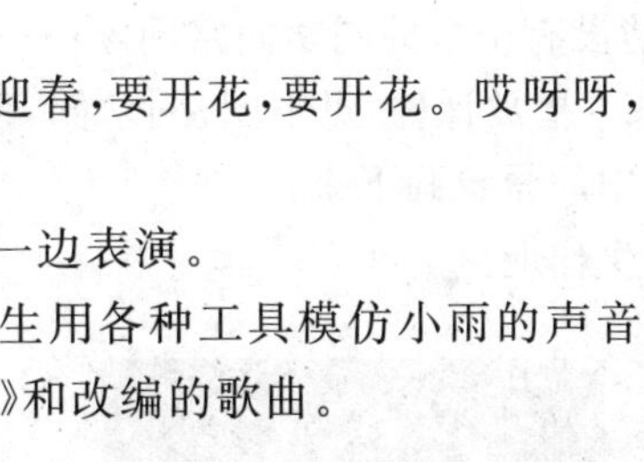

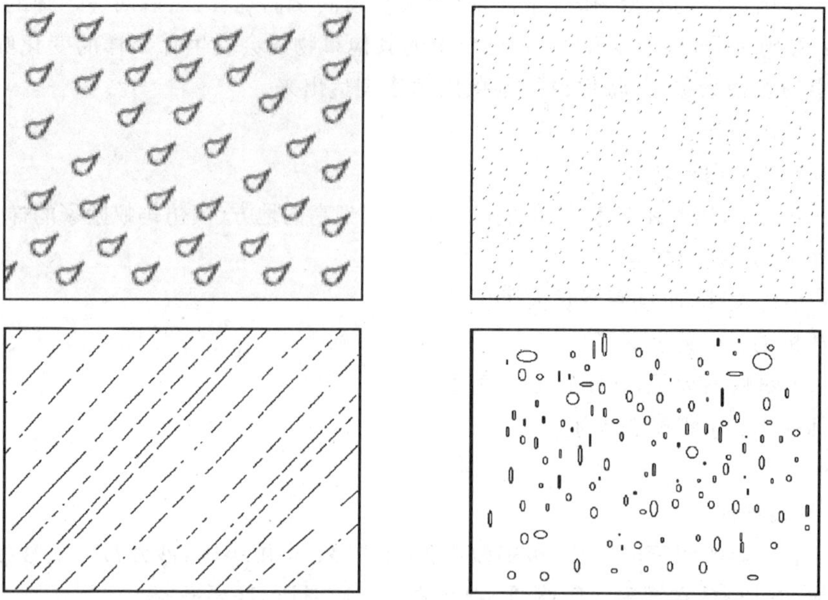

请挑出不像小雨的图片

生：下雨了，同学们急着回家，没带伞的同学在门口焦急地等待……有的同学好热心，邀请没有雨伞的同学同路回家……

师：(播放课件，见下图)同学们，你们想不想把刚才你们所想到的、所见到的、所唱的小雨中的景象画下来？

学生作业。

(图 1)

(图 2)

(图 3)

(图 4)

（图 5）

（图 6）

（图 7）

（图 8）

（图 9）

（图 10）

5. 讲评

评出构图饱满、题材有创意的优秀作业，然后学生自评互评。最后将优秀的作业展示，让学生谈谈创作的感受。

6. 课堂小结

只要大家平时多观察，多动手，你就会发现生活中处处有美，希望同学们能热爱生活，创造更多的美。

【活动评述】

这节课所设计的教学活动紧紧围绕着激发学生丰富的想像力与积极的参与精神展开，让学生在轻松愉悦的氛围中感受艺术的熏陶，给学生创设宽阔的舞台，让他们尽情

发挥创造力,教学效果比较好。具体体现在以下几个方面:

(1) 教学的情境创设。应用多种方式培养了学生丰富的想像力。通过唱、听、看、感觉模仿等各种活动开拓学生的思维。导入新课的时候通过《春雨蒙蒙地下》的歌曲和喷水的效果使他们有身临其境的感觉,通过观看录像,拓宽了学生的视野,丰富了学生的知识,让学生更加了解了春天大自然的变化。然后通过改编歌曲这项活动加深了学生们对春雨中事物变化的印象,也拓宽了学生的想像力,调动了学生学习的积极性,使学生很快融入课堂活动当中,让学生将自己所学到的知识用说、唱、舞蹈、绘画等途径表达,作业效果很好。

(2) 教材的处理依据。遵循了艺术新课标理念,把艺术和生活有机地联系起来。在活动中,学生通过观察、体验、理解、表达、表现、思考等一系列实践体验,从不同角度体验艺术的趣味。使他们初步感觉到艺术就在他们的生活里,就在他们的身边。提高学习兴趣,增强学习信心。

(3) 学习方式的转变。本课的教学设计根据学生的认知特点循序渐进,层层深入,为他们的创作潜能提供了广阔的舞台,使他们有更多的机会去体验成功。本课的设计由六个艺术活动,即"感受春雨——唱春雨——寻找雨中变化——改编歌词——画春雨——展示活动"构成,整个过程环环相扣,能充分调动学生的各种感官,最大限度地调动了学生的学习积极性,使他们在"乐中学","学中乐"。师生共同创设了一种民主、和谐的学习氛围,较好地形成了师生互动、生生互动。教师把课堂真正还给了学生,让学生真正成为学习的主人,教师成为与学生平等的对话者。

4. 科学评价,使学生体验成功。教师充分发挥评价在课堂中的作用,对学生进行多方面评价,对学生的点滴进步及闪光点进行肯定,从而让所有学生都能以高涨的热情全身心投入到学习活动中,给学生们增添了更多自信,促进了他们多种艺术能力的形成。

【资料链接】

色影无忌网站。

(深圳市南山区海滨小学　李　维)

多姿多彩的泡泡

【设计理念】

过去，我们谈学校教育，言必谈素质教育，言必谈课程改革。为什么？这是因为课程改革不仅是教育的热点、重点、难点问题，更是素质教育的核心问题。真正抓住了课改这个核心，素质教育的问题也会迎刃而解。强调倡导焕发生命力的课堂教学，是基于对学生生命的尊重。我们知道，学生是一个有生命、有思想、有感情、有创造力的多方面、多层次的综合体。因此，我们务必把学生当作一个完整的生命体来对待，而不是仅仅把他们当作一个认知体来对待，我们要把课堂教学当作是学生生命历程的重要构程。强调倡导焕发生命活力的课堂教学，其理由还在于：只有焕发生命活力的教学才是促进学生个性全面和谐发展的教学。

我们把教学改革的实践目标定在探索、创造充满生命活力的课堂教学，因为，只有在这样的课堂上，教师才是全身心投入，他们不只是在教和学，他们还在感受课堂中生命的涌动和成长。也只有在这样的课堂上，学生才能获得多方面的满足和发展，教师的劳动才会闪现出创造的光辉和人性的魅力，教学才不只是与科学相关，更与哲学、艺术相关，才会体现出育人的本质。

【教学目标】

1. 能为表现自己的感受选择合适的方法。

2. 能辨识泡泡的形状变化和丰富的色彩，认知印、画、撕贴泡泡的方法。

3. 大胆创作并表现出画面组织的美感。

【活动准备】

1. 全班同学自由组合成若干小组。

2. 准备泡泡水、水彩笔、彩色纸、大小不同的圆形盖子、胶水、水粉颜料等。

【活动过程】

师：同学们，我们来看画面，这些小朋友在干什么？

生：吹泡泡。

师：你们喜欢吹泡泡吗？

生：喜欢。

师：那我们再看看还有什么人喜欢吹泡泡。噢，不光是小孩爱吹泡泡，连大人也爱吹泡泡，看来吹泡泡真是件有趣的事。今天你们想不想玩吹泡泡的游戏？

生：想。

师：好，今天这节课我们就玩“泡泡乐”。（板书课题）我知道这节课同学们都带了泡泡水来，很想马上就开始玩，不过在玩吹泡泡的游戏之前，老师要讲一下游戏规矩，知道了游戏规矩就可以遵守它了，你们说好不好？

生：好。

师：等一下，我们拿着自己的泡泡水到教室外面的空地上吹泡泡。玩的时候观察泡泡的形状和色彩，看看能不能发明什么新玩法。玩的时候要注意安全，泡泡水不要洒身上，更不能弄到眼睛里。听老师发出游戏结束的指令后迅速回到教室坐好。能不能做到？

生：能。

师：好，现在我们就到外面去尽情地吹泡泡玩吧。

学生争先恐后涌出教室，独自或三三两两或三五成群迫不及待地吹起了泡泡。

生：老师，看，我吹的泡泡很大！

生：老师，快看我的两个泡泡套在一起了。

生：我吹的泡泡像彩虹一样美丽。

生：我的是圆的。

生：老师，我吹的泡泡上有红色、黄色和蓝色。

众学生齐喊：快看我们的泡泡都飞在一起了。

摆脱了教室里的狭小空间，在室外宽阔的空地上，学生犹如一只只自由而快乐的小鸟在无拘无束的环境中吹泡泡、玩泡泡、赏泡泡。一个个圆的、椭圆的、大的、小的……各种各样美丽的泡泡漫天飞舞，在强烈阳光的照射下，呈现出七彩的光芒。学生情不自禁地追逐、嬉戏，开心地跑呀、跳呀、笑呀、叫呀……

师：同学们，请回教室坐好。刚才我们玩得很开心，现在我们到教室里再吹一遍泡泡。（学生吹泡泡）现在谁能告诉老师，你在吹泡泡时都有什么发现？

生：泡泡有的大，有的小。

生：泡泡是圆形的。

师：很好，他发现了泡泡的形状。（板书形状并画圆形。）

生：泡泡还有椭圆形的。（师画。）

生：还有很多圆在一起的。

师：你自己上来画好吗？

学生上来画其他的形状。

生：泡泡的颜色是五颜六色，像彩虹一样的。（师板书。）

师：刚才同学们吹了那么多美丽的泡泡，可是转眼之间就都没了，谁能想个好办法，把美丽的泡泡留下来？

生：可以把泡泡画在纸上。

师：这个主意不错，你愿意上来试试吗？

学生上讲台来演示。

师：除了画泡泡，你们还有什么办法吗？

生：还可以用彩色纸撕泡泡来贴。

师：真是个好办法，你也来试试吧。

学生上讲台来演示。

师：还有什么办法表现泡泡？

生：用圆形的盖子来印泡泡。

师：太好了，快来印给大家看看。

学生上讲台来演示。

老师在学生演示的过程中对诸如圆形大小变化、形状和色彩的重复组合及保持环境卫生等问题加以指导。

师：刚才同学们发现了几种表现泡泡的方法，非常好。现在我们可以根据自己的材料和想法来表现泡泡了。可以一个人完成，也可以是小组合作，一切就按你们的想法大胆地行动吧。

学生作业，互相评议作品。

师：这节课同学们用了画、撕纸贴和圆盖印的方法表现了泡泡，同学们可以在课外研究一下还有没有别的方法来表现泡泡，下一节课来告诉大家。今天这节课就上到这里，同学们再见。

【活动评述】

本活动的学习任务是通过玩吹泡泡、感知泡泡形与色、体验不同表现方式的快乐、选择合适自己的方法表现等活动来展开的。让学生尽情地玩吹泡泡游戏，加深了学生对泡泡的形色感受。给他们创设一个愉快活动的大空间，让他们全部走下座位，走出教室，让他们游戏，放开他们的手脚，让他们去喊去叫，让他们在玩中学。

【资料链接】

1. 李绵璐、李路明主编：《义务教育课程标准实验教材·美术(一年级)》《泡泡乐》一课，湖南美术出版社，2002 年 1 月版。

2. 罗楚春主编：《让教学焕发生命活力》，香港《中国经济》报社，2002 年 8 月版。

（深圳市南山区松坪学校小学部　李　新）

美术作品中的线

【设计理念】

作为视觉艺术的绘画作品，一个最主要的表现形式就是“线”。线条在绘画作品中是最直接、最生动、最能表现画家情感的一种特殊符号。它是视觉艺术中最基本的语言形式，也是最简便、最直接的绘画手段。儿童对于线的感知几乎是先天性的。如何更进一步让学生认识线，感受线，欣赏线，如何提高他们对线的审美能力，使他们能用自己的眼睛在自然世界中观察线，在现实生活中发现线，并能用简单的线条表现自己的情感，是本教学活动探讨的宗旨。

【活动目标】

1. 认识线、感受线、欣赏线。通过观察自然界中的美丽纹理图形，进行自主探究，对比不同美术作品中线条的节奏感、韵律美，体验线条的无穷表现力。

2. 能运用掌握的线条知识，用不同的表现形式，画出一幅有趣的画。

3. 培养学生动手、动脑能力，提高对线这一绘画表现手法的感知与审美能力。

【活动准备】

1. 多媒体课件：大自然中表现突出的有关线的摄影作品，古代彩陶、青铜器、瓷器图片，绘画作品图片。

2. 学生带上做游戏的线以及绘画工具。

【活动过程】

1. 利用游戏，激发兴趣，引入课题

让学生把提前准备好的各式各样的线拿出来，用3～5分钟时间做线的游戏。指导学生比较线的粗细、颜色以及材质上的不同。用线摆成各种图形，用投影仪展示出来。初步感知线条的神奇，引入课题。

2. 播放图片，欣赏作品，认识线条

(1) 自主探究，发现线条：

① 观赏摄影作品。通过展示大自然中形成的具有很强线条特征的地理地貌图片，让学生通过表象直观感知线条的无穷趣味和魅力。比如：浩瀚的沙漠，留下了一条条蜿蜒的线，由疏渐密伸向远方；碧绿的梯田，裹上了一层层排列的曲线，时而相互环绕，时而相互伸展；高耸的山峦，由于经受常年风雨的袭击，像一个历经沧桑的老人，刻下了一条条深深的皱纹。自然界的美丽图形和纹理真是千变万化，是用线绘画取之不尽的源泉，这些有机的或无机的，从自然到人工的景物，无不以各自特有的生长规律和组合

结构“切割”着空间，线的排列与组织传达了一定的情感气氛。

② 欣赏彩陶、青铜器、瓷器。通过展示几千年前仰韶文化时期的彩陶纹样，周朝时期的青铜器，以及历代的瓷器工艺品，让学生观察分析，领会了解到几千年前，我们的祖先就掌握了用线表现思想感情的这一种艺术形式。

中国原始社会的陶器极为丰富，品种多样，有彩陶、红陶、灰陶、白陶、印纹陶等。彩陶器上的装饰花纹丰富多变，多数是形式多样的几何纹样，其次是植物纹样。几何纹样名称极多，如：指纹、雷纹、缝纫纹、锯齿纹、螺纹、席纹、方格纹、网纹、三角纹、连珠纹、垂幛纹、宽带纹、圆圈纹等各种图案。它们无非是用点、线组成的，是用线的粗细、长短、曲折、横竖、交叉和按照美的法则而组成的。在处理线条上，除了运用粗细线条的穿插排列、宽窄疏密的变化之外，并表现出有节奏的运动感，掌握了统一变化的装饰原则。

青铜器工艺的装饰纹样主要为几何纹和动物纹。几何纹以雷纹为主，其他圆圈、直线、圆点也常见。动物纹样最常见的有龙纹、夔纹、鸟纹等。另外还有重环纹、环带纹、鳞纹、重鳞纹等。

我国陶瓷发展史中，有青瓷和白瓷两大瓷系，青瓷的历史最为悠久。装饰纹样在陶瓷美术中是表达思想内容和人们情感的一种艺术形式。这时期的装饰纹样内容很丰富，在人物、动物、植物等方面，既有传统的题材，又有反映时代的题材。特别是在植物纹样中，莲花纹、菊花纹、团花都是较新颖的题材。

充分地欣赏和比较大量的图案纹样之后，引导学生发现有规律的重复可以表现出节奏和韵律。在此基础上，线条的疏密变化，几何图形的加入，可以使图案和纹样更富有变化和情趣。

③ 欣赏绘画作品。学生欣赏美术作品中的线条，小组讨论：画家是如何用线表现形象的？如何用线表达自己的思想感情？

2. 小组合作，总结归纳

通过一系列的欣赏活动，让学生在直观的基础上进行小组合作，讨论：线条有哪些秘密？小组汇报，鼓励孩子大胆说出自己的意见。归纳总结：线有直线、曲线、长线、短线、粗线、细线、圆线。线有节奏感、韵律感。

教师总结：自然界中形成的线条千变万化，给人以美的感受。绘画中的线条可以表达人们的思想感情。

3. 动手操作，拓展延伸，自由创造

（1）学生用自己掌握的线条知识，描绘出一幅想像画。具体绘画内容不限，让学生展开想像的翅膀，尽情地创作。建议学生用不同形式的线表现对象，线的形式愈多、愈充分，学生对线的理解愈透彻。

（2）教师巡视辅导并播放背景音乐。

（3）展示评议学生作品，看谁的构图好，谁的创意好，谁的线条变化多。

【活动评述】

法国雕塑家罗丹曾经说过：“美到处都有，对于我们的眼睛，不是缺少美，而是缺少发现。”如何用我们的眼睛去看世界，去观察世界，这是执教者要教给学生的首要法宝。绘画是最典型的用眼睛看的艺术，故称为视觉艺术。绘画中的线最能体现画家对于客观世界的提炼与概括。本活动设计通过欣赏自然界中形成的千变万化的线，品味美术作品中画家提炼出的带有艺术情感的线，激发学生的创造热情，鼓励他们画出自己喜爱的线这三个环节，启发引导学生观察分析，并能运用线的粗细疏密的变化规律自由地去创造，表达自己的情感。

【资料链接】

1. 李绵璐、汪华主编：《义务教育课程标准实验教材·美术（三年级下册）》，湖南美术出版社，2003 年 1 月版。

2. 摄影网。

（深圳市南山区赤湾小学　毕志轩）

线的情感

【设计理念】

罗素早就提出："艺术要使儿童过上美好生活。"杜威更明确提出"教育即生活"的观点，陶行知也说过："生活即教育。"

本活动的设计理念是从孩子们的日常娱乐兴趣入手，引导孩子们从中寻找各种形态的线，认识到艺术表现来自生活，艺术中线的存在使生活变得更加丰富多彩，从而使孩子们认识到不同形态的线会产生多种多样的感觉，最终引发学习用线的不同形态表达思想和情感。

【活动目标】

1. 培养学生热爱自然、热爱生活的情感。

2. 提高学生发现美和感受美的能力，并学会探索艺术的共性。

【活动准备】

1. 提前一天要求同学们穿上以线为装饰图案的服装。

2. 准备铅笔、美术纸、橡皮、颜料等绘画工具。

【活动过程】

1. 提起兴趣，引出课题

师：同学们，今天老师给你们带来了一个非常好玩的东西，大家猜是什么？

生：是什么啊，老师？

师：（出示一个标准的风筝线）大家看这是什么？

生：哇，是风筝线。

生：上个星期天我去莲花山放风筝了。

生：这个星期天我爸也要带我去。

同学们开始不由自主地说开了。

2. 结合生活

师：风筝线带给我们许多的回忆，是不是生活中只有风筝线能让我们产生情感呢？生活中还有哪些事物存在线的表现形式呢？（此问题通过幻灯片显示出来。学生们纷纷举起了手。）

生 1：斑马的身体纹、头发。

生 2：楼房、树木。

生 3：海岸线、道路。

师：同学们答得都非常好，生活中线的存在方式实在是太多了，一言难尽。让我们来看看屏幕。（屏幕显示：曲折的稻田、高耸的建筑、旋转的楼梯等有关线的图景。）这些事物都有明显的线的表现形式，同学们脑子里肯定已经有了线的表现形式。（我满怀希望地等着同学们的回答，但让我意想不到的是——学生们若有所思地望着我，眼神里充满疑惑。）

3. 感悟、参与获得知识

教师正思考着：要不要说出答案呢？（我正不知所措，忽然同学们的服装表现形式吸引了我，曲线的、垂直线的、水平线的。）为什么不用这活生生的教材呢？我立刻请了几位穿着具有明显线的表现形式的同学来到讲台。

师：同学们，线的表现形式无处不在，我们怎样给它分类呢？让我们先来看看现场的时装表演吧！

音乐响起，小模特们迈起了步伐。

啪啪—啪啪啪，学生们有节奏地鼓起了掌。

音乐停止。表演的学生站成一排。

师：谢谢小模特，通过看他们的精彩表演，谁能告诉我线的表现形式有哪些呢？

同学们纷纷举起了手。

师：那么每种线的表现形式产生什么样的感觉呢？（见学生迟疑）我们想想刚刚的时装汇演，水平线会给人什么样的感觉？垂直线呢？还有射线……

生 1：我知道，水平线给人更开阔的感觉。

生 2：垂直线让人感觉更瘦、更高，有庄严感。

师：同学们都答得非常好，那大家平时在衣着方面就要注意了，穿水平线的衣服会显得你更胖，穿垂直线的衣服会显得你更瘦。

学生哄堂大笑。

4. 举例说明

师：刚刚我们已经知道不同的线条会产生不同的感觉，应用在实际上的时候我们就更要注意了，如果我要表现一个翩翩起舞的女郎，我用两种不同的线条来表示，大家看哪一种更适合呢？（在黑板上画了一个用曲线表现的女郎与直线的女郎。）

师：哪一个最适合？

生：曲线的那个。

师：为什么？

生：曲线更好看，曲线产生运动感、旋转感。

师：那直线呢？

生：直线的那个，看起来就像个机器人 。

5. 质疑、探究

师：好！同学们答得非常好，刚刚我们看到的都是能看到的线条，生活中是否有看不到的线条呢？

学生思索着。

教师按下录音机（一条大河波浪宽，风吹稻花香两岸……）。

生：有！

师：是怎样的线条？大家都来感受、表现一下，举起你们的手。

学生都抬起手在空中演绎着音乐中的线条。

教师再放一首节奏快的曲子。

学生非常自然地再次演绎着线的表现形式。

师：好的，前面我们已经接触到线的表现形式，那么如何去描绘线的作品呢？

学生思考着。

师：（幻灯片展示线的作品）我们来看看别人是怎样通过线来描绘作品的。

生：靠线的疏密、粗细。

生：好像线的方向感也有影响。

……

师：同学们都答得非常好，那么今天我们完全用线来描绘作品，你们可不可以做到呢？

生：可以。

师：别急，我们先欣赏一些优秀的线的作品。（音乐响起，作品自动播放。）好了，大家可以动手了。

学生开始绘画，教师进行指导。学生们非常兴奋，拿起画笔开始制作，有的同学甚至主动跑上黑板上来作画，有的画树木，有的画城市，有的画风景，有的画人物，学生的创作激情很高，气氛很好，教师也融入学生的绘画里。整个教室里呈现出一种高昂的创作激情，大家兴致很高，不知不觉，创作已接近尾声。

6. 欣赏与评价

师：同学们，离下课只有几分钟了，我看到大家都画得非常好，下面就让我们一块来分享，我们先看看黑板上的绘画。（黑板上的同学已经画完。）

生：老师，我想先给大家说说我的构思。

师：好啊。

生：我这张画通过丰富的线条表达的是多姿多彩的深圳……

师：能够结合生活中的语言，并且线的掌握到位，非常好。还有哪个同学想说说？

生 1：我的是一张用线条画的静物画……

生 2：我的是……

学生仍然沉浸在浓郁的艺术气氛之中，许多同学仍旧在画，还有许多同学拿着他们的作品跑上讲台。

生：老师！老师！你看，我画的。

师：你们觉得自己画得怎样？

生 1：我这张作品没有通过明暗一样能把立体感画出来。

师：很好。

生 2：我这张作品画的是江南水乡，通过线条表现宁静的意境。

师：线条是很丰富，那你还记得怎么把它们区分开来吗？

生 2：要注意疏密。

师：还要会用。

生 2：可以，我以后画画也会注意到这点的。

不知不觉中，下节课的铃声已经敲响。

【活动评述】

本活动设计将风筝线引入了课堂，就地取材，让穿着以线为装饰纹样的衣服的学生现场展示表演，让孩子们从生活中的事物谈起，从自己的生活中去寻找、探索艺术，让孩子在娱乐中、生活中不知不觉学到知识。记得一位教育学家曾经说过：“一堂好课决不应该孤立于生活之外，与学生的整体成长无关。”我想，美术课也应如此。

【资料链接】

1.《美术新课程课堂教学案例》，广东高等教育出版社。

2. http://www.google.com

（北京师范大学南山附中　蔡非非）

美妙的旋律

【设计理念】

本教学活动设计力图在整个教学过程中让学生积极参与，以音乐为线索，通过“听声音——听音乐——绘画”等教学环节来营造美术、音乐、文学等相互依存、相互渗透的艺术学习环境，再用自己熟悉的绘画表现方式创造性地表现自己对艺术的感受和共鸣，从而极大地提高他们学习美术的热情和信心。

【活动目标】

1. 细心体会音乐中的旋律美，用绘画的形式大胆、自由地表现自己的感受。

2. 通过灵活多样的教学方式来培养学生的形象思维和创造能力，提高学生艺术素质。

【活动准备】

1. 多媒体课件、实物投影仪等。

2. 课前让学生听听音乐，试试从美妙的旋律中能联想到什么。

【活动过程】

1. 教师设置悬念，情景导入

师：同学们，在上课之前，老师先提一个问题：当你听到打雷的声音时，你能想像到有什么情景出现？

生 1：我看到乌黑的天空中有一条刺眼的闪电。

生 2：我看到天空刮起了大风，街上的树被刮得拼命地弯下去又弹起来，又弯下去又弹起来，街上的人都急急忙忙地跑来跑去，然后就下起大雨来了。

生 3：我看到地面上有蚂蚁牵线，小鱼跳出水面，小燕子贴近地面飞。

……

师：同学们，这几位同学讲得好不好？

学生齐声回答：好！

师：刚才这几位同学们能根据听到的雷声充分发挥想像，讲得很精彩很生动。我们这节课要学习的就是与声音有关的内容。

板书课题“美妙的旋律”。

2. 循循诱导，引入新课

师：下面请大家看电视。

播放课件《美妙的旋律》，学生欣赏，提醒学生仔细听课件中的声音。

师：请问，大家听到了什么声音啊？

学生齐声回答：打碎玻璃的声音。

师：听到这个声音，你们想到了什么情景，你能说说吗？

生：一个漂亮的花瓶从桌子上摔下来，地面上很多碎玻璃片。

师：为什么花瓶会摔下来？

生：是小猫去抓老鼠，从桌面上一跳，不小心碰到花瓶的。

师：这么说这是室内摔下一个花瓶发出的声音，同学们能描述一下这个房间的布置吗？

同学们纷纷描述自己想像中的房间摸样。

师：除了花瓶被打碎，还有什么情况下会发出这种声音？

生1：踢球时不小心把窗户玻璃打烂了。

生2：喝水时，水太烫茶杯从手上掉下来。

生3：几个小朋友在房间玩，把柜子里的一瓶酒碰到掉下来。

……

老师总结：同学们想像力很丰富，讲得都很好。其实，大家听到相同的声音却可能会有不同的理解和不同的感受。当我们听到某种声音时就能产生某种联想，美好的声音能让我们产生美好的联想。同学们，音乐是不是一种特别美好的声音啊？

学生齐声回答：是！

师：当我们听到一曲美妙的音乐时，我们能不能想像出一个精彩的画面来呀？

学生齐声回答：能！

师：同学们回答得很好！听美妙的音乐能给予我们美妙的享受，也确实能让我们想像到美妙有趣的画面。下面我们先听一段音乐，再一起来看看其他小朋友在听了音乐后画出的作品。

播放课件中老师精心挑选出来的儿童画，老师再加以讲解，指导学生欣赏美术和音乐，使学生加深对美术和音乐的理解。

播放课件中的音乐《兔子舞》，学生欣赏。

师：这是一首大家都非常喜欢的音乐，节奏轻松欢快。大家听过之后，能想到一个什么样的情景场面？请你告诉大家好吗？

生1：很多小朋友在公园的草地上跳舞，地面上用胶纸垫着，上面放着很多好吃的东西。大家玩得非常开心。

生2：我看到的是很多小朋友在学校的操场上做游戏。

生3：我看到很多演员在舞台上跳舞。

生4：我看到很多小白兔在跳舞，旁边有很多观众，有老虎、狮子、小鹿、狐狸、小松鼠，还有很多小鸟。周围还有很多高大的树木和漂亮的花草，还有蝴蝶、蜻蜓和蜜蜂在飞舞。

……

师：小朋友们都很聪明，都动了脑筋，听到音乐都能想到很多不同的精彩画面。你能把你所想到的情景画下来吗？

生齐声回答：能！

老师叫几个同学到黑板上画，对他们的表现提出表扬。老师宣布本课作业：请同学们把刚才听音乐后想到的情景画下来。

3. 展开联想，描绘音乐

(1) 老师提醒先用铅笔起稿，大胆发挥想像，先把主体画好，再加上环境，最后上色彩。色彩要明快、响亮。

(2) 构图根据内容需要，可横构图，可竖构图，大小适中，构图要饱满。

(3) 题材形式不限。

(4) 学生作业，老师巡视辅导，发现问题及时提醒和讲解。

4. 评价作业，巩固知识

同学们在优美的轻音乐中完成一幅效果不错的作品而获得一种成功的愉悦，从而提高他们对美术的兴趣和增强他们学习美术的信心。老师从作业中挑选若干具有代表性的作业让大家欣赏。先让学生对自己的作品进行自评，说说在完成作品过程中的一些想法和感受；再让同学们互评，使他们在相互提示、相互启发、相互学习过程中巩固和提高自己的音乐感受能力和绘画水平。

最后老师小结，对学生的成功和进步给予表扬和鼓励，对于不足之处给予指出和引导。

【活动评述】

本活动是一节通过声音(音乐)创设情境训练学生形象思维能力的典型课目。考虑到低龄儿童日常依主观意识进行判断、推理的心理特征，我安排了学生熟悉的打雷的声音导入本课情境，再以学生熟悉的打碎玻璃的声音和他们喜爱的音乐《兔子舞》逐步切入本课内容，结合丰富的图片，把美术和音乐结合起来，使学生逐步认识美术和音乐之间的联系，让学生学会感受音乐中的情景，学会简单的推理，以促进形象思维与逻辑思维的同步发展，达到良好的思维习惯。本课深入浅出，结构严谨，思路清晰，一气呵成。整节课设计新颖自然，引人入胜，有效地激发了学生的学习兴趣，拓展了学生的想像能力，达到了良好的学习效果。

【资料链接】

1. 李绵璐、李路明主编：《义务教育课程标准实验教材·美术(二年级上册)》《听听画画》一课，湖南美术出版社，2002 年 1 月版。

2. 中华人民共和国教育部制定：《全日制义务教育美术课程标准(实验稿)》，北京师范大学出版社，2001 年 7 月版。

3. K12 学科资源库：http://192.168.1.2

4. 酷网先锋：http://www.50888.com

(深圳市南山区珠光小学　余世芳)

重复之妙趣(一)

【设计理念】

由平面设计中的重复为题，让学生开动脑筋，动手实践，合作创造，让他们能在“乐”的环境中学，在“乐”的环境中掌握知识，拓展他们的思维能力。

【活动目标】

1. 掌握“重复”的设计方法及应用。

2. 学会联系地看待事物，拓展思维能力。

【活动准备】

1. 教学用课件。

2. 部分上课用材料等。

3. 学生自备材料。

【活动过程】

1. 导入课题

“同学们，老师今天想请大家齐唱各位都熟悉的每周一早晨必唱的歌，同学们能唱好吗?”学生齐答：“好!”歌声起。

“这首歌结尾歌词是这样的：‘我们万众一心，冒着敌人的炮火，前进！冒着敌人的炮火，前进！前进！前进！进!’请问大家是用了什么修辞手法，有什么作用。”学生答：“重复。它很好地表达了我们中国人民要与日本侵略者血战到底直到胜利的决心。”

师：“这位同学回答得非常好。在歌曲里面这种手法称作反复。重复手法的应用在小说、散文、戏剧、影视、歌曲中的应用非常广泛。请同学们用课余时间自己去找范例，下节课我们再进行交流。今天我们学习‘重复’在美术中的应用。”

2. 展示、讨论

向学生展示收集的图片资料，图片中有生活中的景物、地面、栏杆、房屋的平台、商品的陈列等。

“除此以外，大家一定能够讲出很多与此相似的设计，只不过是不同的物体或物品。请大家大胆发言。”

同学们争先恐后地发言。

老师：“你们能发现刚才看的图片中的相同及相异的地方吗？下面请同学们6人一组进行讨论，然后将讨论的结果进行小结并派一位代表发言。”

大家在组内激烈地讨论、争议、发表各自的见解。

各小组代表发言，表述的方式各异，但结果基本相近，学生基本了解其规律。

老师引导学生进行总结：将一个简单（抽象或具象）的基本形反复排列，或有秩序地变化进行排列，所产生的新的图形即重复构成。

3. 设计方法演示

(1) 基本形：选一个具象或抽象的形状作为基本形。基本形要简单，不宜复杂。

(2) 基本形的排列方式：骨架。

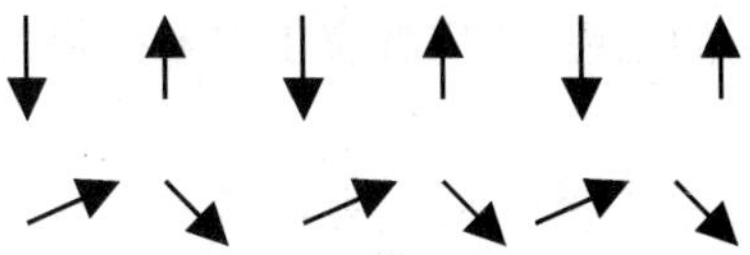

(3) 容纳基本形的面积单位：格子。每个格的大小要求一样。

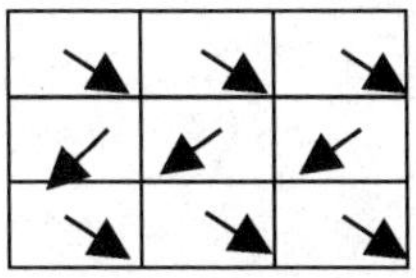

(4) 有规律地进行排列、着色、完成。

4. 设计练习

(1) 6 个组的代表上黑板上演示，同学商量合作完成一幅重复设计图案（以教学用具磁铁为基本形）。学生们经商量后推选出一位设计负责人，在设计负责人的安排下，执尺的执尺，打格的打格，摆的摆，看的看。约 5 分钟左右，大家完成了作品。

(2) 大家对作品进行评价。

(3) 欣赏艺术院校重复构成宣传画作品，教师评析。

(4) 学生和教师一起用自己带的工具与材料选一种表现形式完成一幅设计作品。学生有的进行手绘，有的用剪贴的形式，有的用实物进行有效的排列，各显神通。教师用印有图案的即时贴进行粘贴，循序渐进完成作品。

(5) 教师巡视辅导。

(6) 请学生互相观摩，选出部分好的作品上讲台展示。

5. 教师小结

表扬学生今天表现出的能干劲头、学习热情。称赞有想法、有创意的学生和他们的作品。最后教师与学生齐唱《让我们荡起双桨》结束本节课。

【活动评述】

本活动设计知识性和专业性相对较强，但设计者注重联系学生的生活体验去引导、激发学生的学习兴趣，学生应该是乐而好学的。

本活动设计把握住了学生的年龄阶段特点，将他们常见的、有兴趣的“重复”现象收集起来，制作成课件，让他们感受生活中到处存在的“重复”现象，以及歌曲及其他艺术形式的“重复”方式等，扩大了他们的视野，从而调动他们的学习热情。做到了这点，学生还有什么难学的呢？

教学方法直接为实现教学目的服务。有些知识，如重复构成的基本方法、骨格形式等，教师在学生已悟出其基本规律的基础上加以讲解和小结是非常必要的。传统的教师讲授方法不可替代。本活动设计让学生派代表演示，合作完成一幅作品，这为传统的教学形式注入了新的元素，使学生的主动性得到发挥。

我认为课改并不意味着"传统"或者"新锐"的教学方法互相排斥，反之，学生易学、乐学、好学就是好的教学方法，关键在于教师对"新课标"的领悟、认知水平是否达到了一定的高度。这是一项艰巨的工程，我们教育工作者必须为此不断地学习、实践、工作、探索。

【资料链接】

1.《美术(第九册)》《有趣的重复》一课，岭南美术出版社。

2.中华人民共和国教育部制定：《全日制义务教育美术课程标准(实验稿)》，北京师范大学出版社，2001年7月版。

（深圳市南山区育才二小　程世农）

重复之妙趣(二)

【设计理念】

平面构成是现代美术设计必修的基础课程，其目的不仅仅是学技法，更重要的是加强设计思维的开发，从小培养创造意识。《有趣的重复》即构成形式之——重复构成，教学内容编排非常精练，通过几幅典型的图例及通俗易懂的文字把“重复构成”的原理、要素、形式概括地简述出来了，很适合启蒙对象。

【活动目标】

1. 认识平面构成是现代美术设计的形式，在当今社会中广为应用。

2. 初步学习重复构成的基本知识。

3. 能按照重复构成的形式设计一件构成习作。

【活动准备】

上课前一天要求每位同学思考一下有哪几个基本图形，并准备好剪刀、胶棒、彩色纸。

【活动过程】

1. 设置问题

师：同学们，你们有没有看过阅兵仪式？

生：有。

师：有什么样的感觉？

生：很整齐。

师：下面我们来看一段录像，找一找有什么奇怪现象？

……

2. 发现“重复现象”

师：看了这段录像，发现了什么现象？

生：他们很刻苦地训练；步调一致，很整齐；气势磅礴；他们排出的队伍像一条条直线。……

师：那为什么会整齐、会气势磅礴、会像一条条直线呢？

生：因为士兵人多。

师：确实是人多，但如果排列不整齐，会有我们刚才看到的效果吗？

生：不会。

师：那为什么会整齐？一个士兵、两个士兵行吗？

生：要有很多很多个士兵都做一致的动作。

师：很多个士兵做相同的动作，这叫什么现象？

生：重叠、重复。

师：非常好，每一个士兵就是一个基本单位，这些基本单位的重复排列，构成了阅兵队伍的整体气势。

3. 寻找“重复”现象

师：现在我们再来看看，在这间教室里有没有重复现象？

生：我们的桌子、椅子是重复排列；窗帘上的图案是重复排列的；还有天花板上的灯；窗户；我们全班同学也是重复排列。

师：同学们说得非常好，能够非常快地发现身边的重复现象。那生活当中还有没有其他的重复现象？

生：房顶上的瓦片；楼房的阳台；地上铺的瓷砖；菜场卖的鸡蛋……

4. 欣赏作品，导入课题

下面来欣赏老师制作的几幅重复排列的剪纸作品。首先拿一幅花瓶造型的作品。

师：同学们，这一幅作品是以什么形状进行重复排列的？

生：花瓶。

师：对，是花瓶。在这幅作品里，花瓶是一个基本形，把这个基本形按照一定的规律进行重复排列，这就是重复构成。

……

师：看了这几幅作品，觉得好看吗？

生：好看。

师：想不想知道该如何制作？

生：想。

师：那好，咱们今天要学习的是有规律的重复排列。

5. 讲授新课

(1) 板书——有趣的重复。

(2) 指导学生欣赏课本中的重复构造图例，通过讲解，使学生感受到重复的形式美感在于有规律的排列和有秩序的变动而产生的节奏感。

(3) 看图后，指导学生理解课文。

师：这些图形是平面构成的一种，叫重复构成。将一个简单的基本形反复排列，就可以得到很好看的图形。(教师要强调简单的基本形的设计就要简单，反复排列时要讲究位置、方向、正负的变化，才能产生多变而丰富的视觉效果。)

(4) 重复构成的设计方法。

① 设计一个基本形。

师：昨天老师布置同学们考虑几个基本形，请问大家考虑得怎么样？

生：圆形、三角形、方形、扇形等。

师：同学们的作业完成得很好。其实基本形是构成的基本单位，不宜复杂，应简练。可以用分割、重叠的变化方法组成(并举例)。

② 重复骨格。重复的骨格的骨格线(水平线、垂直线)距离相等。将基本形纳入重

复骨格中就是重复基本形构成。基本形可以有正负、方向、位置不同变化的排列,使其既统一又有变化,构成丰富新颖的图形。

③ 教师出示重复骨格、基本形,让学生到黑板前用不同的方法排列出有趣的重复图形来。

(5) 有趣的重复设计制作步骤(并演示)。

① 设计基本形(宜简单,不宜复杂)。

② 思考并决定排列方法。

③ 在彩纸上画出基本形,然后剪下来。

④ 将基本形按设计方案反复排列并贴在骨格底纸上。

6. 献爱心活动(贯穿德育教育)

师:下面我们来作一次有意义的活动,活动的主要内容就是:运用今天所学的知识,来开展一场为世界各地的贫困和受灾地区的人们奉献爱心的活动。老师为每位同学提供了一张心形骨格底纸,请同学们在上面反复贴出自己设计出的基本形。

爱心活动开始(学生练习,教师指导)。

(1) 个人作业——爱心制作。学生独立完成在爱心底纸上的重复构成。作业要求:设计制作出变化丰富而有趣的重复构成。

(2) 集体作业(作业展示)——献爱心。每位同学把自己完成的爱心作业贴在黑板上的地球骨格图中。要求每位同学遵循重复骨格的排列规律。

在学生献爱心活动过程中,老师播放《让世界充满爱》的歌曲,目的在于:通过美妙动听的音乐,一方面给学生提供优美的创作环境,另一方面,也是更为重要的,就是对学生进行德育教育。

7. 作业讲评

对制作精美的作品给予表扬,请设计者谈制作感受及奉献爱心地点。

8. 爱心活动结束

在美妙的音乐声中,同学们全部握着举起的双手(用自己的身体再次表现重复构成),欢呼献爱心活动的成功。

【活动评述】

本活动设计是让学生从观察——认识——表现(个人创作、集体创作)生活中的多种重复,并巧妙地贯穿德育教育的教学活动中,理解平面构成知识原理来源于客观现实生活,并反映了自然现象的变化规律,使学生在学习平面构成知识和构成设计时会用最简单的基本形按其组织变化的规律创造出各种各样的视觉美感形式。本活动设计较多地引入了现实生活中的事例来说明较为抽象的构成形式——重复,使学生易于掌握。

【资料链接】

《九年义务教育六年制小学美术教科书第十册》,岭南美术出版社,2002 年 10 月版。

(深圳市南山区桃源小学　苏健敏)

三个好伙伴——红黄蓝

【设计理念】

引导学生感知生活中的美好事物，使学生的学习活动与生活经验紧密相连。设计轻松的动手游戏激发学生参与的欲望，体会红黄蓝发生的色彩变化，力求使整个课堂呈现一种轻松愉快的状态。布置展览、制作课件给学生最直观的色彩感受，给予他们强烈的色彩冲击。设计相互评价和收藏佳作环节，提高学生的审美能力，学会珍惜自己的创作成果。

【活动目标】

1. 引导学生感受生活中的红黄蓝，通过动手游戏体会红黄蓝的色彩变化。

2. 欣赏画家作品及优秀儿童画作品，激发创作热情，运用以红黄蓝为主的色彩画一幅画，或设计一样小物品。

3. 培养学生的动手能力、相互协作、相互评价的能力。

【活动准备】

1. 按美术室座位分成六人每组。

2. 课前在教室展示板上布置小展览："画家喜欢红黄蓝"、"小朋友也喜欢红黄蓝"。

3. 材料类：教师准备红色圣女番茄、红、黄、蓝三杯颜色水、三个空玻璃杯、光滑的白纸、纸巾、教学课件。学生准备每组红黄蓝三杯颜色水、毛笔三支、光滑的白纸、纸巾、画纸、绘画工具、收藏夹。

【活动过程】

1. 感受大自然中的红黄蓝

(1) 说说生活中常见的红色、黄色、蓝色的东西。

老师手里拎着一袋红色的圣女番茄，他一走进教室，同学们马上发出阵阵议论："老师拎着番茄干吗呀？""我们今天画番茄吗？也太容易了吧。"老师将番茄放到讲台上，微笑着说："番茄有着天然的美丽红色，你还知道哪些东西是天生的红色？"学生们纷纷举手："苹果……切开的西瓜……盛开的美人蕉……"

教师接着问："有哪些东西是天生的黄色？""香蕉……柠檬……菊花……"

"哪些东西是天生的蓝色？""大海……天空……花……"

有一位学生举手："老师，我还知道有些东西是天生的紫色，茄子、葡萄和洋葱！"

另一些学生说："还有绿色的蔬菜，金黄色的橙子！"(老师颔首肯定。)

……

(2) 欣赏红黄蓝三色为主的图片。

师：大自然是个神奇的魔术老师，也是位技艺高超的画家，在他的笔下，许多东西天生就具备迷人的色彩，赤橙黄绿青蓝紫，什么颜色都有。请看图中的这只鹦鹉。(课件展示一只静立着的鹦鹉照片，红黄蓝三色非常和谐自然地将其打扮出艳丽的效果。)

师：请大家继续欣赏，这是一张西藏风情的图片，碧蓝的天空，穿着枣红衣服的喇嘛，黄色的经幡，黄色的屋顶……这一张是北京天安门，蓝天、红花、黄墙，非常明亮清爽的画面……

2. 吹画与染纸游戏体会红、黄、蓝的变化

(1) 红黄蓝的变化。

师：看了刚才的图片，我们知道红、黄、蓝是三种很常见的颜色，它们将我们的生活打扮得非常漂亮。现在老师桌上有红、黄、蓝三杯不同颜色的水，我们来看看它们加在一起能变出什么新颜色。

① 红加黄。将等量的红色水、黄色水倒一部分在空的玻璃杯里，瞬间变成了橙色。学生非常直观地感受到了颜色的变化。

② 黄加蓝、红加蓝。将等量的黄色水与蓝色水调在一起，红色水和蓝色水调在一起，请学生仔细观察它们的变化，并说出观察结果。

教师小结：等量的红色加黄色变成橙色，黄色加蓝色变成绿色，红色加蓝色变成紫色。

(2) 玩玩吹画游戏，观察色彩溶汇产生新色彩的变化。

师：每一组同学的桌上有红黄蓝三杯颜色水，每一个杯子里有一支毛笔，请用毛笔蘸水滴在光滑的白纸上，然后像老师这样吹，吹出一棵树的形状。(师示范。在吹的过程中仔细观察，看看有没有新的颜色出现。)

同学们兴高采烈地进行吹画游戏。

师：大家只用了三种颜色来吹树，现在你吹出来的树只有三种颜色吗？谁能说说你吹出的新颜色？

生：我吹出了一棵五彩树，除了红黄蓝，还有橘红色、橘黄色、草绿色、绿色、蓝紫色……

生：我的树上出现了棕色、灰色……

教师小结：颜色与颜色加在一起变出了许多新的颜色，比如红色加黄色，红色多一点就是橘红色，黄色多一点就是橘黄色；黄色加蓝色，蓝色多一点是蓝绿色，黄色多一点是草绿色；红色碰到蓝色，当红色多时，就是紫红色，蓝色多时，就是蓝紫色；许多颜色碰到一起时，会出现棕灰色、紫灰色……

(3) 玩玩染纸游戏，进一步体会色彩的变化。

师：每一组同学的桌上有一叠餐巾纸，请大家用纸巾蘸上红黄蓝颜色水，染出一块花布来。

师：小心打开染好的花布，说说你的发现。

生：虽然是用红黄蓝三种颜色来染，但纸巾上出现了许多新的颜色，有橘黄色、橘红色、深绿色、草绿色、紫灰色、蓝紫色等。

3. 欣赏大画家和小画家的作品，以红黄蓝为主画一幅画

（1）欣赏课前老师布置的小展览："画家喜欢红黄蓝"、"小朋友也喜欢红黄蓝"。

"画家喜欢红黄蓝"展出了《睡着的吉普赛人》（法国卢梭）、《阿尔夜晚的咖啡馆外》（荷兰凡·高）、《在太阳面前的女人和孩子》（西班牙米罗）、《红黄蓝的构成》（荷兰蒙德里安）等作品。

"小朋友喜欢红黄蓝"展出了中国、日本、德国等国家的小朋友的画。

（2）请用红黄蓝为主画一幅画，或者设计一样小物品。

① 可以画画身边熟悉的东西，比如水果、蔬菜、风景、人物等。

② 可以像书上的小朋友一样，把红黄蓝想像成三个好朋友，用卡通的画法画他们正在做的事情。

③ 还可以模仿画家米罗和蒙德里安，画得更加别致一点。

④ 喜欢设计的小朋友，可以用红黄蓝设计水壶、闹钟、雨伞等小物件。

4. 互相评价，打开收藏夹，收藏优秀作品

（1）以组为单位，将"五彩树"、"花布"及画或小设计进行相互评价，选出最好的作品。

（2）将好作品放进公用的收藏夹，组长写上课题、日期及被收藏者的名字。

【活动评述】

课堂上人人参与的吹画游戏、染纸游戏使教学的气氛非常轻松愉快，每一个层次的学生都快乐地动手，轻而易举地完成各项学习活动，每个学生都在活动中得到了或多或少的成就感。与学生生活紧密相连的教学内容使学生备感亲切，举手回答问题非常踊跃，而小展览的布置又打开了学生的视野，让他们得到了美的熏陶，启发了他们的创作。相互评价、收藏作品培养了学生自我评价的能力，提高了学生的审美素养。

【资料链接】

1. 李绵璐、汪华主编：《义务教育课程标准实验教材·美术（二年级下册）》《三个好伙伴》一课，湖南美术出版社，2002 年 1 月版。

2. 中华人民共和国教育部制定：《全日制义务教育美术课程标准（实验稿）》，北京师范大学出版社，2001 年 7 月版。

3. 荆棘图库：http://picture.21youth.com

（深圳市南山区前海小学　宋颖瑶）

色彩、笔触与情感表现

【设计理念】

美术是一种形象表达的视觉艺术，本课着眼于色彩、笔触的表现方法，让学生通过绘画的实际体验，认识美术的表现形式和表现手段在表达人们的思想、感情、情绪和表现客观世界物象方面的多样性。培养学生多角度观察的能力、多方位思维的能力和多方法解决问题的能力。

【活动目标】

1. 通过本课使学生初步了解用色彩、笔触表达情感的一般方法。

2. 让学生学会欣赏现代美术作品，从中得到美的体验。

【活动准备】

1. 关于凡·高的美术短片、后印象派和现代派绘画作品多媒体课件。

2. 把学生分成八组，每组是一个创作单位。

3. 材料：油画色(水粉色)、油画笔(水粉笔)、纸张、调色板等。

【活动过程】

1. 利用短片，调动情绪，引入课题

播放短片(1)：《在希望的田野上》，将戴恒扬等人的油画投放在大荧幕上，伴随同名乐曲，展现每个精彩局部画面。色彩、笔触和音乐的交织给人一种震撼；播放短片(2)：田野、麦田、太阳；播放短片(3)：凡·高在作画，他把厚厚的黄颜料一层层堆到画布上，画布上的黄颜料变成了耀眼的阳光；播放短片(4)：向日葵在田野中随风摇摆，有一株变成了凡·高的《向日葵》。

2. 老师讲述、提问

向日葵向太阳，它生机勃勃，生命力顽强，是荷兰画家凡·高特别喜爱的绘画题材。他一生中画了许多《向日葵》，他的《向日葵》色彩饱和，用笔奔放，激情满怀，好像将阳光停留在画布上。看他的《向日葵》，你会强烈地感受到画家对大自然的热爱，对生活的热爱。

提问：凡·高的《向日葵》用色、用笔都有什么特点？

这幅画的特点就像刚才同学们所提到的一样，主要可从颜色和用笔两方面来分析：第一，颜色上，在绿色的背景的衬托下，金黄色的葵花显得更加耀眼。第二，用笔上，粗犷，豪放，富有动感和节奏感的花瓣与背景形成对比。

提问：他为什么要那么用呢？凡·高喜欢用什么样的色调作画？

3. 感受《向日葵》

(1) 让学生仿照凡·高《向日葵》绘制一幅变体画，尝试改变向日葵的色彩和笔触。

(2) 让学生进行自评和讨论：改变色彩以及笔触后的效果与获得的不同心理感受，在老师的帮助下，用长、短、方、圆、薄、厚等笔触尝试。

(3) 同时选若干有基础的学生在老师的引导下用油画进行色彩和笔触的不同尝试：强烈的冷暖对比、强烈的明暗对比、暖色调、冷色调、厚画法、薄画法。

同时穿插基础画法的讲述：从大色块面关系到线的联系再到点(小块面)，细化块面的画法；从大块面薄到小块面厚的笔触应用；强调色彩和笔触的情绪化和情感化以及绘画的表现性。

(4) 回到《向日葵》，让学生进一步分析《向日葵》的色彩表现和运用笔触的特点。

① 强烈的暖色调(色彩)。

② 奔放的厚画法(笔触)。

③ 黄色的应用(个性化)。

④ 造型的主观性(情绪化)。

学生得出结论：强烈的暖色调，奔放的长笔触，厚重的用笔，强烈地表现出画家对大自然热爱，对生活热爱的强烈的感情。

4. 讨论

(1) 色彩关系(用投影投射有明确色彩关系的图片要求学生辨认)。

(2) 色彩的象征意义。

师：每个人都有自己所喜欢的颜色，也有着喜欢它的理由，那么当你们面对自己所喜欢的颜色时，你们会赋予它一种什么样的情感呢？或者说，看到这样的颜色时，你们会产生一种什么样的情感联想呢？现在就请同学们来把刚才举出的颜色赋予一种情感。

红色：热情、喜庆(恐怖)

黄色：温暖、丰收(下流)

蓝色：深沉、宽广(忧郁)

绿色：生机、自然(沉闷)

白色：纯洁、明亮(悲伤)

紫色：高雅、大方(俗气)

黑色：神秘、高贵(孤独)

橙色：食欲、温暖(庸俗)

(3) 色调(要求学生举例说明)。

(4) 补色对比(要求学生用颜色说明)。

5. 创作、展评

请学生自由想像，画一幅创作，用色彩和笔触表达强烈的情感。

选择优秀作品修改、装裱，举办一次小规模的美术展览。

【活动评述】

本教学活动设计所要纳入的内容：色彩、笔触与情感表现是一个较为抽象的问题，一般而言，对它的讲解易于流于“照本宣科”、“生吞活剥”，本活动设计选取了“向日葵”

这一学生们习见或习知的形象，细腻地引导学生感知、体验色彩、笔触与情感表现的关系，聪明地避免了上述弊病，讲解得明白透彻，为这类教学活动的进行提供一个可供借鉴的成功案例。引题的油画、乐曲的精心设计，为学生进入欣赏画作的情境作了很好的工作，使学生更容易“入题”。

【资料链接】

1. [英]赫伯·里德：《通过艺术的教育》，湖南美术出版社。
2. [美]欧文·斯通：《向日葵不是梦》，湖南美术出版社。
3. 《凡·高传》故事片影碟资料。
4. 中国美术教育信息网。

（深圳市南山区育才三中　刘成涛）

感知人物表情美(一)

【设计理念】

人物形象的表情刻画需要作画者通过想像、体验感知并模仿对方的精神状态和肌肉运动，才能真正做到“传神写照”。基于这种原则，本教学活动设计充分利用学生爱表演的特点，通过做游戏、表演、猜谜等形式，让学生在欢快的气氛中亲身体验、感知并主动探究表情美的真谛，并大胆进行创造性表现，从而使得知识技能和态度同时得到牢固的建构。

【活动目标】

1. 培养学生的形象感知能力、审美能力和形象思维能力。

2. 养成积极主动、建构知识的习惯。

3. 友好交往，互助互动。

【活动准备】

课前要求学生对镜画自画像一张，对镜做出各种出表情，并分析表情是怎样形成的。

【活动过程】

1. 表情表演引出主体

上课铃刚响，教师步入教室，学生还没有从下课的嬉闹中回过神来。

教师佯装气愤的表情(较夸张一些)，站在讲台上不动。

学生回过神来安静坐好。

教师表情突然转化成喜悦，仍不言语。

学生对教师的行为感到不解：老师今天怎么了？

师：(恢复正常的表情)大家说，老师刚才用什么方式和大家交流？

生：表情。

师：我们前两节课学习了五官的画法，那么是不是说这样子我们就能画好人物了呢？

生：不是。

师：人是有丰富情感的高级生命，而表情是丰富情感的外在表现，只有画出有表情的五官，表达出丰富的情感世界，才能画成一张有生命的成功的人物画作品。

2. 全面感知，拓展思维

师：请大家翻开书本第六面，今天我们就一起来探索一下人物表情的审美特点。

首先我们先了解一下表情的种类，大家一起说说有哪些。

生：哭、笑、愤怒、高兴、害怕、大笑、叹气、惊讶……

师：大家还知道有哪些形容表情的词汇？

生：皮笑肉不笑、奸笑、嬉皮笑脸、蔑视、喜笑颜开、热泪盈眶、哭笑不得、目不转睛、张嘴结舌、百感交集、诚惶诚恐……

师：看来人类的表情真的是太丰富了！但我们一般情况下把表情主要概括成平静、欢喜、愤怒、悲哀。为了便于大家清楚地把握它们的特点，课本上以简笔画的方式将它们表示出来。现在大家一起来认真比较分析一下它们各自的特点，然后将它们画在作业本上。

师生共同总结(边画边说边模仿其表情)：平静是五官成水平状；欢喜是眉毛眼睛向下弯曲，两嘴角向上拉；愤怒是竖眉、皱眉、瞪眼、嘴角向下拉；悲哀是皱眉，眉、眼、口角向下啦，撅嘴。有的学生模仿得很夸张，引得同学们大笑不止。

师：表情虽然是内心情感的真实流露，但是我们也可以通过想像进行模仿，这就是表演艺术，电影、电视剧中的演员正是这样的职业。我记得我小时候也常和小伙伴一起自编自演，感受进入不同人物角色的乐趣，我相信大家都有表演的才能，那么我们就做一个游戏：前后桌之间相互表演不同的表情(用表情说话)，让对方猜你的意思，猜对了证明表演的成功；或提出不同的表情让对方表演。

学生表现得非常兴奋、投入。

师：大家表演得都非常出色！那么什么才是最美的表情呢？现在请大家欣赏课本中的图片，他们的表情都给人以美的感受，是因为他们都长得好看吗？

生：不是。

师：那是因为什么呢？

生：因为他们很善良，老人很慈祥，小孩很纯真……

师：回答得太好了，真善美是高度统一的一体。你们知道老师为什么那么喜欢你们吗？因为你们就是真善美的统一体，我觉得每个同学都是美的、可爱的！你们的表情和你们的心灵一样美！但我们每一个人又都是与众不同的个体，同样是笑容，因为不同的性格、气质、长相而变得丰富多彩，那么就让我们用画笔把同学们美好而独特的个性表情记录下来吧！

教师在黑板上演示画法，画完后，学生都夸画得好，但是教师却说："你们都比老师画得好，一定要相信自己才是最棒的！"说完便擦掉了自己的范画，让同学们前后桌之间相互对画，注意观察五官的表情变化，画出与众不同的个性表情。

当学生作画时，教师具体辅导，针对每一组的具体问题给予引导、启发。

3. 作业展示，生生互评、学生自评

要求学生先进行自评后，再由画中的同学本人进行评价，最后再将作业贴在教室的黑板和内墙上，全班同学相互欣赏、评价、交流，若是很喜欢某张作品，就将自己的评价告诉作者，对他说："你画得很棒，我很喜欢你！"并请他也来欣赏欣赏自己的作品。这样，学生之间建立了友谊，并形成共同探讨的艺术氛围。

4. 总结

师：本节课大家对人物的表情美感有了一定的感受认识和表现，希望大家在生活

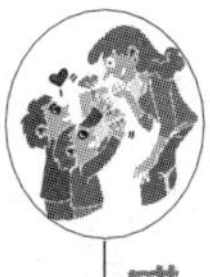

中也能够多注意观察人物的各种表情，并用画笔描绘出来。也希望大家永远有一颗纯真、善良的心，永远有一张美丽的笑脸！

【活动评述】

本活动设计在欢快有趣的气氛中使学生不仅理解了知识，掌握了技能，而且在老师的引导下，学生积极主动地体验感受、探索表现，使得知识技能、情感都得到有效的建构，充分体现了新的课改理念。

【资料链接】

《美术（第九册）》岭南美术出版社，2004 年 9 月版。

（深圳市西丽小学　毕晓东）

感知人物表情美(二)

【设计理念】

这节课是学生进入初中后开始学习艺术的第一课。因此,建立融洽的师生、同学关系,不仅是教师上好课的基本要求,也能为以后更好地上好课打下良好的基础。教学过程中,在观察周围的同学的同时,使同学们更多地关注自己身边的新同学,建立良好的师生、同学关系。在欣赏艺术作品的同时,得到良好的艺术熏陶,从而提升个人道德修养和情操。在自己动手绘画的同时,培养尊重他人的品质和动手动脑能力以及艺术鉴赏力、创造表现力。

【活动目标】

1. 通过观察周围的人和欣赏艺术作品,概括总结人物的基本脸型和表情,并用不同的方法和手段来表现人物的基本面部特征。

2. 培养学生的观察能力、分析能力、个性表现力、基本造型能力和绘画表现力,促进同学间的交流和了解。

【活动准备】

1. 一段能充分展示人物面部表情的影片、具有各种特征的人物肖像画。

2. 每人准备一幅自己的照片(突出头部特征或有丰富表情的)、各种绘画工具。

【活动过程】

1. 导入

师:新的学期开始了,同学们从小学升至初中年级,周围的一切都是新的:你是新的,我是新的,他也是新的(引出课题并板书:你、我、他)大家一定感觉既陌生又新奇。今天老师就给大家一个更多交流和了解的机会,我们来进行一个自我介绍的小活动。当有同学介绍自己的时候,我请其他同学认真观察他的五官、表情,然后说一说这位同学的脸部基本特征,如:脸型、五官、表情、发型等。当然,也可以向大家介绍一下自己的特征。

2. 特征描述

(1) 观察:

教师放一段可以充分展示人物面部表情的电影片段,请同学来说一说自己对片中人物基本特征、面部表情等的看法。然后讨论分析:人物的基本特征是从哪几个方面表现出来的?老师引导学生总结:人物头部是反映人物特征最多最主要的地方,包括相貌、表情、精神状态和性格特征等。

（2）欣赏、讨论：

师：刚才我们观察了周围的同学的面貌特征，下面让我们来看看这些图画，你能从画面上看出他们的性格特征吗？（展示多种不同风格的人物绘画作品。）

宫六朝《小女孩》：可爱、倔强等。

达·芬奇《蒙娜丽莎》：微笑。

《最后的晚餐》：镇定自若、光明与不安的神情、阴郁的对比。

马蒂斯《女人像》：鼻子很长，眼睛露出休闲而略显疲惫的神情。嘴巴随意地撇着，头发随意地散落，整体感觉慵懒而散漫。

弗洛伊德《自画像》：脸是方形的，"国"字脸。眼睛长长的，两只眼睛距离很近，感觉充满了不安。嘴巴扁扁的，紧闭着，感觉就像一个病人躺在病床上。

教师进一步引导：人物头部的特征主要是通过脸型、五官和发式而表现出来的，而艺术作品又往往通过人物面部的刻画来揭示人物的内心世界，突出表现某一主题。

3. 归纳总结

世间的万事万物无论如何变化，都有一定的规律，只要你仔细观察，你就会发现。

脸型 ：国字脸、瓜子脸、圆形脸、鹅蛋脸……

注意：画人物头部时应先整体把握人物的脸型，再去刻画人物的五官。

表情：哭、笑、怒、惊喜、失望、悲伤、生气……（可以请学生到前面来表演一番，也可以到黑板上用简笔画的形式来画一画。）

注意：人物的表情是通过人的眉毛、眼睛、嘴巴的变化来实现的。

头部比例：请同学们自己动手摸一摸自己的五官，再观察一下周围同学的五官的大概位置。然后用手指量一量大概的位置是怎么样的。如：

从眉毛到鼻尖的距离
从眉毛到发际的距离
从鼻尖到下颚的距离
眼角到头顶的距离
眼角到下颚的距离

结论：基本相等。

根据上述结论可以画出一个人的基本型（师在黑板上示范），在这基础上再观察：

耳朵的位置：在头部的两侧，眉尖到鼻尖的距离。

嘴巴的位置：鼻尖到下腭的中间位置。

4. 实践

（1）请同学们再仔细分析一下课本上的这三幅人物画，他们的表现手法有何不同？你能感觉出画中人物的性格吗？（第一幅是线条画，随意的几笔就将男青年的神情表现出来了；第二幅是水墨，有浓有淡，有粗有细，体现出小女孩的天真含蓄；第三幅是铅笔画，略带明暗表现手法，刻画出少女略带忧郁的气质。）

（2）选择教材上自己喜欢的一幅肖像画进行临摹，或选择老师提供的肖像画进行临摹，临摹的时候要注意画家的用笔，体会画者描绘人物时的情感和手法，注意如何通过画笔使人物更具个性化。

（3）也可以把准备好的照片拿出来，根据照片来画。

5. 引导评价

将学生作品展示于实物投影仪，让学生互评，提出自己的见解。师归纳。

【活动评述】

一节课上得好坏，不但要看学生掌握了多少，更主要看教师是否调动了学生的积极性和主动性，是否激发了学生的兴趣，使全体学生真正地投入到教学活动中来。本活动设计围绕“联系学生实际，促进学生发展”这一中心来设计和安排教学内容，将教学内容分成四个大的版块：一是特征描述，从描述身边同学的特征、描述自己的特征到描述艺术作品中的人物特征，使学生对人物有了一定的了解，同时在相互的描述中增进了了解，增进了友谊。学生积极发言大胆地表达了自己的情感。二是分析人物特征是从哪些方面来体现的，在这一环节上，我把人物的表情和脸型作为重点，通过各种手段，使学生对此有充分的了解，为画肖像画做好准备。这在学生画肖像画中得到了充分的体现。三是感受画家是怎样表现人物特征的。这一环节重点是让学生感受、讨论，再让学生选择自己喜爱的肖像画进行临摹。四是尝试画一张肖像画，这是本课的难点，为了突破这一难点，我将难点分解在各个教学环节中，如之前对人物特征的了解、人物头部比例的“测量”等，这样学生在画肖像画时就觉得比较容易，也能将人物特征表现出来。

【资料链接】

1. 何政广主编：《马蒂斯：华丽野兽派大师》，河北教育出版社，1998 年 7 月版。

2. 孙建平：《现代素描肖像》，天津人民美术出版社。

（深圳市南山区荔香中学　马　楠）

为老师画像

【设计理念】

英国著名的哲学家和科学家培根说过："好奇是知识的萌芽。"好奇激发起兴趣，所以才引起了探究反射，思维也就随之活跃起来了。因此本活动设计注意设置一些悬念，还有一些小游戏。因为"贪玩"是学生的"天性"，而游戏又是学生最喜欢的一种形式。我们把这些内容融入课堂，可以增加学生的心智活动，提高学生的注意力，激发学生的积极性，让他们快乐地在玩中学，在学中玩。

【活动目标】

1. 培养学生的记忆力、观察力、想像力，能抓住教师的形象神态等特点进行描绘。

2. 培养学生的绘画表现能力，通过他们自由的想像，把画面更加丰富地表现出来。

3. 在充满轻松的绘画中增进学生对老师的感激、热爱之情，构建起师生的友谊之桥。

【活动准备】

绘画纸、铅笔、橡皮、水彩笔。

【活动过程】

1. 设置悬念，引起注意

我走进教室，一言不发，拿起粉笔在黑板上就开始画。学生马上议论纷纷："老师在干什么？""老师怎么一上课就自己在那画啊？"待我把头形画出来后，同学们好像恍然大悟，"画的是人，可这人是谁哪？""我们认不认识？""老师为什么要画她呢？"……一连串的问题浮出来。我没有打断他们的议论，等画成了以后才微笑着说："大家现在是不是都已经看出来了？大家一起说画的是谁？""谢老师自己！"大部分同学都看出来了，兴奋地回答。"对！可是老师为什么要画自己呢？一会儿老师再说。"

2. 引入题目，诱导学生

"先问一下同学们知不知道教师节是几月几号？"

"9 月 10 号！"大部分同学脱口而出，也有小部分同学不知道。

"对。不知道的同学可要记住了！这对于同学们来说也是非常有意义的一天。好，下面请同学们把书翻到第二页，找到'徐老同志'那一段，请一位同学读一下。"

"徐老同志：你是我……"一位可爱的小女生感情丰富地为同学们朗读了一遍。

"尊老师重道是我们中华民族的传统美德，这一段话传递了毛主席对他的老师的感激、热爱之情，是不是？"

"是！"

“毛主席那么尊重他的老师，我们是不是应该像我们的伟大领袖毛主席学习，更加敬爱、尊重我们的老师？”

“是！”

课堂上适时地进行一些思想教育是有必要，而且容易被同学们所接受的。

“老师啊，天天和我们朝夕相处，像我们的父母一样，关心我们的学习，关心我们的生活，当我们沮丧失落的时候，也是老师在我们身边鼓励我们，帮助我们。现在同学们能不能用语言表达的方式赞扬一下老师呢？”

“老师像园丁一样，呵护着我们这些花朵。”

“老师像蜡烛一样，燃烧自己，照亮别人，为我们付出了青春和血汗。”

“老师是人类灵魂的工程老师。”

……

“同学们说得都非常好，那么你们每个人心中一定都有自己最喜欢的老师，是吗？”

“是！”大家异口同声地回答道。

“教师节马上就要到了，我们是不是应该画一张画，制作一张卡片，送给我们最敬爱的老师，表达一下我们心中对老师的敬意之情？这样的礼物比我们花钱买的更有意义，更加珍贵。那我们今天就来围绕‘老师您好’这个主题，把大家最熟悉、最喜爱的一位老师的形象画下来。画上可以加上一些与老师工作有关的物品。”

3. 寓教于乐，联发想像

“同学们现在看黑板上老师刚才画的自画像。同学们注意一下，老师在画的时候是通过哪些特征的描绘，让同学们看了以后知道这就是老师自己。好，我们把全班同学分为两队，左边这两大组是神勇队，右边的这两组是风云队，我们看哪一队的发言最积极，哪一队就获胜。现在同学们开始举手抢答。”

同学们的积极性一下子都调动了起来，班上所有的目光都转向了我和我的画。大家争先恐后地要发言。

“老师画了自己戴眼镜。”

“老师还画了一个马尾辫，而且头发还是卷的。”

“老师穿的衣服是白色上起小黑点。”

“嗯，大家观察得都很仔细啊，风云队的同学好像表现得比较积极一点啊！”

神勇队的小同学也不甘示弱，一个小男孩举手说道：“老师画的自己还很瘦。”语音刚落，全班同学哄堂大笑。这时我说话了：“其实，这位同学说得一点都没有错，这就是每个老师体态的区别。有的老师胖一点，有的老师瘦一点，就像我们有时看一个人的背影就知道他是谁，为什么？因为我们可以从他的身材、走路的姿势看出来。这也就是我们画画时所要注意表现的特点。所以同学们也要敢于把这些特点表现出来。那么，还有没有其他特征？”

“老师画的自己手上还带着手表。”

“老师穿的是平跟皮鞋。”

……

我稍做总结：“非常好啊，两个队都非常积极，可以说是不分胜负。同学们刚才都观察得非常仔细，那一会儿你们画的时候，就要开始记忆和想像一下，你们最喜欢的老师都有哪些特征，就像刚才观察我的特征那样，比如五官、发式、衣着、神态、习惯动作等特征。不同的是不是用嘴说，而是像老师一样把那些形象特征用画笔表现出来。”

由于还要画一些与老师有关的物品，有些同学不知道要画点什么，为了培养学生丰富的想像力，于是我又组织了一个游戏：“看到了什么我想到了什么”。规则是：前面一个同学说看到了什么，后面一个同学就要加以想像，然后回答看到了什么我想到了什么，看到的与想到的两者必须要有联系，比如说看到了蓝天我想到了白云。除此之外还有两点要求，一是要快，二是不能重复，要不就算输了，就要表演一个小节目。

给同学们讲完规则以后，我请了四位小同学上台来和我一起做这个游戏。

先由我开头：“看到了老师你想到了什么？”

“看到了老师我想到了黑板。”

“看到了黑板我想到了粉笔。”

“看到了粉笔我想到了黑板刷。”

“看到了黑板刷我想到了讲台。”

“看到了讲台我想到了书桌。”

“看到了书桌我想到了台灯。”

“看到了台灯我想到了——”

“快点！快点！”我在旁边助威道。

“我想到了课本！”这位同学兴奋地回答道。

“看到了课本我想到了钢笔。”

“看到了钢笔我想到了——我想到了——”一个小女孩接不上来了。

“快点啊，想起了什么？三—— 二—— 一——”

“很可惜，这位同学还是没有接上来，那就为同学们表演一个节目吧！”

小女孩非常自信地为大家演唱了一首《泼水歌》。

游戏结束，让同学们开始画画。

4．画画练习

经过以上的游戏，同学们在心中都已经有了一个初步的构图。请同学们安静下来后，让他们努力地回忆一下，他们所要画的老师的特征，想一想该怎么画。做到胸有成竹了，再开始创作表现。

下课时让他们把作业交上来，下节课评析交流。

【活动评述】

本活动设计通过生动的举例和有趣的小游戏，带领学生走进课题情境之中，使学生主动、自觉、愉快地进行敏锐的观察、丰富的想像，使学习变被动为主动，让同学们通过学习，培养和发展自己的记忆力、观察力、想像力和绘画表现创作能力。在充满生活情趣的绘画中，增进了师生之间的感情，让学生养成尊重、关怀、友善等品质，塑造他们健全的人格。

【资料链接】

1．李绵璐、汪华主编：《义务教育课程标准实验教材·美术（三年级下册）》，湖南美术出版社，2003 年 1 月版。

2．美术教育资讯网。

（深圳市南山区外语学校　谢晖桢）

过去的日子

【设计理念】

本课教学活动设计力图通过观赏同学们珍藏的过去的生活照片，回忆往日的生活，唤起一些深刻感受，从而更加珍惜今天，留给明天更多的美好回忆。并通过这种活动促使学生悉心观察身边的事物和发生的事件，培养学生的观察能力，唤起学生对现实生活的热爱。

【活动目标】

1. 培养学生关爱生命、热爱生活的思想情感。

2. 提高学生对事物的观察能力以及交流协作能力。

3. 引导学生在作品中反映现实生活，表现自己的个性。

【活动准备】

上课的前一天要求每位同学带自己过去的生活照片或反映自己过去生活的绘画作品，准备展示和交流。

【活动过程】

1. 利用多媒体手段，激发兴趣，引入课题

播放乐曲：陈慧琳・熊熊儿童合唱团《小时候》

小小的宇宙/ 欢欣的宇宙 / 蹦蹦跳 哈哈笑 是我小时候 / 多少新变旧 光阴不退后 / 今天我 他朝你 变改一定有 / 抱负理想 在我心中 / 成就看以后 / 世界都在我手中 / 不管天高地厚 / 关心跟爱护 / 都一一接受 / 真的爱 真的美 / 全在心内透 / 真的爱 真的美 / 全在心内透

大屏幕循环显示课题和一组欢快的儿童生活照片，学生在悠扬、喜悦的乐曲声中步入美术功能教室分组就座。此时已有部分学生观看屏幕，跟着音乐小声哼唱起来。学生的注意力逐渐被屏幕画面吸引。

音乐声渐渐消失。

“同学们，我们今天回到小时候，一起来回忆快乐、幸福的童年往事。”

2. 交流与分享

“请同学们把自己带来的小时候照片在本组内交流观看，向本组同学简单讲述图片中的快乐生活片段，和同学们分享。”

教室里响起议论声，同学们十分投入、认真。

教师巡视、参与，同时在同学的照片中注意挑选出有趣和有意义的精彩照片。

结束分组交流，让挑选出图片的同学逐一到讲台上来，通过实物投影仪向全班同学讲解图片上自己幸福的往事片段。

学生照片的内容十分精彩：有流淌着口水的娃娃，有蹒跚学步的，和父母一起在草地嬉戏的，有在公园游乐场玩耍的，有在幼儿园内游戏的，有麦当劳的生日 PARTY……

课堂气氛活跃、热烈、融洽，同学们积极参与，欢笑、快乐……

3. 拓展渐进，升华主题

展示课件内容(一)：

(1) 卖风筝的民间艺人照片

(2) 抗战渡江战役照片

(3) 王府井大街人力车雕塑作品照片

——老照片为我们留下许多反映旧时社会生活的片段

(4) 乡村希望小学照片

——照片的情景与我们的学习条件形成强烈的对比

(5) 明星小时候照片一组：姚明、成龙、王菲、周杰伦……

——明星小时候和普通孩子一样，成功来自勤奋、拼搏

……

4. 引发联想，激发表现欲

展示课件内容(二)：一组反映学生自己生活的学生美术作品(速写、卡通连环画)，唤起学生对过去给自己留下深刻印象的人物和环境的回忆。

5. 选择题材，画出草图

学生选择在过去的日子里经历过的事情和熟悉的人物，用绘画的形式表现出来。老师巡堂辅导。

6. 结束

教师对学生的画做出肯定性的评价，然后布置下节课要准备的绘画工具、资料。下课铃响，重放音乐《小时候》，学生在轻快的乐曲声中离开教室。

【活动评述】

该活动设计内容充实、层次分明、设计新颖，突出之处在于充分利用多媒体教学手段和网络资源，展示出一幅跨越时空的立体课堂教学，既引人入胜，又有效激发了学生的学习兴趣。本课教学使同学们回忆往日的生活，唤起一些深刻感受，从而更加珍惜今天，对明天更加充满信心。促进学生悉心观察身边的事物和发生的事件，培养了学生的观察能力和交流协作能力，唤起学生对现实生活的热爱，引发出丰富的联想。

【资料链接】

李绵璐、李路明主编：《义务教育课程标准实验教材·美术(七年级下册)》《过去的日子》一课，湖南美术出版社，2002 年 1 月版。

(深圳市南山区育才二中　刘　颖)

我 的 梦

【设计理念】

让大班幼儿了解什么是连环画。回忆、讲述做梦的美好经历，培养幼儿丰富的想像力和表现记忆的能力。

【活动目标】

1. 通过连续画面表现一个主题，培养幼儿根据情节设计画面的能力。

2. 引导幼儿注意色彩的虚实对比和画面的合理布局。

【活动准备】

1. 连环画范例一幅。

2. 图画纸、油画棒、水彩笔若干。

【活动过程】

1. 语言导人，引起幼儿兴趣

教师提问：小朋友晚上睡觉的时候，做过梦吗？有时候白天想的事情，晚上在梦里就能实现，真有趣。你喜欢做梦吗？(喜欢。)在梦里会发生许多稀奇古怪的事情，也会给我们留下很多美好的回忆。小朋友们都来想一想，你做过什么奇怪、有趣的梦？在梦里发生了什么事情？(启发提问，引导幼儿重点说出自己在梦中的感觉，梦与现实有什么不同。)你在梦里都做了什么？你能不能把它画出来？可是一幅画又不能把内容画完，怎么办呢？(引导幼儿说出用连环画来表现梦中内容，启发幼儿进入丰富的想像空间。让幼儿自由讨论 3 分钟。)谁能说出自己的梦？

2. 幼儿的梦

芳芳的梦：我的梦是吹泡泡。我梦见泡泡飞上了天空，飞上了云彩，地上、树上、楼房上到处都是泡泡，就像进入泡泡的海洋里面。我张大嘴巴不停地吹呀吹，我到处跑呀跑，周围是五颜六色的泡泡，我高兴得不停地笑呀笑，把我笑醒了。

圆圆的梦：我梦见我变成一只小鸟，插上翅膀在天空上飞来飞去。漫天都是亮晶晶的小星星，一会我和月亮手拉手，一会我和小星星手拉手。我们在天上建造好多好多的大楼房，楼房会发出亮光，照得天上像白天一样。小汽车能在天上飞来飞去，天上全部是机器人当警察指挥交通。我的家搬到天上了，我好像变成了飞人。

小毛的梦：晚上我要睡觉了，让妈妈给我讲了一个故事，故事讲完了，天黑了，我也睡着了。我梦见一个大恐龙，大恐龙向我扑来，我有点怕，好像它想要吃掉我，我就用刀、剑、枪、飞机、大炮、火箭和大恐龙打架。我想了好多办法终于打败了恐龙，我胜利了。我好累呀。天亮了，我醒了，还是躺在自己床上。

3. 分析细节，启发幼儿想像力

三个小朋友的梦讲得都非常好，现在老师就和小朋友一起把小毛讲述的梦认真分析一下。

第一情节：小毛睡着了。主要内容是谁(小毛)？他在干什么(睡觉)？他在哪里睡(家里的床上)？所以就应该把家里的家具、电器之类东西画上。

第二情节：梦见大恐龙。主要内容是恐龙，恐龙生活的时代距今有几千万年了，它的特点是身体庞大。世界上有很多种不同种类的恐龙，一般的恐龙体形是比较庞大，体形小的恐龙也有，小毛梦见的是一个大恐龙。

第三情节：小毛大战恐龙。小毛的梦中告诉我们用刀、剑、飞机、大炮打击大恐龙，我们小朋友可以不用小毛的方法战胜恐龙。请小朋友自己动脑筋想用什么方法战胜大恐龙(充分发挥幼儿想像力，自由讨论，相互丰富自己的画面内容)。

第四情节：小毛醒了。小毛醒了用什么动作表示？闹钟响了，小毛睁开眼睛，坐在床上。小毛醒来还是在家里，这个情节和第一情节相同，小毛是在同一个房间里“睡觉”和“醒来”，所以第一情节和第四情节这两个画面的环境基本相同。

4. 启发造型，交代要求，幼儿作画，教师指导

出示连环画范例让幼儿看，引导幼儿观察了解连环画的特点：由许多幅图画把一个故事中的几个情节连起来，叫“连环画”。每一幅图表现一个情节。为了让小朋友知道梦中发生的顺序，每幅图的右下角都要写一个号码。现在老师发给小朋友图画纸、油画棒、水彩笔。小朋友现在已经特别着急画连环画，小朋友拿到用品后，要仔细想一下情节和步骤，但是老师要对小朋友提出三点要求：

(1) 首先将纸对折两次，展开后就变成四份，然后根据梦中的发展顺序，把梦中的情节依次画出来，并标上1、2、3、4的序号。

(2) 幼儿的作品内容要求：可以按照老师刚才讲小毛小朋友画自己做梦的形式，来画自己做梦的连环画。不是画老师给的范例画，而是画自己的梦中情节，要画出四个不同情节，每一幅图画出梦中的主要内容(人物或恐龙)，然后添画出适当的背景。在幼儿绘画中提倡“三不主义”。

(3) 涂底色时应当与主要内容的色彩形成对比，可以运用过渡色、对比色、相邻色等方法表现画面。

5. 幼儿作品点评

根据幼儿作品对其内容、构图、线条、色彩进行点评：拿出三幅不同层次幼儿的作品让幼儿根据上述要求说一说该作品好的地方在哪里，还有哪些不足。通过讲评实例，让幼儿学会正确把握画连环画的方法和技巧。同时，积极鼓励幼儿大胆创作，提高幼儿绘画兴趣。

【活动评述】

本活动设计为幼儿搭建了一个平台，使幼儿和幼儿之间、幼儿和教师之间产生互动，体现了创新的理念。激发了幼儿学画的兴趣，培养了幼儿用画的语言表达丰富的内心世界的能力。“领悟艺术变化组合的规律，记住生活中的千姿百态，夸张取舍，自由联想才会画出好的儿童画。”整个教育活动主题明确，充分调动了幼儿创作的积极性，幼儿

基本能够独立完成连环画作品，并收到了良好的教学效果。

【资料链接】

1. 傅纪辉：《怎样在美术教育中培养学生的想像力》，载于《少儿美术》2001 年第二期，天津人民美术出版社。

2. 陈铁桥：《儿童创意画要注意哪些问题?》，载于《儿童想像画问答》，铁岭市新闻出版局，1999 年版。

（深圳市南山区大新幼儿园　何　建）

我的故事

【设计理念】

本教学活动设计力图使学生在有趣、活跃的课堂气氛中，产生对画卡通画的兴趣，并且通过各组成员之间的相互交流与合作，让学生充分自主学习探究，使学生能够在了解卡通画的基础上，初步掌握卡通创作基本规律，并且能够大胆、自主地创作出连环卡通画，从而进一步开发学生的智力和创造力，提高学生的审美能力和创作表现能力。

【活动目标】

1. 使学生初步了解卡通的特点、表现手法和特殊语言。
2. 使学生掌握基本的卡通画技法。
3. 培养学生的美术实践、探索、创造表现能力。
4. 培养学生的人际交往与协作能力。

【活动准备】

1. 把全班分为若干活动小组(三人一组)。
2. 所需材料：纸、铅笔、水笔、颜料、课件。

【活动过程】

1. 激发兴趣，引入课题

上课开始便播放《猫和老鼠》的有趣片断，引发学生的阵阵笑声。短片结束后，教师微笑着说："刚才老师播放《猫和老鼠》的片断引起了同学们的阵阵笑声，说明同学们都觉得卡通片很有趣，也都非常爱看卡通片。大家还喜欢些什么样的卡通片呢？"同学们回答："机器猫叮当、高达、龙珠等。"教师问："大家知道卡通一词是怎么来的么？卡通一词是英语 Cartoon 的音译，在英语中 Animated cartoon 意为'活动的连环漫画'。动态的画面为卡通片，静态的画面为卡通画。现在卡通片和卡通产品在我们的社会中处处可见，《高达 seed》想必大家也都非常熟悉，这个卡通片引起了学生的很大反响，主要讲了和平和友情这两大主题。今天，我们就通过这节课画出自己的卡通画，好么？"

2. 范图欣赏，学生讨论，教师示范，切入主题

(1) 观察与思考

① 放卡通画范画，让学生观察及讨论。

师：同学们通过观察，相信已经发现了卡通画的一些共同点，有哪位同学可以谈谈他从这些范画里面发现了什么共同点么？

生：色彩夸张、线条简练、语言丰富。

② 放映卡通画表现的喜怒哀乐和人的喜怒哀乐，让学生观察及讨论。

师：上面的画表现的都是喜怒哀乐，不同的是一个是真人的喜怒哀乐，另一个是卡通画的喜怒哀乐，同学们能够说出它们之间的表情不同点是什么吗？

生：他们的眉毛、眼睛和嘴角不同。

师：同学们说得很对，漫画的表情就是在人类的表情基础上，进行丰富夸张的。表情大部分都能够通过眉毛、眼睛和嘴角的变化表现出来。

③ 师：请同学们看看书上的漫画范图，让我们一起来找一找什么地方是表现了声音，什么地方表现了速度感，什么地方表现了心理活动。

同学们认真地寻找图中的表现方法，并一一找出。

教师总结：同学们刚才找出了很多利用线条的变化来画的卡通画，我们可以做一个总结，那就是卡通画是通过线条、文字来表现速度、声音及其心理活动的。

④ 给出几组有趣的四格连环卡通画，鼓励学生联系图片内容讲故事。

讨论过程中，同学们非常活跃，非常投入，特别是说故事的时候，充分地发挥了自己的想像力，说得非常的好。

(2) 教师示范

① 画卡通画的基本步骤。起稿(注意构图)要给学生提醒，画的主题在纸上不能显得过小，也不能显得过大，要适中。教师在黑板上以画图的形式对学生进行讲解。

② 如何夸张表现造型，突出特征。教师在黑板上作画，画卡通画的时候，夸张突出某一个动作或者某一个表情。

教师对学生们说："老师鼓励同学们在画卡通画的时候，夸张地表现特征、动作，还有情景，因为这也是卡通画的基本语言之一。"

③ 如何将日常生活中的趣事转变成为连环卡通画。

师：现在我们来回想一下，在我们的生活中，发生了哪些趣事，想起来就会忍不住笑起来呢？

同学们在下面讨论，想起了一些有趣的往事，个个都显得非常开心。

师：好，现在有哪些同学愿意与大家分享一下他的趣事，把欢乐带给整个班级呢？

有几位同学举手说出他的童年趣事，引起了大家一阵阵的笑声。

师：这几位同学说得非常有趣，非常生动，我们可以用夸张的漫画手法来表现这几位同学的童年趣事。

教师做示范，在示范过程中告诉同学们怎样用连环卡通画的形式来将一件事情联系起来。

3. 学生分组创作

师：通过认真地观察欣赏、热烈地讨论研究，想必同学们对如何画卡通画都有了一定的认识和了解，那么下面我请大家三个人分为一组，根据每个人的特长进行分工，想像力好的同学负责主编故事，造型强的同学负责主画卡通，色彩感强的同学主要负责设计填色。相互协作、共同参与，我相信大家可以胜任自己的工作！

每组学生自主分工，组织能力好的负责卡通画的故事及连接。造型能力好的画造型，色彩感觉好的负责涂色彩。合作完成一幅连环卡通画。

4. 学生自评，教师点评

学生画完之后，把每组作品都贴到黑板上，组织大家自由评论作品的特点、风格、效果，教师在此基础上作概括性小结，对学生进行鼓励、表扬。

【活动评述】

在本活动设计的引入阶段，成功地抓住了学生的注意力，激起了学生浓厚的学习兴趣。本活动设计十分注重学生之间的交流，通过“欣赏—讨论—实践—评论”的形式，让学生主动参与，投入探究，有效地培养了学生认真思考、勇于交流的精神，使学生在有趣、活跃的课堂气氛中产生对画卡通画的兴趣。通过各组成员之间的相互交流与合作，开发了学生的智力和创造力，使学生能够在了解卡通画的基础上，初步掌握卡通创作基本技巧，从而进一步提高学生的审美能力和创作表现能力。

本活动设计注意发挥每个人的特长和优点，让学生联手进行连环卡通画创作学习，即可以提高他们的自信，顾及到每个学生的个性特点，又可以缩短作画的时间，在课堂上完成创作任务，不在课外给学生增加学习负担。这样既有趣又有效，何乐而不为？

【资料链接】

1. 中华人民共和国教育部制定：《全日制义务教育美术课程标准(实验稿)》，北京师范大学出版社，2001 年 7 月版。

2. 吕江：《卡通造型设计》，江苏美术出版社。

3. 卜劳恩绘：《父与子》，金城出版社。

(深圳南山实验学校麒麟中学部　戴秋宇)

为文学作品创作插图

【设计理念】

本教学活动力图加强学习活动的综合性，注重美术课程与学生生活经验紧密关联，使学生在积极的情感体验中提高想像力和创造力。

【活动目标】

1. 快乐学习美术，使学生形成积极主动的学习态度。

2. 引导学生自己发现美术作品和文学作品的关系，倡导探索性学习，让学生学会学习。

【活动准备】

1. 发动学生课前收集插图及原始文化艺术资料，收集方法由学生讨论，资料呈现形式不限。

2. 课件、色纸、水彩笔、原始风格面具、鼓。

【活动过程】

1. 听故事，配插图

师：同学们都喜欢听故事，下面请听段故事，然后为故事中的一小节选择相对应的图画。（展示课件。）

生：看、听配音故事，做出正确选择。

师：为什么选择这幅图画做插图？

生：这幅图画中有故事中的主角小熊和它建的房子。

师：什么是插图？

生：思考、归纳——插图即附在书刊中的图画。

	感　受	判　断	思　考	归　纳
学生	聆听、观看	为故事选一幅合适的插图	根据什么为故事配插图	什么是插图
教师	提出问题，给予肯定。			

2. 分析插图特点

展示相关课件，启发学生自己发现并归纳插图的特点。

师：插图有什么作用？

生：思考、归纳——使文学作品更吸引人，加深对原作的理解。

师：在哪些书中见过插图？

生：回忆、认定——插图的范围。

师：插图是不是只是黑白的或是彩色的？

生：举例。

辨别插图的不同表现形式（展示课件）——速写、版画、水粉……

3. 听故事、找特点

下面我们为一个神话传说故事配一幅插图，老师先画出一个原始人的头部，引出要听的故事。

（1）“找一找，原始人有什么特点？”

生：观看原始人举行仪式的电影片段，以击鼓传花（面具）的形式回答原始人的特点。

（2）“猜一猜，原始人们在做什么？”

生：举行仪式，仪式特点。

（3）“听一听，火种的传说。”

生：思考——你想为哪一段故事情节配插图？为什么？画面上要有哪些人或物？人和物有哪些特征？——身份、服饰、道具、背景等。如何在插图里突出主体？

生：讨论——选择吸引自己的故事情节配插图。画面上要有主角、背景，人、服装、配饰、房屋等都要符合原始风貌，主体可以画大一些，细节多一些，画面安排让人感觉舒服。

4. 学生创作，教师辅导，外化学生的情感和认识

（1）强调在符合故事风貌的基础上自由表现，大胆创造。

（2）表现技法不限，可画可贴。

5. 学生作品展示，进行“优点轰炸”

学生作品基本符合插图特点，有的构图饱满，有的场面壮大，有的气氛热烈，有的人物生动，有的细节突出，有的服饰特别，有的背景贴切，有的对比和谐，每一幅作品都向我们展示了小作者对故事的理解，对原始艺术的初步认识，对表现技法的尝试。

【活动评述】

兴趣是学习美术的基本动力之一。这个教学的设计，始终发挥美术教学特有的魅力，较多借助多媒体演示，图像作为一种有效而生动的信息载体，有助于学生熟悉美术的媒材和形式；采用游戏（击鼓传花）的形式请学生归纳自己的发现，使学生在不知不觉中形成积极主动的学习态度，提供了适宜创造活动的环境，有助于学生探索性学习；进行合理评价，对学生作品进行“优点轰炸”，尊重和保护学生的个性，有助于巩固学生的学习兴趣。

【资料链接】

滕守尧：《艺术与创生：生态式艺术教育概论》，陕西师范大学出版社，2002 年版。

（深圳市南山区向南小学　冀　影）

我 与 卡 通

【设计理念】

卡通是孩子们的好伙伴，在卡通的世界里孩子们可以展开幻想的翅膀，在蓝天上自由地翱翔。因此，本节课教学活动理念就是让学生看一看，想一想，做一做，提高学生的动手能力，去感受自己动手的快乐，促进学生全方面的发展。

【活动目标】

1. 初步了解卡通艺术的基本知识。

2. 借助多种方法学习绘制卡通形象、学唱歌曲。

【活动准备】

1. 把全班分成 6 个小组。

2. 所需材料：卡通头饰、卡通面具、各种彩色的卡纸、卡通图片。

【活动过程】

1. 谈话激趣，导入新课

师：今天老师先放一首你们都很熟悉的歌曲，（播放《卡通、卡通》的歌曲）请会唱的同学跟着一起唱。这是一首什么歌曲？（学生回答。）今天老师要带大家进入奇妙的卡通世界。（板书课题“我与卡通”。）

师：现在老师给同学请来几位老朋友，欢迎吗？（出示课件：卡通动画。）你能说出它们的名字吗？

生：米老鼠、唐老鸭、白雪公主、花木兰……

课件屏幕上露出笑脸，老师请同学们为自己的出色表现鼓掌。

师：老师真佩服同学们过目不忘的优点，那今天我们就来重温一下那一个个美丽而动人的故事。

2. 参与实践，探索新知

(1) 说一说，议一议：

师：卡通人是伴着同学们一起成长的，当你们在妈妈肚子里或摇篮里时就已经听过或看过它们的故事和图片，也就是说你们是听着这些故事长大的。那在你们认识的这么多卡通人物中你最喜欢哪一个呢？为什么？（先小组展开讨论，再集体交流。）

生 1：我最喜欢孙悟空了。他神通广大，能上天入地，一个筋斗云就是十万八千里……哇，如果我是他我就能到天上去，看看是否真有外星人。（说完后作了个猴子抓痒的动作，把全班逗乐了。）

生 2：（站起来，走到讲台前，双手合拢，眼睛一闭，给在场同学出了个题目。）你知道我是谁吗？（有的同学回答是“和尚”他直摇头。“不是和尚，和尚怎么还有头发的，笑死人了。”一个不服气的同学站起来反驳。“应该是带发和尚。”这一句又引起一阵笑声。他灵机一动，拿了一张纸把头发遮起来）看，没头发了吧？（同学们猜：“那就是一休小和尚。”）正确，完全正确。（这时，他睁开眼睛笑了笑）我最喜欢一休哥。因为他很聪明，不管什么问题他都能解答。

生 3：我喜欢白雪公主，她可爱美丽。还有七个小矮人，跟他们住在一起，肯定很好玩。

……

师：孙悟空、一休哥、白雪公主、小矮人、黑猫警长……都是同学喜欢的卡通人物。其实，老师也很喜欢他们，而且老师还知道现在有的同学已经喜欢上小樱、圣少女还有神探柯蓝，对不对？（同学们都点了点头。）那这些卡通人物你们是怎么认识的？

通过电视、漫画书、贴图、文具拿上面的图像、录像片等等认识的。同学们列举了很多。

师：那你们喜欢看卡通片吗？为什么喜欢看呢？

生：因为它们个个都有神力，个个都很漂亮，色彩也很好看……

师：今天，老师要播一段卡通影片，想不想看？

老师播放影片《阿里巴巴和四十大盗》，阿里巴巴进入山洞看到了很多的金子，非常地兴奋，将金子装到了口袋……

(2) 看一看，玩一玩：

展示自己收集的卡通图片与带来的卡通玩具，看看都有哪些特点。请同学们互相交换玩具玩一玩。

(3) 唱一唱，动一动：

师：我知道很多同学都能表演一两个卡通里的人物的动态，我现在请一些同学上来表演，其他同学来猜猜好吗？

学生兴趣高涨。

(4) 试一试，画一画：

让同学们以小组为单位分组作业，每个组的学生用不同的形式表现这节课的内容，一、二组做头饰，三、四组画卡通，五、六组折纸。

(5) 说一说，评一评：

对学生游戏、表演作点评，提出新的希望。评价学生的绘画作业。

3. 拓展知识，加强实践，提出要求

(1) 请同学们回家通过电脑网络观看更多有益的卡通故事，把这些故事讲给自己的父母听，表演给自己的父母看。

(2) 回家自己设计一个喜欢的卡通形象，下节课的时候带过来和同学一起分享。

(3) 鼓励学生利用不同的材料来制作喜欢的卡通形象，在这个单元结束的时候在班上搞一个卡通形象大集会。颁发不同的设计证书，鼓励学生的创新。

(4)结束语：放学生们熟悉的歌曲《白龙马》，强化课题，让学生在愉快的音乐中结束本课。

【活动评述】

本活动设计在师生互动、生生合作方面比较成功，真正在课堂上达到了学生自己参与，做课堂的主人的目的。学生在这样的一堂课上是愉快的，也许其中有些环节学生过于兴奋，但是在整个课堂中这是不可少的高潮部分。就学生而言，这节课是他们很喜欢的内容，他们有兴趣就很积极地参与到课堂上来了。就教师而言，这节课教师从学生那里受到了感染，仿佛又回到了童年时代。本活动设计也让学生从美学的角度去理解卡通片和动画片，以后孩子们在观看的时候就不会再像过去那样只简单去了解它的内容，而会更多地欣赏其中的绘画、色彩、配乐等方面的内容。

【资料链接】

1. 杨立梅主编：《义务教育课程标准实验教材·艺术(二年级下册)》《我与卡通》一课，山东美术出版社，2002 年 11 月版。

2. 人民艺术教育网。

（深圳市南山区学府小学　贺枝俏）

怪兽的诞生

【设计理念】

本节教学活动的设计理念就是让学生打破陈旧思维，在开拓想像新空间的动手、动脑探究过程中，领略自主探究、合作交流、共同分享获取知识的快乐，并最终促进学生的成长性发展。

【活动目标】

1. 培养学生想像力和形象创造力。

2. 训练学生的概括、想像、夸张和构图能力。

【活动准备】

1. 每个同学回家做完功课后多看点动画片，记住里面的怪兽形象，并有意识地记录分类。

2. 准备画纸、彩笔、胶水。

3. 教师事先准备好各种怪兽卡片和自画的怪兽图案。

【活动过程】

1. 利用情景，激发兴趣，引入课题

“同学们，我们今天上一节新课，不用翻书，请把你们的课本合起来放进抽屉，我们大家一起来看大屏幕。”我把在网上找到的一些很可爱的小动物的图案放出，顿时，台下的学生兴奋地大叫：“小猫！小狗！小鸡……哇，好可爱！”

“你们为什么喜欢这些小动物呢？”“它们很可爱！”学生异口同声地说。“可爱是很模糊的说法，有哪位同学能用比较准确的词说一说你们为什么喜欢呢？”

“那只小猫肥肥的，圆圆的，看到就想抱。”

“小白兔毛茸茸的，我好想摸。”

“我每个都喜欢，我说不出为什么喜欢，我就是喜欢。”全班大笑。

“好，我们在再看看这一张。”我看时机差不多了，把另一张图片调出来，顿时，把学生吓了一跳，那是一幅张牙舞爪的霸王龙图片。“嘿嘿——”我“奸笑”着，“再看另一张”，又是一张太空怪兽的图片，学生又“哇”了一声，我再问：“喜欢吗？”这下学生分成两个阵营，大部分的男同学说喜欢，大部分女同学说太可怕了，不喜欢。

“那么，我们现在看到的这两只怪物和你们在家看的动画片里面的怪兽，有什么特征呢？”

“很大个，很凶，很凶。”学生做了个猩猩捶胸的动作，又是全班大笑。

“好，老师现在先不管你们喜不喜欢，我们现实生活中有这种动物吗？”“没有！”

“对，这些怪兽都是现实中不存在的，都是由人们想像出来的，这节课我们一起来创造新的怪兽形象。”

2. 自主探究，合作交流，切入主题

(1) 出示龙的图片让学生欣赏，并提出问题让学生讨论。

① 这个怪兽叫什么？

② 它是由谁创造出来的？

(龙是我们中国古代劳动人民创造的，所以中国人也称为龙的传人、龙的子孙。)

(2) 想一想，龙本来不存在，劳动人民是怎样创造出它的样子来的？

(把许多动物身上的特点集合在一起。)

(3) 找一找，龙身上有哪些动物的特点？

讨论后得出结论(结合图片进行对比)：

龙的角是鹿的角；

龙的嘴巴是鳄鱼的嘴巴；

龙的身体是蛇的身体；

龙的爪子是老鹰的爪子；

龙的鳞片是鱼的鳞片。

(4) 想一想，龙生活在什么地方？

(这些动物有水里游的、地上跑的、天上飞的，所以龙也会在水里游，也会在地上跑，它还会在天上腾云驾雾呢！)

3. 拓展加强，学生动手，深化主题

“原来怪兽就是这样被创造出来的，这是多么奇特的想像啊！如果让你来创造一个怪兽形象，能不能让大家更惊奇？”我把事先画好的怪兽图片贴在黑板上说：“这是王老师自己画的几个怪兽，它们都非常的强大，就像王老师一样厉害，(做出很了不起的动作，学生大笑。)我看你们谁能够创造出一个厉害的怪兽把王老师的怪兽打败，那么王老师就把这些怪兽送给他。好不好？好好想一想，大胆试试看。”“好！”

学生动手绘制，教师巡堂指导，鼓励学生大胆想像，不受真实物象局限，创造出来的怪兽形态要完整，具有一定的形式美感。

在巡堂指导的过程中，我发现有几个学生的方法与其他学生不一样，大部分学生都是用笔直接在画纸上绘制，而一个平时最调皮的学生把图画本的纸撕下好几张，然后就一个劲地在那拧，像拧麻花一样。我有点生气了，走过去问他：“你不画画在干什么？”他说：“老师，我在做怪兽。这是头，这是手，这是爪子，我要做一个高高的怪兽把你的踩扁了吃了。”我一看，还真是那回事。我微笑着摸摸他的头说：“继续！注意还要画上眼睛和涂上颜色啊。”他头一扭：“那是，我的怪兽是最厉害的。”

这时，我又看到一个学生在把纸撕成一小块一小块，然后揉成一团团的。这个小家伙从来都是不带工具，不认真听课的。我真的气了，板着脸：“你又不听课，是不是想下课到办公室去啊？”他一脸委屈地说：“老师，我没有不听课。我在做怪兽啊。”“哪有像你这样做的？你在做什么？”他从笔盒里掏出一张怪兽卡片，说：“老师，我在做水晶大岩蛇(注：动画片《宠物小精灵》里的怪兽，全身由一块块岩石组成)。我揉出一块块，用胶水粘起来就是了，我要做一条长长长长的。”我歉意地说：“继续，不错。”

……

下课铃响了，我的桌面堆满了学生们的作品——所有他们自认为能打败我的怪兽的怪兽，包括那条“长长长长”的“水晶大岩蛇”，和“最厉害的怪兽”。当然，他们也把我的怪兽作为战利品拿走了。

【活动评述】

在这堂课中，我试图从学生感兴趣的东西入手，从学生喜爱的小动物转换到想像中的怪兽。小孩子都喜欢看动画片，但是没有深入地去学习和思考动画片好的方面——丰富的想像力。在这堂课里，我没有去讲任何大道理，只是不断从各个方面引导学生去观察，去思考，去想像。在这堂课中，两个调皮学生的想像和方法远远超出了我的想像，这使我明白了一个道理：学生的想像力是无穷的，不必整天和他们讲什么技法，讲什么大道理，从他们喜欢的、感兴趣的地方入手，引导他们发挥最大的能力，让他们能在快乐中不知不觉地学到东西，这就够了。

【资料链接】

1. 江苏省中小学教学研究室编著：《小学美术(第三册)》，江苏少年儿童出版社，2003 年 7 月版。

2. 中国美术教育信息网 http:// www.arteduinfo.com

(深圳市学府小学海珠部　王如柏)

漂亮的小手帕

【设计理念】

在教学中创设“兴趣”的学习情境，以“兴趣”贯穿全课。通过“听—看—做”等环节，来引导学生的感知、欣赏、表现、创造、反思、评价、交流的能力。教师向学生提供充分从事活动和实践的机会，帮助他们在自主探索和合作交流过程中，真正地去感受艺术，提高其艺术能力。

【活动目标】

1. 让学生用不同的材料来画一幅漂亮的小手绢。在获得成功体验的同时，知道用自己灵巧的小手将生活中许多东西变成艺术品，初步了解生活与艺术的关联。

2. 表演歌舞片断，培养学生对角色的表现能力。体验在集体活动中的乐趣，增强合作意识。

【活动准备】

一段有关小手绢的录像、色纸、水彩笔、蜡笔、颜料、每人准备一个手绢、打击乐器。

【活动过程】

1. 欣赏歌曲，激发兴趣

老师弹琴，学生边拍手边唱歌：拍拍小手点点头，拍拍小手点点头，拍拍小手点点头，拍拍小手点点头；拍拍小手老师好，拍拍小手同学好，拍拍小手大家好，拍拍小手坐好了。

师：昨天的艺术课，我们学习了《洗手绢》的歌曲，会唱了没有？学习了这首歌曲，手绢会洗了吗？把你们洗好的手绢拿出来，让张老师看看手绢洗干净了没有。

师：今天的艺术课，有一位小朋友来介绍一下她喜欢的手绢(播放课件)。

生 1：这么多的手绢。

生 2：这些手绢真漂亮。

生 3：我也喜欢这只会表演的小兔子手绢。

生 4：这条手绢可以用来跳舞。

师：电视中的小朋友介绍她喜欢的手绢后提出一个问题，问我们小朋友喜欢的手绢是什么样的。

学生：议论起来。

师：啊！同学们聪明的小手已经举起来了。现在请同学来回答。

生 1：我喜欢有五颜六色花纹的手绢 。

生 2：我最喜欢的动物是小狗，希望我的手绢上有一只可爱的小花狗。

生3：我希望我的手绢上有漂亮的房子，还有一些小草。

师：同学们有这么多喜欢的手绢，有这么多的想法，我们怎样把它们表达出来呢？

生：我们把它们画下来吧！

师：有几位小朋友和你们想的一样，把喜欢的手绢都画下来了。让我们一起来看看吧！看完后，张老师有问题问大家(出示课件)。

生1：她用蜡笔画的。

生2：这个同学画了小草，还有花。

生3：这个同学我认得，她叫何晶晶，用彩色纸来粘贴，还挺好看的。

生4：他用毛笔来画，真有意思。

生5：哇！用水彩笔画的大花园可真漂亮。

生6：快看！用彩色纸来粘贴的海底世界超级好看。

生7：哇！这个男孩子用毛笔画的最漂亮，画了四个小朋友，太可爱了。

师：我的问题是：在电视中有几位小朋友在画画？他们都用什么材料来画的呢？

生1：有四位小朋友在画画。

生2：他们用的材料有蜡笔、水彩笔、彩色纸，还有颜料。

师：你们回答得非常正确，可以用这么多的材料来画手绢。张老师已经把这四位小朋友的画带来了，把它们贴在黑板上。看看这些画好不好看？这几位小朋友可以用这么多的材料来画手绢，他们还邀请你们一起来画，你们想画吗？

师：好，那让我们把自己心中最喜欢的手绢画出来，好不好？(在黑板上板书课题——漂亮的小手绢。)

师：把你们的工具拿出来，画出最漂亮的手绢吧！

2. 创作手绢，培养兴趣

生：开始画手绢。(伴有背景音乐)

师：边看边辅导，并告诉同学们注意色彩的搭配。

生1：张老师，我再画一些草，你看好不好？

师：当然可以了！

生2：我画的可以吗？在这里再画些什么呢？

师：很好呀。我认为可以再画些小鸟，会更漂亮。你认为呢？

生：我觉得可以再给小鸟添上漂亮的衣服。

师：我看了同学们画的手绢，很好看，而且形式也很多，等一下我们把画好的手绢贴在黑板上。

生：在最后整理自己的手绢，不时地跟老师笑：我的这个可以吗？

师：呀！真不错！

师：同学们把画好的手绢送到前面来，张老师把它们贴在黑板上。

生3：我的也画好了，把我的作品也贴在黑板上。(很得意的样子)

3. 评价作品，提高兴趣

师：这么多同学的作品贴在上面，谁能上来把自己的作品讲一讲呢？

生1：这一幅是我的，画了五朵花，一朵送给妈妈，一朵送给爸爸，还有二朵送给爷爷、奶奶和外婆。

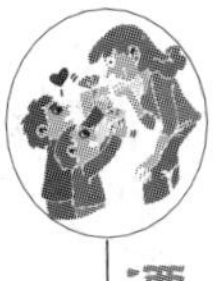

生 2：我是用水彩笔画的，我最喜欢蝴蝶了，所以把它画下来，再加上一些小草，就像是蝴蝶在花丛中跳舞呢！而且我在手绢的边上用剪刀剪了一些小花边，我认为这样更漂亮。

师：她的这幅作品很有创意，我们一起来表扬表扬她。

生：（齐说）嘿嘿，你真棒！

师：还有谁来介绍一下自己的作品。

生 3：我用彩色纸来粘贴的，有一个房子，红色的屋顶，黄色的墙，还有蓝色的门和窗，在天上贴了橙色的云。

师：刚才同学们介绍自己的手绢，那么这些作品中有没有你们喜欢的，到前面来给大家讲一讲。

生 1：我喜欢这一幅，因为它的颜色好看，看起来很漂亮。

生 2：我喜欢这一幅，是徐小琦画的，她用彩色纸粘贴的房子色彩丰富，像电视里的一样。

生 3：我觉得这一幅更漂亮些，尤其是在手绢的边边上剪了许多的花边，很有特点。

生 4：我认为用颜料画的手绢最好了，虽然用毛笔画有一些难度，但黄梓画得还这么好，真是个男子汉。

4. 活动总结，延伸兴趣

师：同学们讲了自己的作品，还讲了其他同学的作品，相互学习，说得都非常好。那你们能说说手绢有什么用途吗？

生 1：可以用来擦嘴。

生 2：帮助我们来擦汗。

生 3：把它绑在头发上，起到装饰的作用。

师：手绢的用途可真不少，它可是我们的好朋友，一定要爱护它，保持清洁。《洗手绢》的歌曲还记得吗？

学生：记得。

师：老师准备了打击乐器，跟着音乐来唱这首歌曲。

学生：一部分拿打击乐器，一部分手里拿着手绢跳舞，共同来唱这首歌曲。

师：同学们唱得真好，有的同学拿着带来的手绢跳舞，有的用画好的手绢跳舞，真有趣。（老师跟着同学一起跳起来。）

学生：歌声一片，开心极了。

师：今天我们学习了画手绢，你能用这些花纹来画其他的东西吗？

学生：可以画蜻蜓、小鸟、花瓶等。

师：今天的艺术课我们学习了画手绢，还唱了手绢的歌，你们开心吗？

生：（齐说）开心。

师：今天的艺术课上到这里，回去后，再思考一下，学会了画手绢，还可以画什么呢？下次上课时来告诉我。

老师弹琴，学生拍手唱：拍拍小手点点头，拍拍小手再见了，拍拍小手再见了。

【活动评述】

本活动设计力求在艺术能力方面提高学生，引导学生乐于探究，主动参与，勤于动手。教师充分肯定学生的想像力、创造力，从而激发学生的兴趣与自信心，让学生体会劳动的愉悦，体验劳动的成功和快乐。让学生跟着音乐即兴创编动作，使他们在欢快的歌舞中感受歌曲，提高其艺术感受力和理解力。本活动设计创设出了一个轻松、愉快的环境，供给学生主动学习的机会，让学生自由地获得思想和情感的空间，体现出开放性的原则。

【资料链接】

1. 李绵璐、李路明主编：《义务教育课程标准实验教材·美术（一年级上册）》《穿花衣的热带鱼》一课，湖南美术出版社，2002 年 7 月版。

2. 杨立梅主编：《义务教育课程标准实验教材·艺术（一年级上册·教师用书）》，教育科学出版社，2001 年 7 月版。

（深圳市南山区卓雅小学　张　宁）

奇妙多姿的树

【设计理念】

“小学美术课要激发学生学习美术的兴趣。”教学中应以活泼多样的教学方式和表现方法，激发学生的学习兴趣。重视对学生个性创新精神的培养，采取多种方法，使学生的思维流畅、灵活、独特。本教学活动设计主要根据学生的想像，发挥工具材料的特殊性，运用各种不同的手法表现出奇妙的有装饰意味的树，从而培养学生的创造性思维，并从实践中发展学生的艺术创造才能。

【活动目标】

1. 启发学生运用不同的工具与材料，不同的手法，对树的自然形态作艺术加工。

2. 画出一两棵树，从实践中发展学生的艺术创造才能。

【活动准备】

上课前一天请学生准备以下工具：羽毛、吸管、墨汁、彩色水笔、水粉颜料、水粉笔或毛笔、调色盒、纸和塑料小水桶。

【活动过程】

“同学们，你们平时都爱听音乐吧？下面，老师放一首歌给你们听。我先放这首歌的前四句，你们听仔细了，看谁能先猜出歌里唱的是什么？”

学生们一下子瞪大了眼睛，竖起了耳朵。

随着音乐的响起，悠扬的歌声传了出来。

“头顶一个天，脚踏一方土，风雨中你昂起头，冰雪压不服。”

暂停音乐，问：“同学们，谁能猜出歌里唱的是什么吗？”

学生们一下子被调动了起来，发表了各自的见解：“是高山！”“不是，是大树！”

一时间，学生们都为自己的见解各抒己见，争论了起来。

“好，同学们，你们到底谁是正确的呢？请继续听歌，答案马上揭晓。”

随着音乐的再次响起，学生立刻安静了下来。

“好大一棵树——”

霎时间，猜对是树地同学都激动地做出了胜利的手势，满脸堆笑，不由自主地喊出了：“YE!”

这时，引入课题：“不错，同学们，这首歌唱的就是树，而它的歌名就叫《好大一棵树》。下面，让我们一起走进树的世界，了解一下在自然状态下树的形态特征，让我们用不同的手法来描绘这大自然的杰作吧。”

板书课题:《奇妙多姿的树》(装饰画)。打开自制多媒体课件,引导学生观赏不同种类的树在自然环境中的形态,让学生注意观察树的枝干变化。

“同学们,我们一起来看一下这些树在自然界中的形态,请注意观察枝干的特点。”

“老师,这些树的枝干有的弯,有的直。”

“还有的树干是交叉的。”

“叶子有的多,有的少,还有没有的。”

“有些树全都是黑颜色的。”

“好,同学们观察得都很仔细。那么,一棵普通的树我们应该去怎样表现它呢?我们既可以用写实的手法去表现,也可以通过各种装饰手法表现出来。接下来,我们看一下课本中用装饰手法画出来的树。”

“首先,老师要先讲一下什么叫做装饰画。装饰画是与写实绘画相对立的,可变形,有规则,并偏重于表现形式美感。装饰画又可以分为风景、动物、人物三大类。它的表现手法也是多样的,有哪些同学能向老师列举一下呢?”

学生根据书上的提示纷纷举手回答:“用笔杆压印。”

“用羽毛压印。”

“用吸管吹色。”

“还可以用水彩笔勾线画。”

“水彩笔点画。”

“好,同学们的回答比较全面。”

借机,在黑板上演示一种用线表现树的方法:接下来讲解如何运用这些表现方法:

“首先,我们先讲用手指压印(像果实累累的效果)。这个方法要比用笔杆压印效果好,而且更易掌握。先画出树干,再画出主要的枝干,最后用手指压印。为使叶丛有立体感,边缘印密一些,中间印疏一点,形成疏密对比。用羽毛压印(像春天发芽的树),先画出树的外轮廓,再用羽毛压印,注意压印的方向要集中从树干向外放射,羽毛蘸的颜色要注意干湿程度,保证印出羽毛的纹理。用彩色水笔以线为主的画法(像叶子茂盛的树),先画出树的大致外形,用弧线画出树叶的大效果,勾出树干。用吸管吹色(善于表现树的枝干),用墨法或颜色水溶液滴几点在画纸上,然后用吸管对颜色水按自己设想之树的形状和吹气的方向,用不同力度可吹出多姿的树干和树枝。若想画有叶子或花朵果实挂满树的,可用手指印在画上。彩色水笔以点为主的画法,根据想像中树的形象,用铅笔勾出大致轮廓及团块的结构,用彩色笔画出枝干和叶团结构线,点上密集的小点。”

为了加深学生的印象,我又设计了“比一比,画一画”的游戏。将用不同表现手法画的树的纸贴在黑板上,请学生上来游戏,上下对比,将下面不完整的树用不同表现手法相应地补充完整。学生在一种轻松、愉悦的气氛下结束了游戏。学生根据想像,运用自己喜欢的方法创作出装饰画——奇妙多姿的树。在此过程中,鼓励学生打开思路,展开想像,不拘泥于课本,培养学生的创造性思维。有的学生把自己的手臂连同手掌一起涂上了水粉颜料,然后张开五指向下压印在白纸上,瞬间就出现了一棵奇妙多姿的树。最后,与学生们共同评选出有创造性的作业,给予表扬。学生在掌握了多种表现手法的同时,也体会到了创造带来的快乐,在依依不舍中结束本堂课。

【活动评述】

本活动设计装饰画课，达到了以学生为主体，启发学生运用不同的工具与材料，采用各种不同的手法，对树的自然形态做艺术加工的目的。活动设计通过导入音乐、游戏使学生在新鲜感中提高了兴趣，打开了思维，逐步进入到课堂的高潮部分，将趣味性、知识性有机地结合在了一起，使学生的创新能力得到了充分的发挥与提高。

（深圳市南山区南山小学　王　鑫）

美丽的动物花纹

【设计理念】

给孩子一个想像的天空，他们会比我们飞得更远。本教学活动设计让学生们自由地想像，用孩子的世界启发他们的创作火花，并不断地沿着教师的指导深入，让孩子们在与自己最熟悉的小动物们互相影响、互相提高，鼓励儿童通过观察、讨论、发现等方法大胆地想像和创作。引导学生进入角色，演绎情境，发散思维，培养其良好的思维习惯。

【活动目标】

1. 培养学生的审美情趣，提高学生的观察能力、装饰美化能力，形象思维能力。

2. 学习花纹装饰的不同方法，培养学生用自己的感受和联想创造设计新的花纹。

3. 培养学生的创造能力，使其具备发散思维。

【活动准备】

1. 按照人数分组。

2. 教学多媒体课件、图片。

【活动过程】

1. 故事导入

师：上课，同学们好！

学生：老师您好！

师：今天，老师要和你们上一节非常有趣的美术课。首先，让我们一起来看个动画片，请看大屏幕。（动画情节：一天，一只可爱的小鹿躺在树下睡着了，它做了一个梦，梦见自己的身上长出了美丽的花纹，它高兴地跳起舞来。这时，从树上掉下一个大苹果，激起了许多水花，小鹿被惊醒了，发现自己身上的花纹不见了，很伤心。）

师：同学们，小鹿为什么哭了？

学生：梦醒之后小鹿身上的花纹不见了，所以它哭了。

师：你们愿意使它美梦成真吗？

学生：愿意。

师：这节课，我们就来学习给动物设计美丽的花纹。（板书课题。）

2. 教师主导，学生畅想

（1）欣赏讨论，分析体会花纹的美。

师：为了给小鹿设计出好看的花纹，我准备和大家到大自然中去看看带有各种美丽花纹的动物。（看大屏幕上各种真实动物的多媒体影片。）

师：同学们，动物们身上的花纹美不美，美在哪？说给小组的同学们听一听。

师：谁愿意把你们讨论的结果告诉老师？

学生：花纹的形状美，颜色丰富多彩……

师：你们说得真准确，在花纹形状美丽的基础上配上多种颜色，动物们变得多可爱呀！可是它们身上的花纹已经好多年了，它们非常希望像小鹿那样换一换漂亮的花纹。今天，小鹿遇见了它的老朋友小山羊。（屏幕显示：小山羊说：“小鹿姐姐！你身上的花纹真美，我也想换一换新花纹。”小鹿说：“那就请同学们为你设计吧！”）

师：同学们，你们愿意吗？

学生：愿意！

(2) 发散思维，用多种方法表现。

师：看，小山羊来了，我们听一听它有什么样要求。（动画中小山羊说：“小鹿身上的花纹真美，我很羡慕，我想让你们为我设计适合我的外形特征的美丽的花纹。”刚说完，屏幕中出现许多小动物抢着说：“我也要！我也要！”）

师：哈哈，这么多小动物都要？同学们，你们想为你喜欢的小动物们设计什么样的花纹？

学生：用小花，树木……

师：你们的想像力可真丰富，还有更好的想法吗？

学生：用动物、人物、汉字等。

师：我们可不可以用窗外的高楼和一些生活用品为它添加花纹？

学生：可以。

师：这样添加行吗？（点击小山羊的身体，出现用鱼装饰的花纹。）这是什么？（点击出现大花脸的花纹）画满好吃的水果可以吗？（点击出现画满水果的花纹。）

学生：可以、可以、都可以。

师：我们可以用自然界中的万事万物的形象为你喜欢的动物设计花纹。

师：同学们，除了用万事万物的形象为它设计外，我们还可以用什么样的方法得到更美丽的花纹呢？

学生：给花纹空白的地方加点小星星、小花，用线条穿起来……

师：真聪明，我们可以用一些具体的形象与点、线、面结合的方法为动物添加花纹。这样花纹颜色美吗？为什么？

学生：颜色更加丰富多彩，形状大小更加谐调了。

师：真聪明，无论颜色多么鲜艳，都要有一个主要的颜色，再加上少量的其他颜色，这样花纹颜色看起来才美丽。同学们，小动物们见了刚才同学们设计的花纹，高兴极了。它们也给自己设计了好多的漂亮花纹，你们想看吗？

学生：想。

(3) 欣赏绘画作品，激发学生的表现欲望。

师：看，老虎为自己设计的外衣多威风呀！看，百灵鸟的演出服真美呀！小鱼也穿上了漂亮的外衣……（屏幕显示画家笔下的动物形象。）

师：今天还有一些小动物悄悄走进了我们的课堂，它们强烈要求你们亲自为它们设计花纹。（屏幕显示绘画要求：花纹设计可以异想天开，颜色添加要美丽。）现在就把你们喜欢的小动物选出来，为它们添加有个性的花纹吧！大家都动起来吧！

(4) 学生大胆表现，教师深入指导。

① 鼓励学生：你们都是伟大的设计师，都来为动物设计一些美丽的花纹吧！使我

们的世界变得丰富多彩。给学生足够的信心。

② 根据动物的外形特征设计花纹。

③ 教师在个别指导时要尊重儿童的想法，不要轻易地否认，鼓励学生大胆创新，对作品的闪光点要及时启发，激发创作兴趣。

3. 作业展示评论

每位同学都把自己的作品放在黑板上展示，学生可以随意地欣赏他人的作品，指出不足和优点。教师评画要鼓励学生的创新精神，对学生作品中的“新”、“奇”、“特”的闪光点加以科学准确的评价。

老师：同学们，你们设计得真不错，我们来给它们比一比美，好吗？

学生：好！

师：你认为哪一个动物的花纹设计得最美？为什么？

学生：花纹的颜色漂亮，形状设计得美。

师：这是谁画的？你是怎么想的？

学生：如果放在我家的窗帘上多美呀！

师：你的想像力可真丰富，我们可以把这些带有美丽花纹的小动物运用到我们的生活中，装饰我们的生活。比如说，放在窗帘上，放在水杯上，放在花瓶上，这样会使我们的生活变得丰富多彩。（屏幕显示：带花纹的小动物在生活中的应用。）

师：谁还想评？你是怎样认为的？

学生：花纹是用人物装饰的，人物的形象可爱。

师：画是谁画的？你是怎样想的？

学生：动物是人类的好朋友，所以……

师：对！你想得真好，动物是我们人类的好朋友，我们应怎样做？

学生：爱护动物，为它们创造良好的环境。

师：谁想为自己评一评画，你认为哪里设计得好？有不足吗？你想怎样改进呢？

学生：花纹形状美，颜色涂得均匀。

师：我认为这幅作品很有特色，这是谁画的？为什么用英文字母来表现？

学生：我学了英语单词，我想用英语字母来表现。

师：你们为动物设计的花纹真是太美了，看小动物们多高兴啊！（屏幕显示：小兔子带领一些动物们，高兴地跳起舞来。）

师：同学们，你们今天表现得真不错！我真为你们骄傲！希望同学们在以后的生活中运用七彩画笔绘出更好的未来。这节课就上到这，下课。

【活动评述】

本活动设计使得教师和学生相互协作，相互交流，把一个个看似深奥的问题通过展示的图片轻松解决。学生学得开心，学得轻松，老师教得自然，讲得艺术，体现了新课标的具体要求。

整节课设计丝丝入扣，条理清晰。知识点设计得由浅入深，恰到好处，能根据小孩的思维习惯提供教学素材，并结合课改理念，运用了多种教学手段进行教学。

（深圳市南山区大勘小学　张春天）

美丽的家园

【设计理念】

本课的内容属于平面视觉艺术作品的创作，适合学生的表现能力和常规课堂教学条件，让学生在自己熟悉的环境和操作方法中，更大程度地发挥想像，表达情感，从而也进行了美术表现技法的训练，并且在合作当中同学之间进行了交流与观摩，达到共同提高的目的。教材中介绍的作业方式是小画变大画：把多块小纸分别画上画，再拼贴连接成一张大画。基于以上的基本素材和对学生的了解，应该通过本次的作业给学生一次自主选择表现方法的机会，学生可以选择以往学习、训练过的多种平面造型方法（铅笔画、蜡笔画、水粉画或剪贴画等）进行表现，既能让不同能力特征的学生都发挥自己的极限潜能，又能够使课堂作业丰富多彩，创造一个可以相互学习的条件。另外，创设小组学习的模式，给小组成员提供讨论、交流、分工协作的机会，不但能在一定程度上提高作业的质量，从中也锻炼了同学们社会交往的能力，学习在与他人的交往中表现自我与协作。

【活动目标】

1. 运用小组合作的学习方式，通过选择适合自己的、自己喜欢的表现方式，每个小组创作一大幅以表现心中的美丽家园为主题的绘画作品。

2. 锻炼面对问题，选择解决问题方法的能力。

3. 培养学生团结协作的集体主义精神。

【活动准备】

1. 前一课说明这一次上课是集体合作内容，请小组同学事先协商本组要使用的表现手法及工具，分别做好准备。

2. 教师准备适合小组同学全体作业的纸张和教学课件。

【活动过程】

1. 课程导入

先播放反映战争和贫困以及由于环境的污染、破坏对人们生活造成的影响的画面。观看后请大家讨论、发言。

“同学们刚才看到了什么？”

“有中东战争的图片，房屋都被炸坏了。”

“还有画面里的人有的受了伤，有的腿都没了。”

“我看到照片里的人表情很痛苦，他们的生活一定苦。”

"我看到河水很脏，黑乎乎的，应该是工厂里排放的废水污染的。"

"……"

同学们纷纷发表对"黑镜头"的印象和看法，很明显他们不喜欢那样的生活环境。

"同学们的观察都很仔细。下面，请大家再看一些图片。"

接下来播放表现和平、富足，环境优美、人民安居乐业的画面。之后再请大家发言。

"大家看看这一组画面和前面的有什么不一样？"

"这些看起来舒服多了。"

"好像我们小区里的景色。"

"我喜欢这样的地方，前面看的那些很可怕。"

"……"

同学们在这个问题上明辨是非的能力是毋庸置疑的，通过对比他们很容易分辨美丽和丑恶。

"同学们的观点很正确。我们都愿意生活在和平、美丽的地方，而且我们现在的生活环境的确是非常优越的，我们不用担心炸弹，吃得好、穿得好，相比现在世界上的很多地方来讲是非常幸福的。我们应该珍惜现在的美好生活，抛弃、制止破坏环境的不文明行为，把我们的家园建设得更美丽。"

2. 美丽的家园

老师板书课题"美丽的家园"，并启发学生思考问题。

"通过前面大家看到的，请同学们谈一谈，你认为美丽的家园应该美在哪些方面呢？"

综合学生的发言，列出美丽的家园的几种类型及基本要素：

(1) 现代化式的家园：现代城市建筑、高科技支持下的家庭用品、设备及其相应的生活方式的变化。

(2) 田园风格的家园：自然环境优秀，有花、草、树木、小鸟等小动物，房屋不高但室外活动场地大。生活方式返璞归真、健康、环保。

(3) 家庭成员团结友爱、日常生活中的活动健康。

3. 描绘美丽的家园

"同学们可以表现你们平时看到的美好事物，也可以创作你们理想中的美丽家园。"

(1) 创作方法讲解：

① 采用小组合作的学习方式作业，大家共同创作一大幅画。看课件，介绍几种合作形式：

a. 先协商好总体的风格和基本内容，分工后分别用小幅纸画出来，再连接，综合处理成大幅作品。

b. 在同一张大纸上以画面中心为中点，小组同学围绕四周按照同一主题分别作画，形成多视角的画面。

c. 小组成员在同一张大纸上以一个方向协同作画，形成同一个视角的大画面。

② 创作的合理步骤讲解(结合课件示范)：

a. 整体构思设计，确定主题、风格。

b. 构图计划：安排画面上主要物象的概括(第一级)外形。

c. 画次级外形：添加每个大造型中的结构分割形。

d. 逐个、逐级丰富各个物象的细节造型。

e. 添加环境部分，丰富画面，烘托气氛。

f. 设色，整理完成。

③ 作业工具材料选择：铅笔、蜡笔、水粉、彩色水笔或剪贴制作都可以，每个小组根据自己的设计准备选择适合的方法。

（2）教师发放纸张，调动情绪，激发学生的创作热情，强调学习当中合作的重要性，集多人智慧提高作品质量和作业效率。可以根据作业的方法灵活选择作业场地：放纸在小组的围桌上、用磁铁固定在黑板上、在教室外开阔的楼厅地面上都可以，每个小组组长负责协调小组成员的合作管理和事后的卫生保洁工作。

（3）学生作业，教师巡视，针对各个小组的具体作业进程进行有针对性的指导。

4. 作品展示

请各小组同学说一说各自的创作思路和作业过程中的趣事。

5. 教师课堂小结

同学们的作品真是让人赏心悦目，从你们的作品中老师也看到了大家会应用多样的方法创作，真是很棒！我们的生活很幸福，我们应该好好学习，掌握知识和本领把我们的家园建设得更加美丽！

【活动评述】

本活动设计给学生自主选择作业工具和方法的做法是可取的，学生应用自己熟悉、擅长和喜欢的方法作业，必然会以更加放松的心态投入创作当中。对人的研究告诉我们，大脑的思维只有在宽松的境况下才能爆发出强大的想像力和创造力，这一点已从学生的作品中得以明显地体现。学生作业时的积极和快乐也体现了教师根据具体的实际条件灵活设计学习环境和场地的成功。

【资料链接】

中华人民共和国教育部制定：《全日制义务教育美术课程标准（实验稿）》，北京师范大学出版社，2001 年 7 月版。

（深圳市南山区松坪学校小学部　尹大河）

我们的青蛙朋友

【设计理念】

现代社会需要充分发挥每个人的主体性和创造性,因此,美术课程应特别重视对学生个性与创新精神的培养。《新课程》指出,要加强学习活动的综合性和探索性,注重美术课程与学生生活经验紧密联系,使学生在积极的情感体验中提高想像力和创造力,提高审美意识和审美能力,增强对大自然和人类社会的热爱及责任感,发展创造美好生活的愿望与能力。

【活动目标】

1. 认识青蛙,树立爱护青蛙、保护益虫的环保意识。

2. 想像青蛙的生活,大胆表现各种情态的青蛙。

3. 培养学生的观察力、想像力、创造力及合作能力,体会成功感。

【活动准备】

1. 去实地观察青蛙,注意它的叫声、动作等。

2. 在班级图书角中查找有关青蛙的资料。(《十万个为什么》、《百科全书》等。)

3. 准备自己喜欢的、用来表现青蛙的材料。(油画棒、彩色笔、橡皮泥或生活中的废旧材料等。)

4. 选择自己的好伙伴组成小组进行讨论探究,并用文字或图像作记录。

【活动过程】

1. 出示课题,汇报交流(10 分钟)

(1) 课件出示课题"青蛙"及一只会动的青蛙图片,引起学生的兴趣。

录音中传出:小朋友,你们找到了有关我的资料了吗?

(2) 各小组派代表介绍自己组的研究成果。(课前以小组为单位就坐。)

生 1:我们小组研究的内容是青蛙的外形特点。星期天,我们在田里捉了一只青蛙带回家仔细观察,我们发现它的头和背有点扁,像一个三角形,头顶上有一对突出来的眼睛,它的背部是绿色的,有黑色的花纹,肚子白白的,皮肤很滑。它的前腿短后腿长,我们想,青蛙走路喜欢跳的原因就是因为后腿长吧。

师:对!你们观察得真仔细。现在,这只青蛙已经回田里去了吗?能不能学一学青蛙怎么跳的?大家一起学学看。

师:我们来欣赏一下这张青蛙照片,看他们是不是讲对了。头和背 ……别的小朋友还有补充吗?

生 2：青蛙的脚趾间是连住的，雄的青蛙身体小，雌的青蛙身体大，因为它要生宝宝。这是我们的画。

师：哟，青蛙爸爸和青蛙妈妈都来了！

生 3：我们小组找的是青蛙的成长过程。青蛙妈妈产下的卵在水里过几天就变成了小蝌蚪，小蝌蚪先长出两条后腿，过几天再长出两条前腿，四肢长全了就爬上岸去。再后来尾巴不见了，变成了青蛙。青蛙可以在水里生活，也可以在地上生活。我们还画出了小蝌蚪一点点变成青蛙的图画，大家请看。

师：对，青蛙能在水里和陆地上生活，我们称它为两栖动物，小蝌蚪变青蛙的过程，你们是从书上找来的知识吗？以后可以自己亲自去养几只小蝌蚪观察一下。老师这里有小蝌蚪变青蛙的录像，请大家看一看。（播放录像。）

生 4：我们研究的是青蛙的动作。青蛙蹲着的时候，后腿弯起来，前腿撑在地面上；游泳的时候是前腿向后贴近肚子，后腿一蹬一蹬的，划着水前进。奥运会上的蛙泳项目，就是根据青蛙的游泳姿势定的吧。它在吃虫的时候还会跳起来。

师：你们观察得也很细心，青蛙它是跳跃扑食，青蛙的舌头十分灵活，舌尖分叉，当害虫飞到它头前方时，能很快地伸出去，用舌头上的黏液把虫子粘住，害虫再也跑不了了。但它不吃死虫子，你们知道原因吗？课后可以去查找相关资料。老师这里有一只青蛙的活动模型，你能帮我们演示一下青蛙不同的动作吗？我们也欢迎其他同学来演示一下别的动作。如果你觉得同学演示得好就鼓鼓掌。（在实物投影上演示。）

生 5：我们研究的是青蛙的叫声。晚上，青蛙的叫声很响，一阵一阵的，开始是很响的呱、呱、呱，接着有很多轻轻的呱呱呱的叫声。你们知道青蛙的叫声为什么是这样的吗？……我们从《小学生十万个为什么》上知道了原因。前面很响的几声是雄蛙叫的，因为它的喉咙两旁有一对声囊，就像小音响一样。后面是雌蛙叫的，雌蛙没有小音响，所以声音轻一点。

师：真有趣！叫声也有学问。我们也来学学青蛙叫，男小朋友当雄青蛙，女小朋友当雌青蛙好吗？

生 6：我们组知道了青蛙喜欢住在稻田里、池塘边或小河旁的草丛里，最爱吃蚊子、苍蝇、稻飞虱这些害虫，一只青蛙每年要吃很多很多害虫，是庄稼的小卫士。

师：对，它是农民伯伯的好帮手，为保护庄稼辛勤地劳动着，我们可不能伤害它！有些人在市场里卖青蛙，你该怎么办？

生 6：我要跟妈妈说，别买青蛙吃，要把它放了。

……

2. 小结、补充介绍青蛙其他资料（2 分钟）

（1）小朋友，如果你想知道更多关于青蛙的知识，可以进入 www.google.com 搜索关于青蛙的图片和资料。

（2）出示青蛙特写照片，用儿歌作小结。

师：听了小朋友刚才的介绍，老师根据青蛙的外形、颜色和它的生活习性编了首儿歌。咱们一起来念一念。（教师随学生念的儿歌内容，几笔勾勒出青蛙的外形。）

大青蛙，宽嘴巴；

白白的肚皮，绿衣裳；

前腿短呀，后退壮；
水里、田里都有它；
捉起虫来，顶呱呱。

课后，小朋友还可以去编一编有关青蛙的其他的儿歌。

3. 作品诱发联想，引导探究表现（8 分钟）

（1）泥塑作品欣赏。

师：小朋友找到了那么多青蛙的知识，你们瞧，青蛙客人忍不住来到了我们的现场，他们都是怎么样的？

生：有胖的、瘦的、微笑的、哭的、趴着的、站着的、正在跳跃的、穿着裙子、戴着领结的……

（2）根据上面青蛙的形象，想像一下青蛙的生活。

如：青蛙们穿着新衣服去参加一年一度的捉虫颁奖联欢会；早上，大家在锻炼身体，有的青蛙趴在石头上锻炼四肢力量，有的站着呼吸新鲜空气，胖青蛙在跑步，满头大汗，勤劳的瘦青蛙已经忙着吃害虫了；有一只小青蛙因为伙伴被抓走了哭得很伤心……鼓励学生大胆想像青蛙别的生活。

（3）绘画作品赏析。

师：有些小朋友很喜欢画画，他们已经把青蛙的生活画了下来，你觉得怎么样？（教师一共准备四幅作品。两幅优秀的作品不但构图饱满、色彩鲜艳，而且能表现出正面、侧面、倒过来等不同情态的青蛙；另外两张作品都有缺点，一张颜色太单调，另一张青蛙形象少，没能生动地表现出青蛙生活。告诉学生，想像好青蛙的生活还不够，还要注意作品的美感。）

4. 学生学习活动（15 分钟）

抓住青蛙的特点，表现青蛙的生活。

作业选择：

活动一：小组合作，用绘画的形式表现青蛙，画在画廊上。

活动二：利用各自带的材料合作自制青蛙。

播放音乐，教师巡视指导。

5. 交流评价（5 分钟）

（1）各小组参观评议。

（2）作品内容分两块：绘画作品，放画廊一块；手工作品，陈列入班级生物角，并写上简单的介绍词，供大家欣赏了解。内容可包括青蛙生长过程、青蛙妈妈一家、青蛙捉虫比赛、青蛙为什么哭了等。

（3）课后组织作品发表会，发表自己创作的感受，或表达欣赏同学作品后的感受。

【活动评述】

本活动设计注重学生实践能力的培养，强调了学生的发现学习、探究学习。

案例中抓住学生现实生活中的一个典型——青蛙，通过这个典型，引领学生从美术学习的角度，运用综合知识（自然、语文等学科）自主发现、探究问题，发展了学生的个性，培养了他们创造性解决问题的能力。

根据教师课前提供的参考议题，学生进行了积极的调查，有的学生直接从青蛙身上找到了答案，有的是从课外书上获得了知识，还有一些是从老一辈那儿学到了经验，并通过查阅资料后证实的……个别学生已能从个人的理解评论其他同学的观点。在这个过程中，教师随学生的思路参与并给予提示，及时支持或肯定学生，鼓励参与讨论。课堂讨论中学生兴趣盎然，气氛活跃。可见，现在的学生往往喜欢主动寻找自己所需要的东西，而不需要教师作为“说教者”的身份出现。

在引导学生想像青蛙的生活部分，教师注意创设具体的情境来引发学生的联想。出示不同情态的青蛙：胖的、瘦的、微笑的、哭的、站着的、趴着的、正在跳跃的、穿着裙子、戴着领结的……通过拟人化的手法，使他们发现了不同情态的青蛙与实际生活之间的联系，从而打开思路，能用夸张、拟人的手法来表现青蛙的生活，培养创造精神。

此外，本活动中教师的教学评价，采取了各小组参观评议的方式，不再过分关注学生单一的美术作业结果，而是根据学生的个性差异，更多地关注学生求知、探究和努力的过程，以充分发挥教学评价的促进发展功能。

（深圳市南山区大勘小学　艾淑娟）

可爱的动物朋友们

【设计理念】

爱动物是孩子们的天性，在孩子们的心里，动物是可爱的，是可以和他们平等交流、玩耍的伙伴和朋友。因此，本节教学活动的设计理念就是让学生学学动物的声音，做做动物的动作，猜猜动物的名字，唱唱动物的歌曲，通过歌唱、模仿、表演等艺术形式展开活动，引发孩子们对动物的兴趣和关爱，使学生感受自主探究、合作交流、共同分享去获取知识的快乐及人与动物、动物与大自然之间的密切关系，同时提高他们对艺术要素的感知和想像力。

【活动目标】

1. 在学学、做做、猜猜、唱唱等教学活动中引发学生关注动物朋友。

2. 培养学生的动手能力、模仿力、表现力。

3. 提高学生对艺术要素的感知力和想像力。

【活动准备】

1. 录像带、录音带、制作出一些小动物有特点的身体部位、各种材料的纸、小狗、小兔、小熊、小猴等动物头饰。

2. 在活动室一角布置出“森林”的情境。

3. 教师的衣服上贴着各种颜色的小星星以便于进行评价。

【活动过程】

1. 组织教学，创设情境

伴随着英文歌曲《兔子舞》这段节奏感很强的旋律，教师带领学生学小鸭子的样子摇摇摆摆踏着拍子走进教室。学生围在教师的周围学着动作，教师不断地换动作并问：这是什么动物？学生根据动作模仿动物的不同特点并说出动物的名字：小狗、小猫、羊、老牛、小袋鼠、孔雀、兔子、大象……学生学小鸭的动作回到自己的座位上。

说明：开展具有游戏倾向的艺术活动，通过有组织的游戏活动增强教学的趣味性，提高学生对艺术课学习的兴趣，使学生在游戏中体验艺术。

师：小朋友们真聪明，老师很想知道，你们是怎么猜出老师扮的是什么动物的呢？

生：因为小兔子有长耳朵，老牛有弯弯角，孔雀长着漂亮的头冠，大象有长长的鼻子，小狗耷拉着耳朵，小猫长胡须……

师：我们的动物朋友这么可爱，今天咱们去看看它们，怎么样？

2. 看一看，学一学

师：谁能说出这种动物的名字，而且还能学学它的动作（播放录音）？

屏幕上依次出现不同种类的动物，学生相继辨认出：白天鹅、狮子、老虎、猴子、孔雀、鹦鹉、斑马、大象等等，并能学它们的动作和叫声。当学生看到叫不出名字的动物时，教师作介绍。

师：这是火烈鸟，你们看它总是一条腿站着，你试一下吧！

学生也试着一条腿站立。

师：我们已经看完这个短片了，你对哪种动物的印象最深？它有什么特点？

生1：斑马，因为它的条纹很漂亮。

生2：我觉得小猴最可爱，活蹦乱跳的。

生3：孔雀的羽毛最美丽。

生4：犀牛长得特别结实，还有一个长角呢！

……

3. 做一做，画一画

师：这些动物都非常可爱。你们看，老师今天穿了一件漂亮的裙子，你们想一想，能把老师装扮成哪种可爱的动物？

生：孔雀！

师：对了，那我应该做些什么装饰呢？

生：应该有漂亮的冠子。

师：请你看一看桌面上能不能找到类似形状、颜色的材料。谁先找到就请帮助老师粘到头上。

学生动手做孔雀头冠。

师：现在我已经有漂亮的冠子了，还少什么呢？

生：还少漂亮的羽毛。

师：什么形状？什么颜色？找找看。

生：是这样的（举起一个圆锥形的彩纸）。它应该有各种颜色，这样非常漂亮。

师：如果是你找到的，就请你帮助老师粘到衣服或裙子上，好吗？

生：好！学生非常积极地寻找，并帮老师设计应该怎样贴。

师：现在"孔雀"漂亮吗？

生（很自信）：特别漂亮！

说明：体现出课程价值中的情感价值，为学生提供了多方面、多角度的情感体验，他们感觉到是自己将老师装扮成孔雀的，内心有成功的喜悦，情感也得到丰富。

师：今天你们也都穿了很漂亮的衣服，看看你衣服的颜色，再根据你自身的特点，想一想，把自己装扮成什么动物？

生1：我想扮成猴子。

师：你能学一下小猴子吗？

学生抓耳挠腮。

师：大家帮他想一想，小猴子的脸有什么特点？

生：它的脸是桃形的，眼睛是圆圆的。

师：谁来当他的小设计师，帮助他寻找、制作所需要的材料？

学生举手，让“小猴”选一个设计师。

说明：围绕人文主题的艺术学习，使学生获得合作、尊重、关怀、友善、分享等人文素养，促进个性的完善与发展。

生 2：我想当孔雀，因为我也穿着漂亮的裙子（自己选设计师）。

生 3：我穿的是白色的毛衣，我想扮成小兔子。

师：小兔子最典型的特点是什么？

生：耳朵长。

师：知道该怎么做吗？

生：将白色的耳朵粘到头上，我想请××当我的设计师。

生 4：我也穿了白色的衣服，我想把自己扮作山羊。

师：你能说出山羊的特点吗？

生：山羊有两只角，它还长胡子。

其他学生还想把自己装扮成大象、老牛、袋鼠、小猫、小狗、熊猫等。

师：桌面上有很多你能用得上的材料，这边还有多种多样的纸，如果你需要，就自己用手撕或者用剪刀剪，不过要注意安全。

老师对其他学生说：你们都喜欢什么动物？

生 1：刺猬。

生 2：老虎。

生 3：小猪。

……

师：我们把它画下来，好吗？

师：（拿出画纸，指着一角）画这么小好吗？

生：不好，太小了。

师：对了，不仅要注意大小，还要注意色彩！那就让我们用勾线笔开始画吧。

说明：此教学环节是分层次教学，对于动手能力相对较弱的学生，让他们选择自己喜欢的方式来表达自己的情感。在评价方面，也正体现了艺术课程的注重个体差异的原则，注重学生在原有水平上的发展，尊重学生富有个性或独特的表达方式。

放《动物世界》主题曲作音乐背景。教师给予帮助与及时的鼓励评价。当一部分学生完成后，给他们的设计师贴上小星星。

师：请“小动物们”把设计师也装扮成我们的伙伴，好吗？

将“小画家”的画贴到身上，把小星星贴到画上，让他们扮演自己画的这种动物。

4. 评一评，唱一唱，讲一讲

师：如果你已经是可爱的小动物了，就到“孔雀妈妈”这里来吧！“孔雀妈妈”要给你们唱首歌，名字叫《金孔雀轻轻地跳》。

老师边唱边跳，学生们不由自主地围在老师周围拍手。

师：现在，大森林里真热闹，我们一起看看都有谁。有可爱的小猴、漂亮的孔雀宝宝、健壮的大象、轻巧的小袋鼠、乖巧的小兔子……你们看看还有谁？

学生互相看、互相评。

师：今天，大家都很棒！都通过自己的努力取得了很大的胜利，而且相互之间配合

得很好，刘老师真为你们感到高兴。现在，我们一起来展示自己的成果，评一评，向大家说一说你是谁？有哪些特点？怎样装扮成的？

生1：我是小白兔，有长长的耳朵，红红的眼睛……

生2：……

师：刚才大家的展示真是精彩极了，你们觉得今天谁的装扮最像，最好呢？

生回答。

师：看到这么多可爱的朋友，你能讲讲它们的故事吗？

生：我知道《龟兔赛跑》的故事。兔子跑得快，但是它很骄傲，最后输给了乌龟。

师：这个故事告诉了我们什么道理？

生：不要骄傲。

生：我们以前学过《小袋鼠》这首歌。

师：一起唱一唱好吗？

齐唱歌曲《小袋鼠》。

生1：我还学过《保护小羊》。

师：你为大家唱一唱好吗？

生1：好。

师：我来伴奏，大家为他伴舞或拍手，怎么样？

生：好！

师生共同表演《保护小羊》。

师：(老师做出安静的手势)小动物们在森林里玩得正高兴的时候，你们听，这是什么声音(放老虎吼叫的声音)？

“小动物们”听到后，说：老虎来了，快跑呀！于是它们都回到了自己的家里。

师：好了，老虎走了，出来吧！

“小动物们”一蹦一跳地聚集到了一起。

师又做出安静的手势，说：你们听，又是什么声音(放机器的隆隆声)？

“小动物们”又跑回了家。

师：人类为了自己的发展，已经开始向森林进军，听，隆隆的机器声离我们越来越近(放录像)！你们看，这是金丝猴，这是扬子鳄，这是我国的国宝大熊猫，由于环境的恶化及一些人的捕杀，它们的数量已经日益减少，你们说，怎么办呀？

生：要保护它们呀！

师：对！动物是我们的朋友，保护它们就是保护我们自己。老师今天给你们带来一样东西，来看看(拿出照片)。

生：是老师抱着一只小狗，真可爱。

师：这是我最喜爱的动物。下一节课，你们也带来自己喜爱的动物照片或图片，好吗？

生：好！

师：“小动物们”喜欢生活在干净的环境中，让我们将碎纸收拾起来，创造一个好的学习环境。

放《兔子舞》的音乐，学小动物走出教室。

【活动评述】

本活动设计把各种艺术形式巧妙地融合在一起，把同一种艺术形式的各个方面充分地融合在一起，把教学内容与教学环境、教学气氛有机地融合在一起，引发学生对自然、环境、生命的关注，使学生的艺术能力和人文素养得到整合发展，真正体现了艺术教育的审美教育性质，实现了艺术教育的育人目标。

【资料链接】

杨立梅主编：《义务教育课程标准实验教材 · 艺术(一年级上册 · 教师用书)》，教育科学出版社，2001 年 7 月版。

（深圳市南山区沙河小学　刘　伟）

草原动物联欢会

【设计理念】

本教学活动通过唱动物、画动物、演动物，使学生在欢快的氛围中掌握知识，在提高学生动手能力的同时使学生表演才艺也得到充分展示，同时教育学生爱护环境、爱护动物，培养学生的环保意识，促进学生的全面发展。

【活动目标】

1. 掌握基本手工制作方法，培养学生动手操作能力和合作交往的能力。

2. 进行环保教育，培养学生环保意识，提高学生素质。

【活动准备】

1. 动员学生课前收集动物的图片及有关环保的资料。

2. 图片、课件、卡纸、颜料、胶水等。

【活动过程】

1. 动画切入，激发兴趣

师：同学们好，上节课老师带你们到了神秘的海底世界去旅游，在那里我们见到了各种各样的鱼，今天老师还要带你们到一个好玩的地方，那里住着许多我们的好朋友，大家想不想去？这是什么地方呢？那好，跟老师一起出发吧！

看课件，欣赏动画片《狮子王》。《狮子王》是学生都十分熟悉的动画形象，学生的兴趣一下激发起来了，大家都观看得非常仔细。

2. 问题呈现，学生思考，解决问题

师：同学们，你们刚才都看到了哪些动物，你能把它说出来吗？（学生回答。）

老师提议：草原上的动物要开联欢会，同学们一起参加。出示课题。

狮子王出难题：我可是这片草原的国王，你们要参加动物联欢会要先听听我有什么要求。非常欢迎你们参加动物联欢会，可是我有个条件，你们必须先把我哄开心才可以参加。

很多学生想出了自己的办法来使狮子王开心，大家自告奋勇，有的给狮子王唱歌，有的跳舞，还有个学生要讲个小笑话逗狮子王开心。

狮子王：非常好，我有首歌曲，你们来试着唱一下吧。

看课件，师生共同学唱狮子王的歌曲。

生：狮子王，这次你满意了吧，我们可以参加联欢会了吧！

狮子王：满意满意，不过这是动物联欢会，你们参加要先装扮成动物的模样才可以。

师：狮子王怎么又提出了个条件？可真把老师给难住了，同学们，你们快来帮老师想个办法吧！

大家都想参加动物的联欢会，于是立即活跃起来，纷纷相互交流讨论，怎么样让狮子王满意。有的同学说可以模仿动物的动作，有的同学说要穿上有动物图案的衣服，也有的学生说要做个动物面具头饰。最后达成一致意见：做动物头饰。

3. 画动物，做头饰

请学生用语言描述自己喜欢的动物的外形特征并到黑板上画出自己喜欢的动物。

老师讲解动物头饰制作的方法、要点：

① 画出动物的外形，可以适当地夸张、变形。

② 给小动物涂上颜色。

③ 裁剪、粘贴、制作完成。

4. 学生制作，教师辅导

强调抓住动物最主要的特征，可以大胆夸张。

5. 才艺展示，学生活动

学生表演：学生分组，根据自己组所做的动物头饰，协商表演节目。有的组做了百灵鸟的头饰，组里找了个善于唱歌跳舞的同学表演百灵鸟唱歌。有的组根据自己组里做的头饰编排了小马过河的童话剧。有个学过武术的同学戴了个小猴子的头饰表演了猴拳，一招一式还颇有些大家风范。

6. 环保教育

师：同学们参加了联欢会高兴吗？可是狮子王不高兴了，为什么？

看课件了解原因：家园被破坏了，动物朋友被猎杀了。

学生讨论：怎么样帮助小狮子王？

学生利用课前找的有关环保的资料来提出建议和倡导。

教师总结：爱护环境，保护野生动物。使天更蓝，水更绿，让我们和动物朋友和谐地生活在绿色的家园中。

【活动评述】

这是根据新的艺术课程标准结合现实生活中的环境问题设计的一堂课，想让学生在娱乐中学习，在学习中娱乐，所有的知识结构通过娱乐活动让学生掌握，主导思想是让学生做课堂的主人，整个课堂是在学生与狮子王的对话中发展下去的。学生要参加动物的联欢会，狮子王不断地提出条件，学生要不断地动脑筋想办法，用自己掌握的知识满足狮子王的要求，当有些条件满足不了的时候，教师才来给学生讲授新知识。

课前我要求学生搜集动物资料，自主探究学习。在课堂上给学生大量的时间进行对话、观察、思考操作、展示，最大限度地发挥学生的主动性，让学生在自己创设的情景中发现问题、运用知识解决问题，整个课堂在轻松的气氛中进行。学生的表现让我深深地感到：新的课程改革、新的课程标准、新的教学方法给学生带来了真正的快乐的学习。

【资料链接】

1.《中国少儿美术教育》，人民出版社。

2. 中国小学教育资源网。

（深圳市南山区向南小学　孔晓远）

小手护地球

【设计理念】

“爱护我们的生存环境”已成为人们的共识。长期以来，我国的基础道德教育侧重于对少儿进行社会伦理教育，而对他们的环境伦理教育相对薄弱，所以孩子们缺乏必要的环境意识和稳定的环保习惯，因此当代教育必须在这方面做出很大的努力。“地球只有一个，爱护我们生存的家园。”本节课的设计就是通过漫画的学习，培养孩子们对大自然的审美意识，让孩子们关注自己的生存空间，调动他们保护自然、珍视环境的主动性和自觉性，在学习中反思，在反思中升华自己的情感，促使学生健康成长并形成良好的人格。

【活动目标】

1. 使学生了解我们生存的地球，增强环境忧患意识，激发责任感和使命感。

2. 学习漫画的表现方法，初步掌握漫画的表现技巧，培养学生的想像力和创造力。

【活动准备】

1. 布置学生课前阅读有关环保的书报。

2. 教师搜集一些有关环保的漫画、图片。

【活动过程】

1. 利用电视图片展示自然之美，以视觉的愉悦激发学生学习兴趣，引入课题

师：今天，我们一起来欣赏一些大自然的美丽风光(教室的电视屏幕上出现青山、绿水、青草地、鲜花丛，小鸟飞翔，蜂蝶戏舞，紧接着电视上又出现了辛勤的环卫工人，出现了深圳这座美丽的花园城市，深南道、莲花山、红树林、三洲田……)。

学生被这美景所吸引。“好美啊！”“真漂亮！”赞叹声不绝于耳，孩子们欣赏着自然的美与神奇，领会到人是自然的一部分，油然而生的是对自然的使命感。身在深圳，谁能不为之骄傲？生为人类，谁能不珍惜自己的家园？

2. 结合身边的具体事例，调动学生对环境的关注力度，切入主题

师：同学们，这么美的景色，这么漂亮的城市，我们没有理由不热爱她，呵护她。可是，在我们周围，在我们的生活中，还是有些不和谐的声音，有些令人痛心、让人担忧的现象，到底是哪些行为和现象让我们忧心呢？

生 1：不讲公德，乱吐口香糖！

生 2：乱砍伐树木，深圳的红树林也被人乱砍伐啊！

生 3：还有填海，侵害海洋！

生 4：有学生去洗手间不关水龙头！浪费水源！

师：是啊，深圳是水资源缺乏的城市啊！

生 5：我们外语学校是“省绿色学校”，可还是有不少学生乱丢垃圾，学校植物园的树干上还被刻了不少字呢！（瞧，孩子的意见还很尖锐！）

从水污染到空气污染，从泥石流到沙尘暴，从资源浪费到生态破坏，孩子们情绪激昂，纷纷发言，课堂气氛亦热烈高涨。

师：好，今天我们学习的内容就和环保、环境有关。（在黑板上写出课题“小手护地球”并配以漫画。）

3. 师生一起探讨漫画的表现方法，共同进行主题性漫画学习

漫画以其强烈的讽刺性、教育性、幽默性深深打动着孩子们的心弦，为孩子们所喜爱（不要和国外的一些卡通混淆，实际上那种连环画的卡通和漫画不是一回事）。漫画的创作不同于一般意义的儿童画创作，它“源于生活而高于生活”，需有独特性，构思奇、巧，有创意，幽默而不失寓意，简洁而不失智慧，漫画是心灵深处的眼睛，它让孩子们学会用独特的视角去观察生活、关注社会，扩大孩子们认识社会的视野。漫画所包含的批判精神，可以让孩子们从小懂得辨别是非，当好人、做好事，比起单纯地进行道德说教更具感染力、说服力，这就需要教师的引导与点拨。教师通过示范和一些漫画作品的展示，清晰地向孩子们传递漫画的创作方法：比喻、拟人、夸张、因果、相似、相近、相反、用典……兴趣是创作的出发点和推动力，也是孩子们树立自信心的催化剂，学生们听着、看着，热情地与老师讨论交流，课堂气氛活跃，人人跃跃欲试。

4. 进行主题性漫画创作，深入主题

学生以环保为主题，用漫画的形式表达自己的愿望、心声、感触和观点，并努力把自己的思想升华为漫画作品。

教师巡堂指导，鼓励孩子们开动脑筋，要不依常规，不满足于表面，敢于打破思维定势，思别人之所未想，探别人之所未解，发现别人之所未见，用漫画的“特技”，创作出“奇”、“趣”的漫画作品来。

尽管有些稚拙，尽管孩子们的绘画技巧并不成熟，尽管孩子们的漫画创作受其自身认识水平的局限，尚处于低层次的表露性阶段，但因有生活的体验，有亲历亲为，孩子们一个个兴奋异常，不一会儿工夫，一幅幅有趣、有益，洋溢着儿童特有趣味的“漫画”作品展现出来。

5. 展释作业，抒发心声，深化主题

对于本课学生学习的评价已不是一个单项的目标或者“双基”，而应是包括技能、认知、创造和情感态度价值观在内的“目标群”。无疑，学生的学习过程是积极的。而对于学生的“漫画”创作评价，主要从课程的目标出发，即漫画语言的运用和审美价值的体现。鼓励几位学生通过实物投影仪来展评自己的作品。

生 1：我画的这幅叫《早出晚归》。太阳刚刚升起的时候，两只快活的小鸟从树林里飞出去觅食，可当晚上回来时，它们的“家”已完全变了样——树林已被砍光，只留下一个个光秃秃的树桩，伤心的小鸟看着自己的“家”，久久不愿离去……（孩子的解说中流露着悲情，此刻教室里鸦雀无声。）

生 2：我画的是《未来的树》，它们怕再遭砍伐，枝叶全部长到了地底下。

生 3：我画的是《未来的鱼》，由于水污染，它们都长了翅膀，改成“飞”鱼了。

生 4：我画的是《克隆地球》，我想利用科学技术，再克隆出一个干净、美丽的地球。

师：同学们的想法非常好，非常有创意。我们知道，羊可以克隆，牛也可以克隆，可地球能克隆吗？（学生一起回答“不能”。）我们生存的地球只有一个，我们都是地球妈妈的孩子，所以，大家应该通过自己的实际行动，用自己的小手——

生：（齐声回答）爱护地球！保护地球！

因为爱所以关怀。同学们的思想在积极而热烈的碰撞中似乎成熟了许多，一节普通的美术课，如若能让孩子们有所顿悟，有所触动，并能对他们的成长有所影响，我想，这就足够了。

【活动评述】

漫画具有益智、扬善、求美、激情等多种功能，本活动设计利用漫画教育性、针对性很强的特点，让孩子们用漫画对照自己的言行，通过看、说、思、画等一系列相关的教学活动，树立环境意识。这种教学过程是促进儿童健康成长的一环，也是对稚嫩心灵的爱抚和陶冶。著名漫画家华君武曾说：“从教小学生画漫画这件事来说，一是教他们画画，一是教他们做人，这比仅仅教他们画苹果、香蕉还更多了一层。”

【资料链接】

1. 滕守尧主编：《艺术课程标准（实验稿）解读》，北京老师范大学出版社，2002 年 4 月版。

2. 中国新闻漫画网。

（深圳市南山外国语学校　冯英杰）

灵巧的手(一)

【设计理念】

本教学活动的设计充分发挥学生好动、思维跳跃性强、善于模仿的特点。使学生们在游戏活动中,通过音乐、绘画、表演等多种艺术形式来认识手在艺术活动中的作用。使学生领会创作手法的多样化,能自由地进行表现。通过欣赏名家作品,使学生提高审美能力,借鉴创作方法。欣赏同龄人的作品,树立表现的信心,开阔思路。培养学生尝试艺术评论。在德育方面要培养学生互相帮助的美德。

【活动目标】

通过多种艺术形式展开对“手”的联想和创造,使学生体验艺术的乐趣,养成主动发现和创造,积极动脑展开想像,发现美、创造美的艺术品质。

【活动准备】

投影仪、电视机、音乐、黑板、范画、课件、水彩笔、图画纸等。

【活动过程】

1. 组织教学

稳定学生的情绪,并准备好课堂用具。

师:上课!同学们好!

生:齐诵小歌谣“七彩笔,手中拿,欢快歌,啦啦啦;动脑筋,多创造,我是小小艺术家!”“老师您好!”

2. 导入新课

游戏调动学生注意力,激发兴趣、引出课题。

师:同学们,今天先和大家做个游戏!我在投影仪前用手做出多个动物的造型,大家来猜看到了什么。(师表演。)

生:鸽子、狗、兔子等等。

师:你能模仿一下它的叫声或者有特点的动作吗?

生:上台或在座位上表演。

师:他们是怎么变出来的呀?

生:是手变出来的。

师:对!听听这首歌,同学们可以跟唱。看看谁能告诉我今天的课题是什么?(播放《巧巧手》,引出课题——我有十个好朋友。)

3. 指导创作

老师、学生互动，启发学生动脑筋展开联想，大胆创造，深化主题。

（1）手形表现。

师：我们的小手就是由手掌和这十个指头组成的。哪位同学能说说看，你有哪些方法可以画出好看的手形呢？

根据学生的回答，老师归纳几种画法：

① 描边法：用线沿手的轮廓描边。

② 印色法：用手涂满颜色，直接印在纸上。

③ 写生法：出示写生手的图片。

④ 随意法：随心所欲地来画，并肯定这种画法具有天意、自由创造的艺术趣味。

师：哪位同学愿意在黑板上随意地创造出手形来呢？（请两位学生上台板演，板演后，教师点评。）

师：同学们的思想很活跃，画得很美。其实美就在我们身边，只要我们稍注意位置、大小等，我们就会得到富有艺术美感的作品。下面我们来看几张范画。

范画 1：这是一种简洁的处理方法。

范画 2：这一张运用了一点夸张的表现方法。

范画 3：手形、指甲表现得很好。

（2）手形构成。

师：刚刚我们看了范画，那现在我们就来看看怎么来创造美吧！下面我们来做个造型游戏，请每组派两名同学上前面来，自己选择用手形创造出新的造型画面，看哪个组创造的最好看！

生：上台做游戏。

师：你觉得哪组的最有创造性？其他的呢？你有什么好的建议呢？

生：尝试评价，两名学生回答了老师的提问。

师：同学们的想法都很有创意，把简单的手形随意地组合就能得到一张很美很有趣的画面了。如这张画也是(出示范画)。

（3）手形想像。

师：手可以使人产生无穷的联想。下面让我们一起来感受一下艺术家们和其他同学的想像。(出示课件。)同学们对握紧的拳头、伸出的指头、紧握的手等有怎样的感受和构想呢？还可以对手局部的形状、动势或空间进行想像创造，比如指甲、指头、指间、手外……

（4）播放音乐，学生作业，教师巡回指导。

师：好，现在同学们拿起你的画笔，开动脑筋，表达出你的感受与构想吧！

（5）课堂小结，作业讲评。

老师选 3～4 幅代表性的作业，让学生自己给大家介绍自己的想法，并请其他同学评论。

4. 结束语

师：同学们都用自己灵巧的手创造出来了很多美丽的画面。其实同学们之间就像《巧巧手》里唱的一样，要你帮我来我帮你，养成互相帮助的好习惯。最后让我们再跟唱一遍《巧巧手》。

【活动评述】

本活动在国家课改的新课标指导下坚持了课改的全新理念。设计追求创新，突出了“活动”的特点，以游戏为导入并贯穿全课。通过多种艺术形式展开对“手”的联想和创造，使学生体验艺术的乐趣，养成积极动脑，展开想像，大胆创造美的艺术品质。培养学生尝试艺术评论。在德育方面培养了学生互相帮助的美德。

【资料链接】

杨立梅主编：《义务教育课程标准实验教材·艺术(一年级上册·教师用书)》《我有十个好朋友》一课，教育科学出版社，2001年7月版。

(深圳市南山区珠光小学　孙勇)

灵巧的手(二)

【设计理念】

在低年级学生的艺术课教学中，游戏往往最能吸引学生的兴趣，而兴趣又是打开知识大门的钥匙。本节教学活动的设计理念就是让学生通过多种艺术形式的动手游戏认识到手的重要性，体验合作的乐趣与友爱精神，培养学生对艺术的喜爱，丰富他们的情感体验，激发他们表现美和创造美的情趣和能力，充分体现艺术的魅力。

【活动目标】

1. 让学生在用手“表演”的各种游戏活动中，充分发挥想像，锻炼手指的灵活性。

2. 通过多种艺术形式(表演、音乐、绘画等)认识手在艺术活动中的作用。

3. 培养学生在生活中养成良好的卫生习惯。

【活动准备】

1. 几种不同类型的日常生活物品。

2. CD、投影仪、绘画纸、彩笔等。

【活动过程】

1. 创设情景，激发兴趣

师：同学们，今天老师从巧手王国带来了一位朋友，她就是巧手姐姐(嘴巴可以活动的手形娃娃)。“同学们，你们好。我给你们带来了很多礼物，请你们帮着拿进来，好吗？”

教师将多种物品放在教室外。如：茶杯、文具盒、玩具、水果、书包、多种桌子、椅子等，请学生用各种方法把这些东西搬进教室。

巧手姐姐提问：同学们，真能干，手可以做许多许多的事情。你的小手还会干些什么事情呢？

师生之间相互交流。

学生与学生之间用肢体语言相互交流。(配CD动画歌曲《巧巧手》。)

(注：设计童话故事穿插教学活动中，更能激发学生求知的兴趣，并通过实践活动，让学生了解手在日常生活中的重要性，而且有机地渗透品德教育。)

2. 师生互动，营造氛围

(1) 手指操游戏。巧手姐姐有十个小弟弟，出示带五官的手指，与学生一起表演。

自配儿歌：　大拇哥睡了，　　公鸡喔喔啼，

二胖子睡了，　　叫我早早起，

大个子睡了，　　小不点醒了，
四小弟睡了，　　四小弟醒了，
小不点睡了，　　大个子醒了，
大家都睡了。　　二胖子醒了，
大拇哥醒了，　　大家都醒了。

知道手不仅能帮助我们做很多事情，还可以和我们做游戏。

(2) 手影游戏：教师在投影仪下做手的动物灯影游戏，请同学们猜猜是什么动物，并让学生模仿这种动物的叫声或有特点的动作。

教师根据学生回答，即兴编成儿歌念给学生听：

小小手儿，真有趣。
躲在灯下做游戏，
变只小鸡，叽叽叽，
变只小猫，喵喵喵，
变只小狗，汪汪汪。
变只乌龟，爬爬爬，
变只小兔，跳跳跳，
变条小鱼，游游游。

提问：你能用小手变出什么呢？

分小组活动。学生之间进行手影互猜游戏。

请个别学生到投影仪前表演精彩的手影，再进行不同形式的自评、互评等活动。让巧手王国的成员和他们交朋友。

(注：小奖品采用各种手形添画的动植物，是对学生的鼓励，也是一剂兴奋剂，使学生在享受成功喜悦的同时，培养他们的交往、创造能力，也为落实手形画铺设平台。)

活动延伸：鼓励学生回家后借助阳光或灯光为家人或朋友表演手影游戏。

(注：在这个游戏活动中，充分利用学生好表现的欲望，激发学生表演，组织小组讨论等，使学生充分参与课堂活动，激发兴趣，拓展学生思维、想像和创造的能力。)

3. 借形画物，启发灵感

(1) 观赏获奖学生的手形朋友，

提问：你发现这些可爱的小狗、小鸟、小树等有什么秘密吗？(外形像手。)

(2) 找一找，想一想，变一变：巧手姐姐出示不同的手形图片，通过让手形动植物回到自己的影子里的游戏，使学生对手形画有初步的了解。

小组活动：讨论从不同角度观察同一手形看到的会有什么不同，想一想，你们看看还像什么？

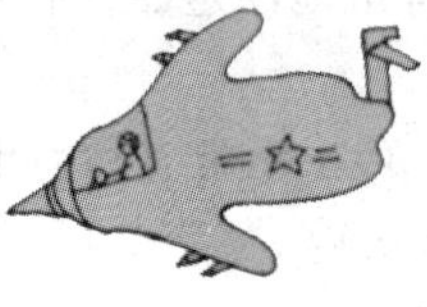

让学生相互启发，展开丰富的联想，了解一种形状可画很多物体，打开学生的思路。

（3）画一画：看了这么多的手形画，你们想不想试一试，把小手描下来，也变出许多美丽的图画。可参考教材的示范，并鼓励学生自己创作，变化多样的手形图画，还可以启发学生添画周围背景，如：小鱼在长满海草的水底游玩，小狗看着肉骨头流着口水……

（4）展示台：巧手王国的新朋友。学生相互交流观赏。

（注：通过欣赏，把观察、思考、探索的空间留给学生，促使学生对探究活动有所悟、有所发、有所得，从而真正了解艺术源于生活。）

4. 联系生活，拓展延伸

录音：小孩子的哭声。（出示一双脏乎乎的小手。）

提问：小手为什么哭了？小手脏了会发生什么事呢？你平时是怎样爱护小手的？

谈话：手的用处可真多，能帮大家做事情，还能做游戏，画画……真是我们的好朋友。

在音乐《巧巧手》歌声中，师生律动，愉快结束活动。

【活动评述】

大千世界，包罗万象，处处引发着孩子们美好的艺术联想。本活动设计根据刚入小学的学生好奇、好动的特点，因势利导，将学生的注意力、兴趣点引到有序的不同艺术形式活动中，使其在富有趣味的游戏中逐渐形成良好的自主学习习惯。并引导学生在具体情景中探究与发现，找到不同艺术之间的关联。那些色彩奔放、构图奇特、想像丰富、没有顾虑的手形画，不正是艺术童心的展现吗？

【资料链接】

1. 杨立梅主编：《义务教育课程标准实验教材·艺术（一年级上册·教师用书）》，教育科学出版社，2001年7月版。

2. 悠扬教育网 http://www.jiaoan.net

（南山第二外国语学校　贺延梅）

手 印 画

【设计理念】

体现学生学习主体性，让学生游戏式地自主、探究学习。充分调动学生的想像力、表现力和动手能力，激发学生创新思维。适当进行教学延伸，引导学生学以致用，创造性地使用其他媒材进行艺术创作。

【活动目标】

1. 认识手掌各部位并产生对手掌各部位进行拓印的欲望。

2. 拓展学生对手掌各部位拓印的多样性联想和组合创作。

3. 在愉快的游戏中创作一幅有创意的手印画。

【活动准备】

把全班分成六组，每一组围坐着一张大桌，每张桌上备有各色色盘和湿抹布若干。

【活动过程】

1. 创设教学情境，激发学生的学习兴趣

师：下面我们来做一个游戏，（展示一个手印）请根据画面的内容和创作的难度大家猜一下这一幅画的价值。

学生七嘴八舌积极发表自己的想法，课堂气氛马上活跃起来。

师：这幅作品价值 2150 英镑，约人民币 3 万 2 千元。

学生的注意力一下子被出人意料的答案吸引住了。

师：这幅昂贵的作品的作者不是有名的画家，而是著名的前南非总统曼德拉先生。他酷爱美术，有一次他在家画画时手上不小心沾满了颜料，于是他顺手在白纸上印掉手上的颜料。就这样纸上留下了这个手印和手心处的一片极像非洲地图的空白。后来这件由南非总统的手印和非洲图形组成的作品被出版商印刷并限量发行了 1000 幅，每幅以 2150 英镑出售，所得收益全部捐助给非洲那些患病儿童。

2. 在有趣的游戏中激发学生自主探究学习和动手动脑创造的兴趣

师：大家猜曼德拉先生主要是使用了什么来创造这一幅作品的呢？

学生很快说出本课要点。

师：对！用手印画。（板书课题“手印画”。）

师：既然曼德拉先生随手一印就能印出一幅艺术作品而且还能帮助别人，那么同学们想不想也来尝试一下这种手印画的游戏呢？

学生觉得此举十分简单，都纷纷要求到讲台前表演用手印画。

上台表演的学生的作品全都是完整的掌印。

师：下面我们来比赛想一想，除了像他们这样印画以外，还可以利用手的哪些部位来印画呢？

学生积极思考，把自己的手翻来弄去，探究出用手的各个部位印画的方法并争先恐后上台展示。

师：刚才上台的同学都尝试了用手的各个部位来印画，我觉得非常的精彩，可是如果画面只出现这些单独的手印痕迹，那就不能算是一幅好的手印画作品了。我们怎样做才能使这些画面更丰富呢？

学生开始讨论并发表想法。

师：我把大家的点子总结起来就是把手印的痕迹想像成为别的东西的一部分，再利用手的各部位来添印成画。

师：好！下面我们一起来试验一下这种方法。大家注意啦，看谁的反应最快。例如我们可以把这些掌印想像成是什么呢？

学生马上给出了多样的答案。

师：非常好！那么就按照你们的想像，再给画面添印和它相关的东西就棒极了。

学生在教师的引导下对其他画面的形象进行多样性的联想并上台完善画面，添印成画。

3. 引领学生自由活动，轻松创作

师：（分析黑板上学生的作品）同学们对手掌各部位拓印的联想都很丰富，而且还进行了很有创意的组合创作。有创作海洋鱼类的，有创作各种动植物的，还有可爱的人物和抽象的创作。如果同学们还有其他好的想法，待会就可以随心所欲地用手印画的方法表现出来。

学生把手的各个部位在桌上的色盘里蘸上颜色开始自由创作。

教师巡导，不断引导学生进行多样性联想和创意组合创作，拓宽学生的表现题材，鼓励学生个性思维的发展，使每个学生感受到成功的机会和希望。

教师让学生对自己和他人的作品进行自我介绍和评价，教师作补充评价。鼓励学生对艺术作品进行鉴赏和评价。关注学生的个性培养。

4. 让游戏式的学习在课外延续

师：这一节课我们尝试使用了我们的手掌来印画，大家都很积极地投入到这样一种有趣的艺术创作活动中。那么在课后，请同学们多观察身边的事物，看看还可以利用其他的什么东西来印画。

【活动评述】

因为天底下没有不爱玩游戏的孩子，所以本活动设计始终着意营造快乐的气氛中，通过游戏不知不觉地导入了新课，通过游戏一步一步地讲解了新课，通过游戏轻松愉快地让学生掌握了新课，最后还是通过游戏自自然然地结束了新课。在这种氛围下，学生更能积极自主地探究学习，他们的想像力、表现力和动手能力能得到更大的提高。学习因此变得更简单，更有趣，更好玩。学习就是一种游戏！

（深圳市南山区大新小学　陈　燕）

让纸站起来(一)

【设计理念】

由平面向立体的变化,对学生来说,是艺术创作上的飞跃,也是思维的跨越。通过引导、启发,通过动手、尝试,通过合作、竞赛,让学生主动学习,可以达到做中学、学中乐、乐而不疲的学习境界,从而让学生的思维在自然中发生转换。

【活动目标】

1. 通过师生共同创作完成一些纸艺作品,让学生了解一张看似简单的、平面的纸,可以有丰富的变化,从而引导学生形成初步的立体概念。

2. 激发学生对立体艺术品的观察和创作兴趣,锻炼学生的发散性思维。

3. 促使学生由习惯的平面思维向立体思维转换。

【活动过程】

1. 实物导入

师:我知道,很多同学从小就会用纸制作各种好看的东西,老师也会做,这就是老师做的(出示一个教师用纸做的台历),老师请大家猜一猜,老师制作这个有什么用呢?

生:可以做镜框、台灯……

师:老师作它是当台历用的,你觉得有什么问题吗?

生:日期放在哪里呢?

师:日期可以放在里面的卡片上,我们发现,这个台历就是用一张纸,折一折,剪一剪,贴一贴,就做成了。看来,纸真是一样奇妙的东西,用纸可以做很多好看的东西,下面我们就先来欣赏一下。(看幻灯片——纸制艺术品。)

2. 初步尝试,转换思维

师:纸真是变化莫测,那么今天我们就来试一试,我们就用这些纸来做,(教师动手试一下)可是,它站不住,首先,我们要让它站起来。下面就请几位同学上来,请你们用不同的方法,让这些纸站起来。

学生上台动手制作。

师:短短时间大家就用不同的方法让这些纸站了起来,实际上,让纸站立的方法还有很多,大家想不想试一试?下面,我给大家 3 分钟时间,看哪组在 3 分钟内找到最多的让纸站立的方法。

3. 再次尝试,展开思维

学生以组为单位动手制作。

师：时间到了，我们来看一下，发现了五种以上方法的小组举手，七种以上的组举手，请方法最多的小组把你们的发现给大家看一看。

学生介绍自己组的发现。

4. 进一步深化、引导

师：大家找到了许多方法让纸站起来，可是，我也发现了一个问题，大家都是用一张纸，通过自己的变化站起来的，那么，用几张纸组合的方法，让它站起来行不行呢？

教师演示，用两张纸组合，做两个圆筒，把两个筒套在一起，让它站起来。

师：原来，这样也可以，那么，我们拿它做点什么呢？如果我还想把它做成台历行不行？作为台历，它还缺少什么？

生：日期。

师：日期可以放在什么地方呢？

生：里面，挖空，贴上。

师：我是这样想的，我看它有点像一棵树，那么，我就给它做六片叶子，一片上面贴上两个月的日期。下面，请几位北方长大的同学上来。由于深圳冬季不冷，所以，在深圳长大的同学就感受不深，随着季节的更替，自然界的色彩会发生变化。请这几位同学根据你们对季节色彩的印象，把这12月的日期贴到相应颜色的树叶上。

学生上台贴日期。

师：我们发现，几张纸，卷一卷，粘一粘，一个好看的树型台历就做出来了，那么，今天我们就来试一试，请各组同学从刚才你们的作品中，选择一个最新颖、最有创意的，把它再加以发展变化，看看它适合做成什么。可以是台历，也可以是其他的东西，可以是有实际用途的，也可以是纯粹用来欣赏的。做完后，我们用这样的标准来评价各组的作品。（大屏幕出示文字。）

5. 集体创作

学生创作，教师巡回指导，完成后以小组为单位，把作品放到黑板上的展示台上。

6. 展示、评价

师：各组的作业完成了，下面，我们根据这个标准来评价各组的作品。如果你觉得这组的作品最有创意，就举一个手指；如果觉得这个作品最大的优点是色彩，就举两个手指；依次，做工是三个手指。

学生用举手的方式评价。

师：大家觉得这个组的作品最有创意，那就请这组的同学介绍一下你们组的作品。

学生介绍自己组的作品。

师：其他组的同学对他们的作品有什么意见或建议吗？

学生谈自己的建议。

师：你们组接受他们的建议吗？

生：接受。

7. 总结作品、引出课题

师：实际上，对艺术作品，从来都没有一个统一的评价标准，每人的感受不同，看法也不同，就好像这节课，我们各组的收获肯定也是不同的，正好，我们这节课还没有课题，那就请各组派一名同学上来，用一句话或一个词，表达你们组对这节课的感受，把这就作为本课的课题。

学生上台写课题。

师：这些不同的课题，表达了大家不同的感受，但是，我相信这节课我们也有一种感受是相同的，那就是，看似简单的东西，可以有丰富的变化。

【活动评述】

本活动设计在以下几个方面做得较好：

1. 自主的学习方式：不是采用传统手工课手把手教的方法，而是在所有的教学环节中采用各种方式，引导学生自主学习，由一个“点”激发学生，引起学生在“面”上的广泛的学习。这样的方式让学生创造性思维格外活跃。

2. 在一点上深入：这节课，原本可以设计成让学生天马行空地设计作品，不限制学生的设计方向，那样学生很可能会泛泛地抓取一些灵感的浮动的东西，作品可能丰富多彩，但那种学习方式对学生创作思维的触动并不大。所以，本活动采用的方法是：在一点上深入，教师在宽广的创作空间中埋下一个隐线——做台历。教师反复两次把示范作品做成台历，就是为了让学生在做台历这一点上深入思考、了解，从而使学生对从平面到立体的变化空间产生更多的遐想。

3. 掌握节奏：在本课的课程环节设计上有个特点就是掌握节奏，动静适宜，起伏有度。导入时，以实物导入，然后从动手试制开始，让学生的情绪快速进入课堂。在学习过程中，制作与思考，动手、动口与动脑有序交替，使学生既保持十足的兴趣，又不因为情绪过于高涨而使学习流于空泛。

4. 改变了给课程命题方式：本课最初没有由教师出示课题，而是在学习结束后，由学生根据自己的感受给课程命题，这样更深入地激发了学生学习知识的热情。而且，这也是一种为课题命题的改变尝试。实际上，课题的设立，一方面是要概括、表达本课的含义，便于师生理解和辨认，另一方面是为了引起学生对课程内容的学习兴趣。本课采用这种给课程命题的方式，相信可以更确切地实现课题的意义。

5. 改变了评价方式：本活动设计在即时的师生互动评价之外，在评价方式上做了一些尝试。在评价中，教师掌握大方向，并穿针引线，具体的评价由学生自己做。课程结束时，先是采用广泛的自主评价方式，让学生在几个方面评价各组的作品，然后，针对一组作品，引导学生在评价上深入，先是学生自评，然后再互评。这样，评价不再是泛泛而论，而是有了一定的深度，这对学生的自省精神的培养，应该产生一定作用。

6. 关于创生：做台历只是本课学习的隐线，有的学生的思维超过了这个层面，向其他方向发展，对此，教师并没有过多地限制。毕竟，学习是个互动的过程，也是一个创新的过程，如果在课程中有更多的创生的内容产生，那对于教师、对于学生都是好事。

【资料链接】

1. 钟启泉、崔允郭、张华主编：《为了中华民族的复兴，为了每位学生的发展》，华东师范大学出版社，2001 年 8 月版。

2. 朱慕菊主编：《走进新课程》，北京师范大学出版社，2002 年 4 月版。

（深圳市南山实验学校　　王昕静）

让纸站起来(二)

【设计理念】

美术学习绝不仅仅是一种单纯的技能技巧的训练,而应视为一种文化学习,应通过学习,重视对学生思维的流畅性、灵活性和独特性的发展,最大限度地开发学生的创造潜能和实践能力。因此,本节教学活动就是让学生观察、思考、动手、动口、聆听、想像、创作,充分调动学生的学习积极性,激发学生的学习兴趣,培养学生的创新精神和创造能力,培养学生的综合能力和完美人格。

【活动目标】

1. 让学生通过学习、体验、发现、创造"平面—立体"的空间转换,树立立体观念,体验创造乐趣。

2. 培养学生的动手、动脑能力,培养学生的语言组织能力。

【活动准备】

1. 把全班同学分为六个小组。

2. 所需材料:各色彩纸、卡纸、剪刀、双面胶、裁纸刀、课件、范品及其他班学生作品。

【活动过程】

1. 观察与思考,引入新课

一上课,教师就出示一本台历,提问"这是什么",学生随口回答说"日历"。师反问:"是台历,还是日历?"学生发现了自己回答问题的不严谨,更正后答是"台历"。

老师接着问它有什么特点,从它的形状、样式等方面来想——它撑开之后可以立着,合起来之后就像一叠纸,为我们的携带、使用带来很多方便。通过这个教学环节,让同学们发现:身边十分熟悉的东西并不一定是自己最了解的东西,甚至连它确切的名字都会叫错,这说明:在生活中,我们要善于观察,善于发现,勤于总结,知识无处不在。正如常言所说:处处留心皆学问。

给学生制造了悬念,急于知道老师究竟要干什么。

2. 摸索—学习—创造

(1) 在实验中发现如何让一张平面的纸立起来。

① 独立操作,张扬个性。每个同学都拿起桌上的纸进行实验,在摸索的过程中,同学们会主动、积极地想办法,努力表现出自己的与众不同,也有许多同学爱好模仿,不善动脑,人云亦云。

② 手脑并用，全面发展。请同学讲出自己让纸立起来的独特方法。训练学生动手能力的同时，培养学生的表达能力，鼓励创新，张扬个性，培养在创作中的求异心理。

(2) 肯定个性，了解技法。

板书同学们的独特方法：卷、折、叠、揉、剪、粘、捏、撑、挖。

让同学们观察，发现不同方法的不同效果，并对这些技法性东西产生初步的认识。让同学分别讲解技法，老师作简单示范，让大家都有体验成功的自豪感。

(3) 通过欣赏，总结技法规律。

大家谈完方法后，老师进一步强化技法，分析技法，让学生真正理解，学以致用，借机让学生提高修养，提高审美能力。欣赏范品，通过直观教具，观察大小、起伏、厚度、色彩、曲直等不同对比，发现规律、总结规律，提高审美认识，体验立体感和空间感。

欣赏要点：卷的不同；撑的方法；眼睛的立体感；头发的夸张；色彩对比夸张；点线面对比。

(4) 灌输自信，大胆想像，随心创作。

在了解、掌握了诸多技法、知识，欣赏了诸多优秀作品之后，你有什么创意？你想做一个什么样的东西？让学生尽情展开想像的翅膀，大胆创新。每个同学只要有一点闪光点，有一点新的东西，都是值得褒奖的。为此，老师不限内容，不限技法，不讲合作还是独立完成，完全尊重大家的意见，让同学们真正养成自觉、自信、善于合作、善于探究的学习习惯。

3. 自主探究，合作交流，培养创造能力

① 每小组分发的纸张材质、色彩不同，让大家使用现有的材料和工具，想办法，想点子，创作与众不同的作品。

② 创作中讨论热烈，有寻求合作的，有自卖自夸的，有埋头苦干的，有独来独往的。

③ 老师要善于发现学生存在的问题，及时给予提示、帮助、解决，诸如色彩的搭配、立体感的创造、平面与立体的对比等，让同学们玩得开心，玩得没有压力，没有阻力。

④ 及时展示大家的作品，关注未能完成的作品。

老师总结：只要大家能够认真观察，善于思考，善于合作，勇于探索，就会创作出与众不同的好作品。

4. 大家帮我选课题

① 在这节课即将结束的时候，老师请同学们来为这节课选一个课题。于是，各组同学展开讨论：我们这节课应该叫什么名字呢？

借机锻炼学生的总结能力和语言概括能力，让学生体验一下当老师的感觉，充分展示他们的自信、聪明。

② 讲评课题：以鼓励为主，并能发现同学们的语言表达、文字书写方面的问题，培养正确的人生观和世界观。

【活动评述】

本活动设计综合了岭南版第八册课本上的《面具》与《立体纸工》两节课的内容，顺畅地进行了学科内容的整合、渗透。授课教师通过观察、模仿、发现、讲述、创造等一系列方式、方法，让学生掌握了知识，掌握了方法，展开了想像，体验了乐趣，培养了能力，提高了水平。学生在这节课中充分表现了自信、自觉，表现了自己的聪明才智，得到了很好的人格尊重与培养。小学的手工课，能在这种愉快、有趣、自主、探究的学习气氛中让学生掌握知识、提升能力，不失为一种有益的探索。

【资料链接】

1.《美术(第八册)》《面具》与《立体纸工》两课，岭南美术出版社。

2.中华人民共和国教育部制定：《全日制义务教育美术课程标准(实验稿)》，北京师范大学出版社，2001 年 7 月版。

（深圳市南山区海湾小学　马顺先）

做张贺卡寄关爱

【设计理念】

以贺卡的设计与制作为教学主体，着重引导学生关注社会人与人之间关爱的情感，促进学生健康、全面地发展，以美术的方式培养学生成为充满爱心的人。

【活动目标】

1. 学生能够设计并制作出一张精致的贺卡，巧妙地传达出一份真挚的爱心。

2. 学生灵活运用或借鉴已有的美术知识，积极关注社会弱势群体，并亲身参与人文关怀。

【活动准备】

1. 把全班分为若干活动小组。

2. 所需材料：

学生家庭状况调查表(香港慈恩基金会)，影片《美丽的大脚》VCD，CD音乐(班德瑞)，各类彩色卡纸、笔、剪刀、裁纸刀、胶水、小装饰品。

【活动过程】

师：请大家先看一段影片。(以倪萍主演的《美丽的大脚》片断导入，激发学生尽早进入设置的教学情境当中。)

师：相信很多同学都看过这部影片，它就是《美丽的大脚》中的一个片断。那么影片中所表现出来的这种贫困的生活你们认为它是真实的还是虚构的呢？

生：真实的(但我知道有的学生只是随别的学生一起说，他们未必真的相信)。

师：其实现在我国的确还有在为温饱而发愁的人们，老师手中拿的这些都是来自贵州贫困学生的真实资料(包括详细的邮寄地址)。现在我就给每个小组发一张，请大家看一下。

李欣：13岁，家庭状况：我和奶奶二人，只有一亩地，父母都去世了。

马永福：16岁，父母失踪，兄妹俩生活艰难，田地也只有1.5亩，每年庄稼收入还勉强能维持生活，除此之外再无经济来源。

湛前云：全家五口人，田1.2亩，地0.8亩，没有其他经济来源，父亲因为工伤双目失明，失去工作和劳动的能力。母亲因家庭经济困难外出打工还债，也很少寄钱回来，所以造成很大经济困难，入学书费都没有交清。

……

教室顿时变得非常安静，学生聚精会神地看着手中的资料，表情也变得严肃起来。

师：资料上的学生都与我们是同龄人，出生在一个贫困的家庭并不是他们能够选择的，人在困难的时候是最需要他人的帮助与关爱的，那我们今天就来为这些不幸中的孩子献上我们的爱心，大家说好不好？

生：好！

师：好，今天我们就以小组为单位，尝试借助美术知识，亲手制作一份关爱的小礼物，给贫困中的孩子送上一份美好的祝福！然后寄给资料中的学生，鼓励他战胜困难！看哪一组做得最好！

学生一齐动手认真制作，有的画有的剪贴。教师巡回辅导，发现问题及时与学生共同探讨解决。（配音乐）

师：好，同学们，我看到大家已经做好了，现在就请每组上来个代表，展示一下你们的作品，谈一下体会。

生：我们做得虽然不是太漂亮，但我们也有我们的用意，我们的礼物拿起来很轻的，不过礼轻情义重嘛。（展示贺卡）这个就像打开的窗户一样，就是说希望他的心与我们的心交融在一起。这边是我们的祝福，这边是我们的签名。希望他虽然不认识我们，但能看到我们的祝福。

师：你把赠言给大家念一下。

生：乌云总会过去，太阳总会出来，相信吧，明天会更好！

师：好，非常好。

师：下一组。

生：选择花因为花是美的代表，而且我们又选择了四叶草。传说四叶草是祝福的象征，我们想祝福他快乐幸福。而且我们选择丝带卷起来，缠缠绵绵，是想让他知道我们的心和他的心是一起的。我们希望他幸福，他也希望我们幸福。我们用这张卡来代表我们的心，还有，我们想来念一下我们的心声："爱让我们牵手，人生的意义不在于起点，重要的是你在奔跑……还有前面是轻轻地握住你的手为你把眼泪擦干。"

师：下一组同学。

生：这是我们组做的贺卡。前面用枫叶是希望他以后的日子每天都红红火火的。前面写着：快乐每一天。里面是我们的赠言：世界上有许多爱你的人，遇到挫折要有勇气站起来，坚强面对生活，未来更美好。而且中间还有五颗心，这是代表我们五个人，我们和他们心连心，手牵手。谢谢。

师：来，下一组同学。

生：这是我们组设计的作品。我们写着：在这阳光灿烂的日子里，你我相遇在这一刻……这表达了我们组对那个儿童的关爱，里边还有图：相信你是最棒的。这里还有我们的签名。

师：很好，下一组同学。

生：我们这里有大小之心，代表我们的心总在他的心中，还有我们跟他说的一句话：成功的背后总会有艰辛，但没有过不去的艰难，美好总是在你的眼前，努力吧！

师：还有哪组？

生：这是我们组做的贺卡，祝福卡。色彩非常的鲜艳，里面的图很简单，但是代表了我们组所有同学对陈佳同学的鼓舞和祝愿。

生：我再来介绍一下，这是乌龟和兔子。代表龟兔赛跑，意思是说我们应该向他学习，希望他坚持不懈地努力，但是我们也不能缺乏兔子的活力。下面是一个中国结，我们特意编了它把我们的心联结在一起，而且中国结象征我们的祖国，代表在同一个祖国里要互敬互爱团结在一起的意思。

师：说得非常精彩，中国结还有平安的寓意。还有哪位同学？

生：这个东西呢，制作虽然有点故障，但是充满了幸福感，你们看都是红色。他一看就会说："哇，我好幸福啊！"你们做的绿色就不好。

生：绿色代表希望（采用绿色的学生）。

生：我们组做得很简单，那叶子代表希望嘛。我们写着：李欣同学，希望你学习进步，克服重重困难，每天都能无忧无虑地生活着。旁边的这个心代表着我们对他的心意。谢谢。

师：今天同学们都做得非常好，老师真的很感动！我们就按照刚才老师给大家发的资料上面的地址，快快把我们的爱心传递到吧！好，这节课就上到这里，谢谢！

【活动评述】

这是一节以设计、运用为主的综合课。通过助学儿童的真实资料，创设了一种真实的人文关怀的情境，使学生产生出来自心灵深处的关爱之情。极大地激发了学生的兴趣，充分调动了学生的积极性，并使学生在自评与互评作品中体验美术课的无穷魅力。

【资料链接】

1. 黎丹主编：《义务教育课程标准实验教材·美术（八年级下册）》《心灵的关爱》一课，湖南美术出版社，2002年1月版。

2. 影片《美丽的大脚》DVD，九州音像出版公司出版。

（深圳市松坪学校中学部　唐　超）

生 日 贺 卡

【设计理念】

本课是依据新课程标准："教师应尽可能尝试计算机和网络美术教学，引导学生利用计算机设计、制作出生动的美术作品"的精神，为我校四年级信息实验班设计的一节电脑美术课，旨在用 PowerPoint 电脑软件设计生日贺卡。其课型为"综合·探索"领域的学习活动。本课在学生理解贺卡与现实生活的意义——传递、表达对他人关爱的基础上，用 PowerPoint 电脑软件插入文字、图片、动画、音乐等工具制作贺卡，引导学生主动探索、研究、创造，并培养学生综合解决问题的能力。

【活动目标】

1. 认知领域：认识美术与生活的密切联系，灵活运用各学科知识进行探究性、综合性的美术创作活动。

2. 操作领域：在网络环境中运用 PowerPoint 电脑软件输入文字、插入图像、动画、音乐等工具制作生日贺卡。

3. 情意领域：明白贺卡的意义，学习关爱他人，培养创新精神。

【活动准备】

多媒体课件、多媒体资料库。

【活动过程】

1. 出示学习目标

师：同学们，如果你在过生日这一天收到贺卡，会有什么感受？

生 1：我会感到很高兴。

生 2：等他过生日时，我要回送礼物给他。

师：我们因为在这个世界有人爱，有人关注而感到温暖和快乐。小小贺卡有这么重要的意义，那么亲手做贺卡送人就更快乐了。我愿做送贺卡的人，因为带给他人快乐是我的心愿。是不是你们的心愿？

学生：是！

师：(板书《生日贺卡》)今天，我们学习用 PowerPoint 电脑软件来制作一张生日贺卡。

2. 选择尝试点，引导探究

(1) 欣赏贺卡，思考送卡对象。

师：出示课前用 PowerPoint 电脑软件制作的三张贺卡，并请同学说说每张贺卡是送给谁的。

生1：第一张从贺卡上的文字看得出是送给涂老师的。涂老师是周老师的好朋友。

生2：第二张从贺卡动画图片和文字可以看出是送给周老师儿子的，老师在贺卡中特别插入了小孩喜欢的动物动画图片。

生3：第三张从贺卡文字和图片可以看出是送给老师妈妈的。

师：同学们分析得很对，老师这三张贺卡是分别送给家人和朋友的。

（2）探究制作贺卡的工具与方法。

师：请同学们来分析一下：贺卡用 PowerPoint 电脑软件如何做？用了其中什么工具？

生1：第一张贺卡是用 PowerPoint 电脑软件在空白版上用绘图工具画的，中间英文字母是插入艺术字。

生2：第二张和第三张贺卡是用 PowerPoint 电脑软件插入工具，插入图片、动画，并用绘图工具制作了底图和艺术字。

生3：这三张贺卡都用 PowerPoint 电脑软件插入了音乐。

师：同学们分析得很对，老师主要用了 PowerPoint 电脑软件中的绘图工具、插入图片、动画、音乐的工具制作贺卡。

（3）了解贺卡美的要素。

师：请同学们来给老师提提意见，找找这三张贺卡处理得美的部分和需要改进的地方。

生1：第一张贺卡色彩以暖色为主，深色浅色互相衬托，画面构图饱满。但配的文字不够醒目。

生2：第二张贺卡色彩搭配较美，选择的图片很适合送老师的儿子。

生3：第三张贺卡白色太多，多用些鲜艳颜色更好。

生4：三张贺卡的祝福文字都可以多写点。

生5：三张贺卡音乐配得很美，给人快乐、温馨的感觉，引起人美好的回忆和想像。

师：同学们找得很对，贺卡的意义是带给朋友、家人们问候和祝福，让他们感到被爱，被关注，从而快乐。为了达到这个目的，贺卡的画面安排应注意哪些方面？

老师选两张贺卡重点归纳贺卡美的要素：

① 图片的选用：根据贺卡送的对象选用适合的图片。

② 色彩选择与搭配：以暖色为主，有深浅，冷暖对比。

③ 构图：主体突出，给人美感。

④ 文字：表达情感，装饰画面。

⑤音乐：欢快、温馨。

3. 网上练习

学生用 PowerPoint 制作生日贺卡，表达对朋友、家人的问候，带给他们快乐。

教师巡回指导，帮助学生解决网上练习出现的问题。利用计算机的交互性，允许学生自由选择班上的任何一位同学作为小组伙伴，一起研究讨论。学生可以从网上邻居、国际互联网查找资料。媒体播放音乐，为学生创设轻松、愉快的学习气氛。

4. 展示交流

利用网络教室、多媒体交互功能，教师通过教师机任意选择作品查看。学生可通过

网络与教师交谈或与个别同学交谈。

5. 教师小结

今天尝试用 PowerPoint 电脑软件制作生日贺卡，老师觉得同学们设计的贺卡很美。以后同学们还可以用 PowerPoint 尝试做其他节日贺卡。

【活动评述】

综合性学习是世界教育发展的一个新特点，是美术课程应该具有的特征，也是本次基础教育课程改革需要突破的难点。本课利用校信息资源开发新的教学内容，探索新的教学方法，在下面两个方面有所突破：

教学观念的改变：本课以"由尝试到发现"的教学模式替代了以往教师主讲的教学模式，使课堂有了生机。教师始终以学生学习活动的组织者、引领者、合作研究者的角色出现，使课堂成为师生生命的活动乐园。

课程目标多样化：本课不再以学科知识技能为主要目标，而以培养学生对美术的兴趣爱好为首要目标，让学生了解美术学科与其他学科的联系，学习灵活运用各科知识进行综合性的美术活动，发展他们综合性解决问题的能力，培养创新精神。并让学生认识美术与生活的密切关联，使学生认识美术表现的多样性。

【资料链接】

1. 中华人民共和国教育部制定：《全日制义务教育美术课程标准(实验稿)》，北京师范大学出版社，2001 年 7 月版。

2. Google 搜索网，百度搜索网。

(蛇口学校小学部　周　燕)

个性课程表

【设计理念】

本教学活动的设计力图使学生在一个真实的问题背景中运用自己手中的简单工具，充分发挥个人想像力和创造力，以及加强与别人之间的合作来美化身边的环境，培养设计意识和实践能力。使学生充分感受美术设计和其他美术活动的不同。

【活动目标】

1. 使学生将现有的基本知识运用到现实中去，发展他们的创新意识和创造能力。

2. 提高动手能力，加强合作精神。

3. 提高审美评价能力，激发美化生活的愿望。

【课前准备】

1. 将四人分为一组。

2. 让学生带好学具、水桶。

【活动过程】

铃声响起，我走进教室。几十双惊讶的眼睛不约而同地聚焦在我的身上，因为我是他们的新老师。也许因为如此他们个个都很安静，只有那双眼睛在说话，也许是在揣摩我的心思吧，当时我微笑着说："新的学期，我们又升了一级，身边出现了许多新事物，你能说出都出现了哪些新事物吗？"

话音刚落，原本安静的教室好像刚烧开的热水似的，一只只小手犹如雨后春笋，还不停地摆动着。有人说："您是我们的新老师。"有的说："我们教室换了新电视。"有的说："我们换了新教室。"有的说："我们按新课程表上课。"

"同学们，我们今天将我们的新课程表打扮一番好不好呀？""好！"这时便有一些同学开始你一句，我一句地议论起来："这课程表怎么打扮呀！""是呀！是呀！""那贴在墙上的怎么打扮呀！"

这时我让他们打开课本，观察书上的例作。"大家谁能根据图来给老师介绍一下课程表上都是什么课？""我，我，我。"一个女同学来解读课程表的内容："数学、语文、体育、语文"刚说到这里，有人说"不对，那不是语文，明明是英语。""那你说为什么是英语？""因为那明明是ABC嘛，是英文字母嘛！""对，对，对！"其他的同学附和着。"那你来给我们继续说一下。""社会、体育、写字……""好，很棒！""老师，我觉得书上的课程表不好，乱七八糟，看起来不方便。"一个小男生说。我惊讶于他的判断力。"那你就用自己的智慧设计一个既美观又方便的课程表好吗？相信你一定能做到！"他用力地点了点头。

小组活动开始，他们个个都很投入，互相讨论着，比较着，仿佛每一个人都是一个真正的设计师。“老师，我画一个大的体育课的标志行不行？”“为什么？”“我就是喜欢体育课，我能画得很好。”我笑了：“行，只要你能画出自己喜欢的东西，老师就高兴！”“YE！！”看到他那兴奋的样子我的心中充满了满足感。

二十多分钟后，第三小组最快将他们合作的结果拿给我看。并不是一个完成品，而是将每一科的标志先设计出来，他们说要给我看完后再将他们根据班级课程表排列起来，我高兴地将他们的作品在班中展示，对学生们说：“他们这组的合作精神很棒。设计出来的标志也很好看。请大家给他们些意见好吗？”

一个小女生很勇敢地站起来说：“我的化学课比他们的好看，但语文没他们的好……”另一个胖胖的男生说：“老师，你看我的音乐课也画了五线谱，但跟他们的不一样！”“老师觉得你们的各有特点，都很好！”听了我的话他显出一副很高兴的样子。这时一个同学说：“老师，你看我的数学课多好呀！但音乐课没他们的好。”说完还表现出惭愧的样子，我微笑着跟他说：“那就要努力呀！”他使劲地点了点头。

渐渐的大家评论的声音有些降下。重新回到绘画状态时，我表扬了他们的这种取长补短的精神，和这些发言同学的勇敢精神，同时第三组的同学也很虚心地听取了大家的意见，开始修正自己的不足。

我去看他们的每一幅作品，当我走到那个认为书上课程表不好的同学身边，他得意地将自己设计的课程表拿给我看。他不但给每节课程设计了简单的图案，而且在下面又全都注明了汉字，说：“老师，你看这样就没有人看不懂了。”我高兴地夸他很聪明，让他继续努力。

轻松愉快的时间似乎总是过得那么快，下课时间到了，许多同学都没有完成作品。我告诉他们可以在课后完成，贴在自己的文具盒上，课堂上没有完成不要紧，重要的是大家都在发挥自己的创造力，都懂得了合作的重要性。大家都高兴地、小心翼翼地收起了自己的作品。

【活动评述】

这堂课的设计能够充分发挥学生的创造力、联想力，以主人翁的精神去美化身边细小的事物。活泼有趣的课堂氛围促使学生积极地动脑筋，大胆地进行想像和表达自己的创意，有序地进行设计与创作活动，加强了自己和他人的合作精神。

【资料链接】

1. 中华人民共和国教育部制定：《全日制义务教育美术课程标准（实验稿）》，北京师范大学出版社，2001 年 7 月版。

2. 中国美术教育网 http://www.orientartedu.com

（深圳市南山区前海小学　王　瑜）

有趣的名片

【设计理念】

现今的美术课程改革不仅仅教给学生绘画基础知识、基本技巧，而且还涉及更为广泛的美术文化，引导学生主动探求、创造，运用综合性知识技能去设计、表现和展示，唤起学生对未知领域的探求欲望，体验愉悦和成就感。本教学活动设计旨在帮助学生真正领悟美术设计的无穷魅力，让他们对学习充满自信。并通过设计一个小小的名片，使学生能够自主地去欣赏生活中的美，在学习和体验中发现设计的乐趣。从多角度启发学生领会美术与社会以及生活的关系，激发学生大胆创新和实践。

【活动目标】

1. 让学生通过本课了解名片的功能，初步学习设计名片。

2. 培养学生的设计思维、动手能力和团结合作的精神。

【活动准备】

1. 把学生分成小组活动。

2. 老师准备的材料：彩色笔、彩色纸、剪刀、胶水。

3. 学生准备的材料：彩色笔、彩色纸、剪刀、胶水。

【活动过程】

1. 引入课题

提问：同学们，平时，你们见过名片吗？见过谁的名片？你们知道它有什么用吗？

生答。

小结：有了名片真好，既可以用它认识许多新朋友，又可以根据名片上的电话号码、地址与朋友保持联系。

2. 欣赏典型性作品，启发想像，讨论、思考方法。

师：老师这里也有几张名片（出示名片，电脑播放幻灯）。

提问：你们看看老师的名片是什么形状？上面都有些什么内容？运用了些什么色彩？

生答。

师：下面老师请同学们欣赏几张学生制作的名片（用投影机展示几张学生自己制作的名片）。

深圳市海滨小学
黄峻老师
电话 26051454

深圳市海滨小学
黄峻
美术教师
电话：26406827

深圳市海滨小学
海滨小学
学生
二(1)班
电话:26567387

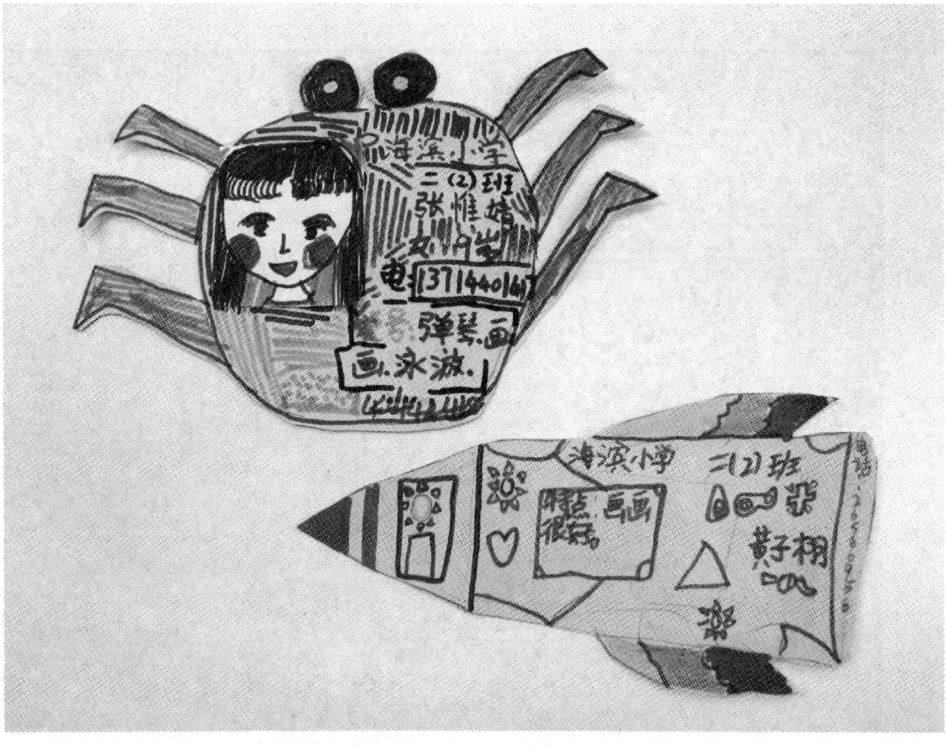
海滨小学
二(2)班
张惟婧
弹琴画
海滨小学
二(2)班

师：同学们可以说说名片的功能，还有设计名片的时候要注意哪些问题。请同学们讲讲名片的形状、色彩、装饰方法，名片上文字是什么样的好吗？

生答。

师：名片有各种用处，比如：认识新朋友、与朋友保持联系、介绍自己及工作单位，有时还要介绍自己的产品等等。名片为人们的工作与生活带来了不少方便。

3. 老师做技法指导，讨论制作步骤

提问：同学们可不可以说说名片是怎么设计出来的呀？

生答。

名片制作步骤：

(1) 设计外形。你可以设计你喜欢的任何形状的名片，例如几何形、动植物的形状(花、叶子、树、小猫、兔子等)、实物的形状(汽车、轮船、电脑……)等。

举例部分老师启发，学生回答。

(2) 将设计好的形状剪下来，画上或者剪贴上你喜欢的图案，并加上文字。

请学生当设计师，为自己设计一个有趣的名片，要求学生不忘名字、电话等设计要素，还可以写上自己的班级。

4. 学生创作体验，设计名片(展现创意)

(1) 学生可独自创作，也可和同桌或小伙伴一起创作。

(2) 老师巡回指导，参与学生的制作过程。可针对以下几个方面指导：是否剪各种形状的名片，装饰得是否漂亮，做出来的名片是不是有特点，名字、电话号码是否写清楚，是否突出自己的特点等。

(3) 学生展示自己的作品，全班交流，互议互评，体验艺术创新的乐趣和成功的喜悦。

5. 相互交流

(1) 课堂小结：鼓励学生在人们不断进步的今天，用艺术家创造性的眼光去尝试，做一个勇于创造的人，这样我们的生活会更加美好。

(2) 课外活动：举行一次互赠礼品的活动，把自己做的名片给同学或老师做纪念，培养学生团结友爱的精神。

【活动评述】

本课属于设计领域，所以设计本课时，把重点放在学习活动方式的灵活多变上。本活动设计采用了设计、游戏、分组活动等方法，从导入阶段就开始注重培养学生对“名片”的认识和设计表现能力；在能力培养方面，积极为学生创设教学情境，引导学生主动寻找各种材料，通过画画、剪剪，贴贴等方法大胆表现自己的设计思想，体验设计活动的乐趣。在评价整理阶段，给学生作品以充分的肯定，并进行小组互评，真正使学生在学习过程中自主地学习。

(深圳市海滨小学　黄　峻)

蹦蹦跳跳间的创想

【设计理念】

使学生在好奇的氛围中，在直观的体验下，感受乐趣，激发热情，以丰厚的积累进行创作，并在欢愉的玩乐中感受制作带来的乐趣；引导学生在美术课的学习中更加富有激情，提高学生的创作欲望，锤炼学生对美的审视能力。

【活动目标】

1. 体验和了解纸弹簧的形态特征，掌握纸弹簧的基本折叠和制作方法，创作有趣的玩偶形象。

2. 培养学生动手、动脑的能力，养成良好的卫生习惯，养成认真的制作习惯。

【活动准备】

1. 材料：彩纸、剪刀、胶水、双面胶带、硬纸板、铁丝、纸作品、铁丝、毛线、筷子、课件、优胜组流动红旗、小奖品。

2. 课前将纸弹簧玩具放在每个小组的桌上，用盒子罩住。

【活动过程】

1. 创设情景，自然入题

学生闭眼，听一段《春天来了》的音乐，感受鸟语花香的森林之乐。

师：小朋友们，这是什么地方的声音呢？

生：大自然，森林……

师：这呀，就是来自大森林的声音。

师：大家都知道，在美丽的大森林里，住着许许多多的小动物。今天，老师向你们介绍其中的几位，想知道它们都是谁吗？

生：想。

师：(出示课件：森林小动物们的自我介绍)那就让我们走进美丽的大森林中去吧！

师：听完了他们的自我介绍，老师还有一个好消息要告诉你们：老师还把这些朋友们请到了我们的课堂上。

老师请学生去掉各小组桌上的盒子，学生恍然大悟：原来每个小组的桌子上都放着不同的纸弹簧玩具，顿时兴奋起来。

师：为了对他们表示友好，请你们用自己的小手指按一下你的朋友，看看它会有什么样的反应呢？

生：(学生经过实际体验，很容易就得出了答案)会弹起来。

师：(出示课件课题)这就是我们今天所要学习的：第8课"蹦蹦跳跳"。

2. 探究质疑，通疑达思

(1) 分析教具的用材、制作方法：

师：观察你面前的朋友，说说是用什么材料制作的？

生：彩纸。

师：你有一双非常敏锐的眼睛！奖你一枚小胸章。

师：(出示课件：纸弹簧的制作图)图上的折纸方法你见过吗？

生：见过。

师：你觉得它像什么呢？

生：像弹簧。

师：你的想像力很丰富，奖你一枚小胸章。它的名字就叫"纸弹簧"。那你们会折纸弹簧吗？

生：答会或不会。

(2)学生当小老师，集体折纸弹簧。

师：请一个小朋友来当小老师，我们跟着他一起折。小老师要边折边讲怎么折。

师：(学生折好后)老师发现你是个小能手。(给小老师发奖励胸章)。

(3)分析教具(弹簧玩具)中纸弹簧的运用。

师：仔细观察你面前的纸弹簧玩具，看看哪些部位用了纸弹簧？其他部位又是怎样做的？小组可以讨论。

生1：长颈鹿的四肢用了纸弹簧，头和身子都是用彩纸剪贴而成的。

师：你观察得又仔细又准确，奖你一枚小胸章。

生2：小狮子的身子用了纸弹簧，头和胳膊用彩纸剪贴而成的。

师：可以做适当的补充，以教具为例，带动作讲解教具。

生3：小青蛙的身子和胳膊用了纸弹簧，头是用"大东南西北"折成的。

师：你回答得真是棒极了，奖你一枚小胸章。

(4) 简单介绍其他做弹簧玩具的材料：

师：我们学会了做纸弹簧，并且也见识了它的具体运用，你知道还可以用什么做弹簧吗？

生：铁丝。

师：回答得真干脆，奖你一枚小胸章。(出示课件：铁弹簧的制作图。)

(5) 介绍弹簧玩具的制作步骤：

师：那么，完成一件纸弹簧玩具，步骤应该是什么样的呢？我们看小小弹簧人是怎样介绍的。一定要仔细看图、观察哦！(出示课件：弹簧玩具的制作步骤。)(摹访弹簧人说话)用纸弹簧做身子，小脑袋来了，左胳膊来了，右胳膊来了，左脚来了，右脚来了，蹦一下，跳一下，再蹦一下，再跳一下，我就是快乐的小弹簧人。

师：好玩吗？

3. 交流讨论，相互启发

(1) 想一想，你觉得生活中还有哪些形象可以做弹簧玩具呢？此间，教师可做简单提示。学生讨论，答案很多。而且，积极性很高，想法也独特，富有创意。

(2) 提供一些动画素材：

师：这是老师发现的一些纸弹簧玩具，看一看，也许会对你们有启发的。(出示课件：动画素材。)

(3) 学生谈创作感想：

师：生活中还有很多可爱的形象，如果用纸弹簧来做，你打算怎样设计呢？记住：一定要独特，有创意。

4. 综合制作，欣赏评价

师：(出示课件：① 摘星星；② 卫生要求；③ 儿歌)同学们说得很有特色，那么，你们想不想自己动手实现自己的想法呢？

生：想。

师：跟老师做小手操。

师：摘星星活动，规则：老师准备了一些小星星，看谁先做好。

老师先做检查官，形象独特、作品有创造性的，就可以摘走一颗星，摘走星星的同学可以帮助其他同学，体现了合作意识。表现好的同学也有做检查官的机会。

师：(放儿歌，渲染气氛)一定要注意保持卫生！养成良好的制作和卫生习惯。

师：那，现在就让我们一起行动起来吧！

学生制作，老师巡回指导。

摘星星，展示作品，自评(夸夸我的制作)。学生可以自告奋勇地上台讲解自己的创作设想。

师：(整理纸屑，整顿纪律)举起右手，再举起左手，交叉，平放在桌上。

师：数数本组个人所得胸章数和星星数，数量最多的就可以获得今天的“优胜组流动红旗”。

5. 游戏表演，体验乐趣

(1) 分小组，用自己制作的弹簧玩具表演(形式各异，唱、跳、说话、讲故事、演小品等。)

(2) 集体活动：老师加入到学生的队伍中去，和全体学生共同游戏，欢快的体验美术课地无穷乐趣。

【活动评述】

本活动设计采取了循序渐进、节节升华的节奏，指引着学生“融入情境——产生好奇——激发兴趣——探疑解疑——激情创作——欣赏评价——成果体验”。整个过程环环相扣，激发了学生兴趣，给学生提供了创作空间。通过不同形式的游戏活动，使学生真正感受到了美术课的乐趣之所在。而且，本活动设计在游戏间体现合作意识，追求课改的新理念，在探索中赢取学生的不断进步。

【资料链接】

李绵璐、李路明主编：《义务教育课程标准实验教材·美术(二年级上册)》《蹦蹦跳跳》一课，湖南美术出版社，2002年1月版。

(深圳市南山区育才一小　盛育莉)

小棋子　大智慧

【设计理念】

波利亚说过："学习任何知识的最佳途径是自己去发现。因为这种发现理解最深，也最容易掌握其中的内在规律、性质和联系。"本教学活动设计力图通过教师自制的课件演示(由普通棋子向个性化棋子的演变)过程，引导学生充分利用眼、手、脑去创新生活中熟悉的事物，并把它们用独特的艺术方式表达出来。

【活动目标】

1. 使学生了解棋的种类，引导学生发挥丰富的想像力，制作形象生动的立体棋子。

2. 让学生体会到艺术与生活是统一的，以提高学生对生活中的美的审美评价能力。

3. 培养学生动脑、动手能力及协作能力。

【活动准备】

1. 教师准备自制的动画课件、各种棋类棋盘数张、立体棋子范品。

2. 学生准备炼制好的陶泥及各种制陶所需的用具。

【活动过程】

教师出示棋盘挂图让学生看图，微笑地问："你们知道老师在黑板上挂得是什么吗?"学生争先恐后地回答："是军旗棋盘"、"象棋棋盘"，"还有跳棋棋盘"……教师等学生议论完了后，表扬全体学生，夸他们懂得不少的知识。

教师接着问："那么老师来问你们，你们会下棋吗？会下什么棋?"学生七嘴八舌地表示会下象棋、飞行棋、围棋等……

教师赞许地说："噢，原来同学们懂得下那么多种棋呀。可惜，老师这里只有棋盘，没有棋子，不然的话，我们可以下下棋，你们说怎么办呢？我们来讨论一下，找出解决的办法，好吗?"

学生进行小组讨论后说出几种解决办法："去买棋子"，"从家里带棋子来"，"用纸团代替棋子"，"用蜡笔或彩色笔代替棋子"……

"当然可以买，但是我们正在上课，不能去买，用其他的东西来代替，老师觉得没有什么意义，老师觉得自己动手做更有意思。老师有个设想：把普通的棋子做成更形象的棋子来玩，那会更有意思呢。你们看老师如何来把普通的棋子进行大变身吧。"

教师请学生看电视屏幕，然后演示课件，学生好奇地伸长脖子看，教师边讲边演示课件:“比如我们把中国象棋中的炮制作成这个样子,斗兽棋中的象制作成更形象的大象,是不是更形象、更生动呢?是不是更适合我们儿童来玩呢!”(课件中的普通象棋中的象棋子、普通斗兽棋中的象棋子通过转圈后变成长有一条长鼻子、两只大耳朵的大象脑袋的棋子。)

孩子们激动地拍手:“是呀,怎么以前没想到呢。”

“其实老师这里早已做好了一些棋子,你们看,这是用什么材料做成的?(教师出示用陶泥制作成的范品)它们是用什么做的呢?”

“陶泥。”同学们异口同声地回答。

“不错。是用陶泥做的。这个大家已经非常熟悉了。等陶泥棋子干了以后,我们再把它们烧制成硬邦邦的陶瓷棋子,大家说好不好?”

“好!”学生兴高采烈地说。

“陶瓷棋子的坚固耐用,我们早就知道了,怎样制作陶艺你们也早就学过了。我们想想除了制作中国象棋和斗兽棋之外,还可以做其他的吗?”

全班学生积极思考:“老师,还可以制作出水果棋子”,“小人棋子、卡通棋子”……

“你们那么聪明,老师相信你们不但可以制作自己喜欢的棋子,还可以发明出与众不同的棋类来。棋子除了用陶泥来做,当然还可以用其他材料来做,这节课我们还是利用我们学校现有的陶泥材料来做,下次再尝试用其他材料来做。现在你们是不是特别想马上动手制作呢?”

学生迫不及待地说:“是的。”

“做的时候,可以几个同学合作,各做各的,最后拼成一副棋,也可以单独完成,老师相信你们一定做得比我好,大家可以动手做了。”

学生动手创作,教师巡视辅导,学生一边做还一边小声讨论着。

(剩下大约10分钟时间时)“老师这里有中国象棋、斗兽棋、飞行棋的棋盘,哪位同学做好了,可以拿上来摆一摆,看看自己做得是不是特别棒。自己设计了其他棋子的,上面暂时没有棋盘的同学也可以摆到上面来,下节课我们再根据你的棋子和玩法,设计你们的棋盘,大家说好不好?”

学生一拥而上,抢着摆上自己制作的棋子,并相互观摩着。有的学生已用自己制作的棋子摆开了战场,杀将起来……

【活动评述】

陶艺艺术是一种空间艺术,它涉及了雕塑、手工设计和制作的三维空间。虽然在构成上需要用各种知识来处理空间等一系列问题,但是三维空间是更真实的空间,儿童在三维空间中可以更自由、更全面地调动各种感官、多种身心潜能,因而它能激发学生的创造热情。我校的陶艺教学已实践了很多年,学生从一年级入学就开始接触这方面的知识,但如今的日常教学活动中关于这一类的教学内容较少,怎样才能把我校这一特色教学渗透到日常教学活动当中呢?带着这个想法,我把已有教材中可以和陶艺教学相结合的手工制作课的教学内容转换成用陶泥这一特殊材料制作,这样就可以让学生每学期都能接触到陶艺,不自觉地运用陶艺的技法,使他们循序渐进地学习,系统地掌握各种知识和技法,并在传统的制作中进行创新。因此,我设计了本活动。

【资料链接】

1. 杨立梅主编:《义务教育课程标准实验教材·艺术(一年级上册·教师用书)》,教育科学出版社,2001 年 7 月版。

2. 李绵璐、汪华主编:《义务教育课程标准实验教材·美术(三年级下册)》《我们来下棋》一课,湖南美术出版社,2003 年 1 月版。

(深圳市南山区南头城小学　张志伟)

漂亮的水果拼盘

【设计理念】

《美术课程标准》中指出："注重美术课程与学生生活经验紧密关联，使学生在积极的情感体验中提高想像力和创造力。"本教学活动的设计理念就是让学生通过看一看、想一想、说一说、议一议、做一做的动手、动脑探究过程，从中领略自主探究、合作交流、共同分享创造的快乐，发展学生创造美好生活的愿望与能力。同时，配合"五一国际劳动节"的来临，给爸爸、妈妈、爷爷、奶奶献上一份特别的礼物——自己动手制作的水果拼盘。

【活动目标】

1. 让学生进行自主了解、探究水果拼盘的造型、色彩搭配等规律，体验水果拼盘的形式美和制作技能。

2. 培养学生动手、动脑能力及人际交往、协作能力，并养成尊老爱幼的中华传统美德。

3. 体验并表达在活动过程中的情趣和兴趣。

【活动准备】

1. 上课之前要求每位同学带几样自己或家人爱吃的水果。

2. 所需要的材料和工具：水果刀、纸碟。

3. 多媒体课件。

【活动过程】

1. 用学生生活经验引入课题，激发兴趣

学生互相交流吃水果的一些方法，同学们说出了很多种吃水果的方法，总体说来就是：除去果皮或果壳，吃果肉或果瓤。

"看来同学们都非常热爱生活，而且你们所了解和掌握的吃水果的方法真是不少。但除了这些方法以外，你们还有没有自己独创的方法呢？"

学生回答。"你们这些想法都很有创意，今天老师给大家推荐一种方法，我觉得这种方法很值得大家学习、借鉴。"

揭示课题：漂亮的水果拼盘

2. 自主探究，寻找规律，交流学习

(1) 观察与思考：

① 观察老师提供的素材，说出自己最喜欢的水果拼盘的造型特点、色彩搭配规律。

② 了解这些拼盘都用了哪些水果，是用什么方法对水果进行切割、处理的，是用怎样的规律摆拼的。

③ 给这个水果拼盘取一个好听的名字。

(2) 交流与分享：

根据提供的资料、信息，学生分组，小组成员集体对老师提供的素材进行较长时间的观察、分析、理解、讨论、交流，剖析水果拼盘的造型特点、色彩搭配规律、使用的原料、制作方法。然后请学生在组内达成较为统一的看法，推举一人对本组喜欢的水果拼盘发表独特的见解。

下面是每个小组的鉴赏感受：

第一组：

我们这一组觉得这些水果拼盘都很美。它们造型美、颜色美，还有一种节奏美。同时，它的水果品种多，可以让我们吸收丰富的营养。

另一个同学补充道：老师，您闻闻！它还有味道的美。

我们喜欢第四号。因为它是用绿色做主题的，我很喜欢绿色。绿色能带给人一种新鲜和生机勃勃的感觉，绿色是很活泼、很迷人的颜色。

第二组：

我们都比较喜欢第十一号。它颜色鲜艳，红彤彤的，看上去很有食欲。中间摆放着红色的西瓜，长长的像龙船的船身。两边摆放着切成片的橙子，像船桨。因为它很像一艘长长的龙船，所以我们给它取了个名字叫"长龙果盘"。

第三组：

我们喜欢第一号，它美在它的构造，它圆圆的像一个圆圆的大蛋糕。它的中心是一个切开来并雕成花一样的橘子，围绕着橘子摆放着三角形的西瓜，在西瓜的外面还围着一些雕刻得非常好看的苹果。我们把它叫做"姹紫嫣红"。

第四组：

我们喜欢第二幅图片，这一幅除了颜色五彩缤纷以外，它摆放的构造也非常的漂亮。它的外边一个红、一个黄，交替摆放着，红的是圆形，黄的是三角形，在形状上还有一种对比关系。中间是一个火龙果。整个拼盘给人的感觉是：看到图片就像已经闻到了水果的香味一样。我们叫它"万紫千红"。

另外一个同学补充：因为它是以红色为主调的，而且中间用了火龙果，所以还可以叫它"满堂红火"。

第五组：

我们喜欢第八幅，我们把它叫做"秋色"。这个拼盘用了橘子、哈密瓜、菠萝和黄苹果，是以黄色为主调的。因为秋天的树叶都是金黄金黄的，秋菊也是秋天开的，菊花一般都是黄色的，而这个拼盘摆放得像一朵美丽的菊花，是一个放射状的，所以我们把它叫做"秋色"。

老师："今天，老师已经被你们细致的观察和精彩的语言表达给征服了。每个小组的代表都发表了自己小组独特的见解。老师认为，就像你们说的那样，今天是一个秋天。因为，秋天是一个收获的季节，我希望我们全体同学，还有我，我们一起像秋天一样，有一个新的收获。"

“同学们感受到了水果拼盘的色彩美、造型美、节奏美、材料丰富、营养丰富等等，有没有注意这些水果是用什么方法变得这么美的呢？”

说明：对有独到见解的学生及时给予高度的赞扬和热情的鼓励，培养他们积极健康的审美情趣和正确的评价标准。对同学们忽视的问题，及时加以引导和启发。这些正是《美术课程标准》关注人文精神的体现。

学生：“它们都是被切开的，然后在果皮、果肉上雕刻一些花纹。这样既好看，造型漂亮，又能方便在吃的时候除去果皮。”

3. 合作学习、团结协作、体验创造的乐趣

(1) 以小组为单位分工合作，制作几个漂亮的水果拼盘，并给水果拼盘取一个好听的名字。在制作过程中注意安全使用工具和保持卫生。并把制作的过程、体会与你的好伙伴进行交流。回家以后制作一个漂亮的水果拼盘，作为“五一”节的礼物送给养育你的爸爸、妈妈、爷爷、奶奶。

(2) 老师巡堂指导，辅导使用工具的技巧，参与讨论、探究，随时发现有独创的作品进行表扬、展示。

(3) 最后，请每个小组派代表展示本小组的作品，交流创作的构思、解决问题的方法和制作过程中的体会。

【活动评述】

“兴趣是学习美术的基本动力之一……应将美术课程内容与学生的生活经验紧密联系在一起，强调知识和技能在帮助学生美化生活方面的作用，使学生在实际生活中领悟美术的独特价值。”本活动设计遵循这一理念，根据思维递进的规律来引导学生看一看、想一想、说一说、议一议、做一做，充分发挥学生的主体作用。在学习过程中，学生敢于思考，敢于想像，敢于创造，树立了自信心，丰富了生活经验，体验了创造的乐趣。

【资料链接】

1.《美术(小学)》，岭南美术出版社，2003 年版实验课例光盘。

2. 高孝传、杨宝山、刘明才主编：《课程目标研究》，教育科学出版社。

3. 邓耀荣编著：《水果拼盘的制作》，广东经济出版社。

(深圳市南山实验学校　江远征)

蔬果的联想

【设计理念】

法国艺术大师罗丹说："我们的世界缺少的不是美，而是一双发现美的眼睛。"因此，本活动设计本着尽可能体现教学内容的生动性，使学生从自己身边的环境中发现美、欣赏美，进而达到创造美，并用自己的创作作品来美化生活的目的，逐渐完成：收集素材—设计构思—技术指导—学习制作—美化生活。

【活动目标】

1. 了解各种蔬菜的特点，加以自由联想，运用削、剪、刻、嵌、接等方法创造出奇妙的新形象。

2. 培养学生敢想敢说，大胆创造的意识。

3. 培养学生的观察力、想像力和创造力。

4. 使学生能展开联想，进行大胆创作。

【活动准备】

事先让学生准备好各种蔬菜、水果、小刀、豆类、牙签。

【活动过程】

1. 激情导入

猜谜：由一个纸袋导入内容，引出开 party，展示图片。让学生从图片中感受用蔬菜、水果做的作品，激发学生的兴趣。

老师出示一个纸袋，让学生猜猜里面装的什么。

生：玩的、用的……

师：请一个同学上来摸一摸告诉大家。

生：橘子。

师：我们来看看是个什么样的橘子。（出示橘子——）今天蔬菜和水果要开个 party，每种蔬菜和水果都要扮演一个角色，我们一起来看看它们扮演的角色。看之前，有几个问题要大家边看边想：它们扮演的是什么？它们是用什么做的？用了哪些方法？（播放图片。）图片看完了，谁来回答第一个问题？

生：小猪、小人、小老鼠、小企鹅……

师：把它归归类。

生：动物、人物。

师：第二个问题。

生：蔬菜、水果。

师：第三个问题。

生：切、挖、削、插、拼拼摆摆。

师：除了这些，谁还有什么方法呢？

生：画、撕、塞……

师：（表扬）这些同学很好，积极动脑，想出这么多好方法。无论用什么方法，都要注意安全，不要把手搞破。以上这些都是利用蔬菜、水果的形状、质地与生活中的可爱的形象的相似之处做的。下面我们一起来看一看，选择一种蔬菜（青椒），从不同的角度观察它，看一看从正面和侧面观察到的结果是否一样。

师：侧面的青椒可以做成什么？

生：雨伞、鼠标、帽子、果冻、老鼠……

师：同学们想得都很好，看看老师是怎么想的。老师跟你们想得不一样，但我们想得都很好（出示图片）。

师：正面的青椒可以做成什么？

生：飞机前面的螺旋桨、小猪的头、花朵……

师：看看老师是怎么想的？（出示图片。）从不同的角度观察它，可以进行不同的联想。转一转，选择一种水果，把它旋转一下，会有不同的发现。我们再选择一种水果（出示图片），是什么？

生：菠萝。

师：看到了菠萝，你想做什么？看看，它的外形、颜色跟我们生活中哪些可爱的形象相似？

生：刺猬、人头、小怪物、拳击手套……

师：你们想得很好，看看老师想的什么？（出示图片——金鱼。）现在我们把菠萝转一转，换个方向看一看，又可以做什么？

生：人、花瓶、树、恐龙的头……

师：看看老师做的什么？（出示图片——面具。）比一比，蔬菜、水果的某个特点——颜色、形状，自由地联想。联想的时候别忘了从不同角度、方向去看。

老师出示企鹅的图片，请学生想一想：企鹅的外形跟我们哪种蔬菜或水果的外形更像？从它们的颜色、外形看。

生：萝卜、芒果、梨、茄子、香蕉……

师：同学说了这么多，都很好。我们要根据蔬菜或水果的外形、颜色跟企鹅外形的相似之处，看看是什么——茄子。我们来看看，怎样用茄子做小企鹅？

老师出示茄子的图片及用茄子做的企鹅的图片。

师：看了这么多，谁能总结一下，我们可以利用蔬菜、水果的什么特征来做可爱的形象？

生：蔬菜、水果的外形、颜色。

师：我们刚才说了很多方法，谁来总结一下？

生：切、挖、削、插、拼拼摆摆、画、雕……

师：我们刚才看了用蔬菜、水果做的动物、人物。除了这些，我们还可以做我们生活中有的和没有的，只要你想到的，都可以做。用切、挖、削、插、拼拼摆摆并不难，难的是你的发现、你的联想，而且是别人想不到的。

2. 揭示课题“蔬果的联想”

教师用大量丰富生动的彩色图片导入，吸引学生的注意力，给他们视觉上的享受。通过观察、体验发现、创造，培养学生自主学习的能力和团结合作的精神。学生边欣赏，边思考，随着教师的思路一起动起来。引导学生从不同的角度观察蔬菜、水果及由此展开的联想，了解其制作的方法及不同的形象所用的材料(是蔬菜还是水果等)。

师：我们的桌子上都有一堆蔬菜、水果，我们一起来发现一下，这些看似平凡的蔬菜、水果里，到底蕴藏着哪些美？它们的外形、颜色、质地到底会和我们生活中什么可爱的形象联系起来呢？现在我们一起走进蔬菜、水果的世界，一起发现创造。我们这节课，就是利用蔬菜、水果的外形、颜色、质地跟我们生活中的那些可爱形象的相似之处来创造。大家可以分小组自由结合，做的时候你可以选一种来做，也可以选多种来做。无论你用哪种方法，做的时候要注意安全，不要划伤手指。

3. 参与实践

分小组观察、讨论并讲述本小组的想法及联想。

学生面对自己面前的一堆蔬菜、水果，根据前面观看到的图片的思路，采用组合构想。学生拿着大小不同、花花绿绿的蔬菜水果上下左右地搭配，一会工夫就听到许多欣喜的声音："老师，这像个小人，那像小猪，像个飞人……"也有些同学到了制作阶段还没什么想法，但是随着不断探索、摆弄，会突发一些奇妙的想法。这种偶发的转瞬即逝的灵感是非常值得保护的。

以组为单位，合作完成创意。用你喜欢的一种或多种蔬果进行组合创造。让学生成为学习的主人，放开学生的手脚，让学生自由发挥，展开自己丰富的联想。

4. 评展学生作品

请学生介绍自己的联想创意。从材料、方法、学做动作三方面交流评析，学生展示自己的作品并介绍自己的得意之处。

教师总结：我们还可以从生活中发现很多美的东西，比方说你们用完的废旧物品，动动脑筋，把它装饰一下，都可以把它变成一件艺术品来美化我们的生活。

【活动评述】

爱因斯坦说过："想像力比知识更重要，因为知识是有限的，而想像力概括世界上的一切。"人本主义心理学家马斯洛将创造力描述为原发性创造(创造的灵感阶段)和次级创造(创造的实施阶段)。完整的创造力包含着创造性思维与表现能力两部分，要使学生的创造能力在完整意义上得以发展，开拓学生的创造性思维和培养一定的表现技能，两者缺一不可。创造活动不可能脱离造型形式和表现技能单独存在，仅有创作的灵感，而没有表现的语言，再好的想法也无法实现。因此，本课的切、挖、削等就是一个技术问题，师生共同探索，使学生的创作构想成为现实。美术的创造与生活的结合，使我们的学生会更加热爱生活，更加懂得美术创造的价值。

【资料链接】

1.《义务教育课程标准实验教材·美术(四年级上册)》，《蔬果的联想》一课，湖南美术出版社，2004 年 6 月版。

2. tom 网站。

3. 中小学美术网。

(深圳市南山区大新小学　尚绪春)

走 进 清 晨

【设计理念】

“课程是生活世界的有机构成，而不是孤立于生活世界的抽象存在。”本教学活动设计注重课程内容的生活化，鼓励学生走进生活，走向自然，尝试从学生的经验和体验出发，通过合作探究观察和发现美，从而表现和创造生活的美。

【活动目标】

1. 学生通过合作探究学会运用泥塑表现和创造生活美。

2. 培养学生观察力和创造能力，增强学生对自然和生活的热爱。

【活动准备】

分小组完成下列活动：

1. 走进清晨：观察、体验清晨生活，以自己喜欢的方式（如摄影、表演等）记录清晨的人物活动。

2. 关于雕塑：观察周围环境中的雕塑作品，利用信息载体搜集雕塑图片资料。

3. 准备陶泥，自制泥刀。

【活动过程】

1. 自主合作探究一：走进清晨—— 观察、发现美

(1) 创设情景：欣赏音乐《苗岭的早晨》，把学生置于清晨的鸟语花香中。

(2) 交流、观察：根据课前走进清晨的体验与观察，鼓励小组以自己的方式展示清晨的人物活动。

各组的展示形式多样，有摄影作品，有动作表演，个别同学甚至拿出家里的摄像机拍下了一组组镜头。

(3) 抓住学生典型的表演动作引入课题：表现人物活动的另一种方式——泥塑。

2. 自主合作探究二：说说雕塑——感知、欣赏美

(1) 说说你所知道的周围环境中的雕塑作品。

(2)根据搜集查找的图片资料，以小组为单位说说你们喜欢的雕塑、陶俑或泥塑，并尝试说明理由。

有的同学拍摄到华侨城雕塑长廊的一组照片，有的出示自己查找的雕塑图片资料。同时老师也出示一组有代表性的雕塑作品，如英国著名雕塑家亨利·摩尔的代表作品《皇帝与皇后》、成都东汉墓的《说唱俑》等。

(3) 有针对性地从资料中选出几组人物雕塑作品进行小组讨论对比，引导学生思

考雕塑作品的表现手法——大胆取舍、夸张、抽象、概括等。

3. 自主合作探究三：泥塑创作与评价——创作美、表现美

(1) 各小组结合自己对清晨人物活动的观察进行泥塑创作。

① 泥塑是雕塑的一种类型，同样能运用夸张、抽象、概括等手法。

② 思考：怎样运用泥塑展现生活？师生共同讨论泥塑制作步骤及技巧。

泥塑创作步骤：扎架子——堆大泥——深入刻画。

泥塑创作技巧：贴、搓、捏、接等。

运用工具：陶泥、铁丝、牙签和自制的泥刀等。

③ 以小组为单位运用泥塑创作人物活动场景。

(2) 展示、评价。

① 互相评价：选一组喜欢的泥塑作品加以说明。

② 每小组推荐一件作品到展台上任意组合，看看会出现什么意外的效果。

展台上不同形态泥塑作品随意的组合竟出现意想不到的场景，有的同学说像广场，有的说像舞台，有的同学说像公园，有一个同学索性用剩下的泥做了个“公园”的小牌立在那儿。教师引导：这一节课的学习，让我们想起了许多生活中被忽略的场景。其实，美就在我们身边，就在我们的生活中，需要我们去发现，需要我们去创造。

【活动评述】

能力培养重在实践，本节课试图避免视学生为接受书本知识的容器，课程学习的方式力图生活化，以学生体验、理解、探究和创造为根本，变学生被动的学习为主动的探究，为学生搭建一个展现自我的舞台。

【资料链接】

黎丹主编：《义务教育课程标准实验教材·美术(八年级下册)》《清晨》一课，湖南美术出版社，2002 年 1 月版。

(深圳市西丽二中　秦荣枝)

民族大家庭

【设计理念】

《艺术课程标准》指出：艺术课程不仅仅是培养学生的艺术能力，同时还培养学生的整合创新、开拓贯通和跨区域转换的多种能力，促进人的全面发展。它要求通过艺术与生活、艺术与情感、艺术与文化、艺术与科学的密切联系来促进学生的艺术能力、审美能力和审美情感的形成和发展。

本课选择了“单元主题综合”的教学模式（我校研究的艺术教学新模式之一），通过“面—点—面”的铺陈方式实现本单元的教学目标。具体通过“看谁记得多”、“看谁猜得对”等游戏活动来整体认识五十六个民族；通过“听一听、看一看”、“学一学”等游戏活动来认识蒙古族并从中培养学生对艺术作品的感知能力、对艺术形象的观察、模仿能力及参与艺术活动的兴趣。

【活动目标】

1. 通过艺术活动和多学科的整合，让学生了解我国是由五十六个民族组成的大家庭，激发学生的爱国情绪。

2. 了解蒙古族的艺术活动、生活习惯、服饰、习俗等。

【活动准备】

1. 教师准备：电脑综合课件、手工课件。

2. 学生准备：向家长询问自己属于哪个民族。

【活动过程】

1. 整体认识五十六个民族

(1) 看谁记得多：

在《爱我中华》的乐曲声中带领学生律动进入教室。我问：“刚刚陪伴我们进入教室的歌声真好听，这首歌多次唱到一个数字，是什么呢？谁能学一学？”一个女孩子很快举起手，在我赞许的目光下自信地唱了起来：“五十六个民族，五十六枝花……”看得出来她绝对不是刚才进教室的时候听熟的，而是以前就会唱。同学们高兴地看着她并自发地送上掌声。我也很高兴，继续和学生们交流：“是的，我们中国有五十六个民族，我们每个人都属于其中的一个民族。昨天你们都问过爸爸妈妈了，现在告诉我，你是哪个民族的人？”

“我是汉族的。”

“我也是汉族。”

……

学生们争先恐后地告诉我，这本是意料中的场面，不过我有点遗憾，因为没有不同的答案。这时，一个女孩子站起来认真地说："我是朝鲜族。"大家不约而同把目光转向她，眼里满是惊异。我欣喜地抚着她的头问："真的，你是朝鲜族？"孩子迎着我的目光再次肯定地点点头。于是我不失时机地告诉学生们："在五十六个民族中，汉族的人口最多，其他五十五个民族人口少，所以叫少数民族，(握住女孩的手)她就是少数民族。"听到这里，其他学生不自觉地趋身向前，似乎有一些问题要问她。于是我对那个孩子说："下课后将你们民族的事情讲给同学们听，好吗？今天，我把各民族的朋友们都请来了，让我们和他们见见面吧！"学生们怀着下课后一探究竟的心情和老师一同观看大屏幕。五十六个民族的画面一一出现，我一个个说出他们的名称。在观看的过程中，教室里沸腾了。看完后，我让学生比赛谁记住的民族名称最多，其中有个小男孩一口气说出七个，赢得大家热烈的掌声。

(2) 看谁猜得对

在准备这堂课期间，恰好贵州的教师学习团到我校见习，其中有两位苗族老师。更让人惊喜的是，她们还带来了精美的苗族银装，如果她们能走进我们的课堂，那真是绝好的教学资源。经过商议，她们欣然同意。

此环节我是这样导入的，首先我卖了一个关子："我们刚刚通过图片认识了少数民族朋友，要是她们能从屏幕上走下来就好了。"学生们反应较冷淡。我接着说："想不想见到真正的少数民族朋友啊？"一个急性子的男孩儿大声说："不可能！"表情和声音都充满"不屑"，言下之意：老师当我们是三岁小孩儿呢。我迎着他的目光微笑着继续说："老师真的把她们请来了！"学生们将信将疑：信的是老师不会骗人，疑的是少数民族朋友真能说到就到？正疑惑间，我带头鼓起掌来，只见两位身着节日盛装的苗族老师随着叮叮当当的悦耳响声(走动时服装上的银饰互相碰撞)从教室外翩然而进，孩子们惊呆了！

"大家猜一猜，她们是哪个民族的？"

"(又惊又喜地)彝族。"

"(好奇地)布依族。"

"(试探地)佤族。"

看着孩子们猜想时的认真劲儿，我乐了："看来大家一时猜不出，请她们告诉我们吧。"紧接着，我请苗族老师即兴表演一段歌舞，让学生仔细观察她们的服饰。

"她们头上戴的东西很漂亮，像……"

"裙子和我们的不一样，裙摆是一条一条的。"

"衣服上还有很多图案。"

最后苗族老师告诉学生："这是我们苗族女子的盛装，过年或出嫁的时候穿上。"

紧接着欣赏民族歌舞联播，大屏幕上出现盛大的热闹场面，众多的演员身着各民族的服装载歌载舞。孩子们看得如痴如醉，每当有耳熟的民歌响起时就自发地跟着唱、跟着跳，教室里涌动着醉人的激情。

教师总结："五十六个民族虽然服饰、风俗和语言不一样，但我们都是中国人，都生活在中国这个美丽的国家(出示版图)，像一个大家庭(揭示课题《民族大家庭》)。"

师生齐唱《爱我中华》，将课堂气氛推向高潮。

2. 认识蒙古族

(1) 听一听、看一看：

一曲悠扬的二胡独奏曲《赛马》将学生们带到美丽辽阔的大草原。

大屏幕开始播放内蒙古系列图片，我以导游的身份进行讲解（背景音乐《蒙古人》），画面定格后我问：“蒙古族的家乡美吗？”

“美！”

“太美了！”

“蒙古族的小朋友也认为他们的家乡很美，他们还用一首歌来赞美他们的家乡，听听他们怎么唱的？”我的话音刚落，童声合唱的《草原赞歌》就回荡在教室里，孩子们神往地听着，为草原的美丽而深深地陶醉，教室的各个角落不时响起惊叹声。

(2) 学一学：

我问学生：“来到美丽的大草原，你最想干什么？”

“我想在草原上打滚！”

“我想骑马！”

“我想去他们家做客！”

孩子们一边说一边手舞足蹈，喜乐溢于言表，仿佛真的来到了大草原。这时，我拿出红纸条说：“这是蒙古族的红头巾，我们把它戴在头上像蒙古人那样跳舞吧。”孩子们高兴坏了，你帮我，我帮你，很快戴上红头巾跟着我一招一式地学，孩子们是那么的高兴，他们将课堂变成了那达慕大会，将教室变成了跑马场……

（学习了跑跳步和抓缰绳、扬鞭、挥鞭、勒马等舞蹈动作。）

3. 民族大联欢

老师、学生手拉手齐唱《爱我中华》，象征各民族欢聚一堂、团结一心。

4. 结束

师生兴高采烈地用蒙语告别：“白亿日太（再见）！”

【活动评述】

本活动设计是一堂典型的“主题综合模式”的艺术课。教师善于在不偏离单元主题的前提下将艺术与多学科进行整合，纵观本次教学过程，可以发现其进行了艺术与民俗、艺术与社会、艺术与语文、艺术与地理的整合，其中还纳入歌舞、影视、美术等艺术元素，丰富而不杂乱，充满浓郁的艺术气息。整个课堂活动有张有弛，有静有动。既具备了艺术课的内涵，又迎合了低年级学生的审美要求和价值取向。

【资料链接】

1.《艺术（小学一年级下册）》《民族大家庭》一课，新世纪出版社。

2.中华人民共和国教育部制定：《全日制义务教育美术课程标准（实验稿）》，北京师范大学出版社，2001 年 7 月版。

3.少数民族网。

（深圳市南山区平山小学　吴丽云）

制作藏族服饰

【设计理念】

本教学活动设计重点以制作藏族服饰为主，让孩子们通过“欣赏—感受—自主创作—表演”展开活动。引导孩子们用艺术的眼光去了解、发现我们国家是一个多民族的国家，每个民族都有自己独特的风俗习惯和艺术风格，让孩子们在“看”中学，在“做”中创，使他们真正体会到自己才是艺术课的主人。

【活动目标】

1. 学生在欣赏图片、舞蹈、制作藏族的服饰和头饰等艺术活动中，初步了解藏族生活地域、风俗、服饰等特点。

2. 让孩子们在观察、动手的能力方面有所提高，激发孩子们参加艺术活动的兴趣。

【活动准备】

1. 录音磁带《小格桑》、《阿姐鼓》等。

2. 红、黄、蓝等多种颜色的彩色纸及纸条、双面胶、剪刀、白色皱纹纸等。

3. 自制 CAI 课件。

4. 在第一课时教会歌曲《小格桑》和相应的藏族踢踏舞动作。

【活动过程】

1. 谈话导入，音乐律动

师：我们这学期学过哪首少数民族歌曲？

生：学过傣族歌曲《小孔雀告诉你》。

复习演唱傣族歌曲《小孔雀告诉你》，学生边演唱，边进行律动，再次感受不同民族的音乐风格，创设一定的音乐氛围。

2. 创设情景，走近藏族

(1) 欣赏西藏风光：

师：今天老师想带大家去个好地方，我来当导游，让我们坐着“艺术的小火车”出发吧！

欣赏藏族自然景观的影视资料。学生的好奇心一下子被调动起来，目不转睛地看着播放藏族风景的影视课件。

师：小朋友们，我们的目的地到了，猜一猜我们到了哪儿？你知道哪个少数民族生活在这里？

生：我们到了西藏，这里生活着藏族人民。

播放课件，引导学生进一步加深对藏族地理、风景、人文的认识。出示西藏地图、布达拉宫和雪山的图片，引导小朋友了解西藏的地理位置以及寒冷的雪山和美丽的布达拉宫。

教师小结：西藏，是我国西南边疆上的一个神圣之地。这里有布达拉宫、雪山，更有热情好客、能歌善舞的藏族人民，他们就像雪山上的雄鹰一样坚强勇敢。小朋友想进一步了解西藏吗？那跟着我继续参观吧！

(2) 欣赏藏族服饰：

师：下个景点是大草原，在这里可以看到能歌善舞的藏族人民，我们去瞧瞧！

播放藏族歌舞影视作品。

师：藏族的服饰和我们汉族不同，你能说一说你看到的藏族服饰是什么样的吗？

生：他们都穿长袍，头上戴着花环，女孩子还围着花围裙。

师：如果我们能穿上藏族的衣服去参加他们的晚会就好了，可是我们没有，谁能想想办法呢？

此时，学生们激动地异口同声地说“自己动手做”。

(3) 制作藏族服饰

教师戴上自己制作的花环和小围裙，展示给学生看，学生们马上一阵骚动，发出阵阵议论声：“哇，老师的小围裙好漂亮！”

师：孩子们说一说，应该怎么做花环和小围裙？

生1：小花环要用三种颜色的纸，像编麻花辫一样编起来。

生2：小围裙是用很多颜色的彩纸裁成大大小小的纸条，然后按一定的规律贴在纸上做成的。

师：小组讨论，你们会制作成什么图形的小围裙？

小组进行激烈的讨论，每个组都想好了自己要制作什么样的服饰。

教师将各种颜色的纸分给各小组，并提出要求：每个小组要分工合作，要做得又快又好。

4. 展示作品

十几分钟过后，陆续有些小组的服饰做好了，他们分别选代表做“模特”，穿上制作好的小围裙，戴上小花环进行展示。有的小组制作的小围裙是将各种长短的纸条水平地贴起来的；有的小组是将各种颜色的纸条斜着朝一个方向贴的；有的是将长的纸条拼贴成格子花纹的。总之是各自使出了自己的“绝活”。最后在老师和学生的共同评价下，评出了“最团结小组”、“最有创意小组”、“最心灵手巧小组”，给获得称号的小组献上“哈达”。教师积极表扬各小组同学团结合作的精神。

5. 歌舞活动

师：我们的舞会开始了，我们一起跳起来吧。

教师和学生身穿自己制作的藏族服饰，一起唱着歌曲《小格桑》，舞动着踢踏舞步一起跳起来。场面十分热闹，学生积极性很高，他们的个性和创造性得到充分的发挥。

6. 小结

师：今天，我们认识了美丽的雪山，还和可爱的“雪山小雄鹰”交了朋友。等我们放寒、暑假的时候，小朋友可以和爸爸妈妈真正去西藏旅游，和真正的“雪山小雄鹰”交朋友。

【活动评述】

陶行知先生曾经说过："处处是创造之地，时时是创造之时，人人是创造之人。"要让每一个学生都发挥自己的创造潜能，让学生拥有独特的创新精神和动手能力，哪怕是只有一点点的智慧火花，也要鼓励孩子个性化的探索。本活动设计采用多种方法调动学生的学习兴趣，我们看到学生在了解藏族服饰的基础上制作出了有创意的服饰。每个学生都是有个性的主体，他们对藏族服饰的着眼点与理解也是不同的，加之想像本身也是一种再创造，所制作出来的作品也就千变万化。所以，我们无须像母亲呵护孩子一样地去精心替他们准备，而是要多给他们实践的机会。否则，创造的幼苗就很容易被扼杀。

【资料链接】

1. 杨立梅主编：《义务教育课程标准实验教材·艺术(一年级下册)》《雪山小雄鹰》一课，教育科学出版社，2002年1月版。

2.《西藏》VCD，北京体育大学音像出版社。

（深圳市南山区松坪学校小学部　杜　鹃）

缤纷绚丽的服装艺术

【设计理念】

本活动为校本课程的教学，根据学生兴趣和审美的能力，创造性地处理和设置丰富的教学情境，充分调动学生的学习积极性，面向全体学生和面向个体相结合，允许学生对服装艺术特色有多元的认识，尊重、爱护和培养学生的个性和特长。

【活动目标】

1. 培养学生关注生活、热爱生活的思想情感。

2. 提高对事物的观察能力以及审美能力。

3. 引导学生在作品中表现自己的个性。

【活动准备】

1. 上课的前一天要求同学带自己认为穿着最美的生活照，准备展示和交流。

2. 老师准备相应课件，如三宅一生的服装设计作品展、服装设计平面作品展等。

【活动过程】

1. 激发兴趣，引入课题

大屏幕循环显示一组时装照片和课题，学生观看屏幕，注意力逐渐被屏幕画面所吸引。

2. 交流与分享

“请同学们把自己带来的照片在本组内交流观看，向本组同学简单讲述图片中的快乐生活片段，和同学们分享。”

教室里气氛热烈，同学们十分投入、认真。教师巡视、参与，同时在同学的照片中注意挑选出较精彩的照片。

结束分组交流，把挑选出的图片通过实物投影仪向全班同学展示。

3. 拓展渐进，升华主题

展示：在服装设计三要素颜色、款式、面料中，服装的颜色为首要。因此，新加坡的服装设计师和心理学家合作进行了一项调查。调查结果表明对服装颜色的偏爱与人的性格息息相关。服装颜色与人的性格(配合图片展示)：

黑色——偏爱黑色服装的人在生活中往往表现出异常强烈的独立性，富于主见，善于克制，自我保护意识较强，但表情往往冷峻，内心深处常常潜伏着很强烈的孤独感。

白色——喜欢白色服装的人往往对各种缤纷的色彩已感厌倦，正处在新的自我探索或正在适应新的环境，善解人意是这类人性格上最明显的特点。

红色——喜欢穿红色服装的人大多有积极的人生观和豁达的处世哲学，性格外向、活泼、坦率、真诚。

黄色——喜欢黄色服装往往是“人缘好”的代名词。这类人喜欢交朋友，善于表达内心的喜怒哀乐，最容易使人产生信任感和亲切感。

蓝色——身着蓝色装的人头脑充满智慧，具有较强的决策能力，擅长逻辑推理，责任心很强，但有时却又因自我意识太强而使旁人敬而远之。这类人尽管聪明，可朋友却远远比爱穿黄色衣服的人少。

粉红色——喜欢粉红色服装的人处世细腻，富于同情心，关心他人无微不至，性情温和。但容易偏听偏信则是他们的弱点。

绿色——喜欢绿装的人也许是最快乐的人，他们往往充满蓬勃向上的活力，朋友很多，也能愉快地面对挫折和困境。

灰色——偏好灰色服装意味着生活态度十分被动，培养开朗的性格是克服这种“性格弱点”的良方。

棕色——对棕色服装有偏爱的人最讨厌华而不实，花里胡哨。这些人观念保守，也不愿向别人显露自身的真实感受。

紫色——钟情紫色服装的人对自己和别人要求都很严，看人直觉敏锐、准确，也颇有组织能力。

……

4. 色彩理论知识

服装的选色配色对不少人来说是难题，而这道题目像小学生的功课是天天要重复做的。你每天早晨打开衣橱时会遇到；你去商店买衣服，挑中的款式常常是有好几种颜色供你挑选。只凭个人的颜色喜好不一定就合理得法，一些色彩理论知识可能对你有用，给你提供科学有理的支持。

(1) 协调色、对比色、补色

在赤橙黄绿青蓝紫中，红、蓝、黄是基本的三原色，它们可以调配出其他颜色。譬如绿，是由蓝黄两色调出来的，黄多些配出草绿，而蓝多些便配出深绿。每两个颜色之间存在着协调、对比、补色三种关系。在色环上挨得越近的颜色越接近，譬如红－橘一对便是协调色。隔开的便出现差距，譬如绿－紫一对便是对比色。对比最强反差最大的我们称之为补色，红－绿、橘－蓝、黄－紫三对便是补色。

(2) 冷色、暖色

颜色有冷暖之说，偏红偏黄称为暖，偏蓝偏绿称为冷。

同一色相却有冷暖之分。如左侧的粉红、玫瑰红、紫红算冷色红，而右侧的辣椒红、西瓜红算暖色红。

(3) 色明度

色彩的明暗调子叫做明度，颜色越浅越亮明度就越高。彩色里以黄色最亮，紫色最暗，中性色里以白色最亮，黑色最暗。

(4) 中性色

也叫灰色调，指纯度低彩度低的颜色，包括了 黑、藏蓝、灰、褐、咖啡、米和白等等。

5. T. P. O 原则

服装的选择一般应当遵循 T. P. O 原则，即时间(time)、场合(place)、目的(objective)。

6. 让服装成为你施展个性的最佳方式

怎样着装属于个人的权力，出于个人的审美趋向和风格喜好。简单的黑色针织衫，可能让你变得默默无闻，但是却平添几分轻松与随意；花枝招展的碎花短裙，会让你变得缤纷亮丽，浑身上下流露性感迷人的女性气质；宽松的运动休闲装扮，一双白色旅游鞋，会为你增添动感十足的魅力；你也可以穿些夸张的另类服饰，在街头巷尾夺走行人的目光。无论怎样装扮，最好遵循适合自己的着装原则，发挥自己的个性。绝没有所谓的流行，穿出自己的个性就是真正的流行。穿衣有三层境界，第一层是和谐，第二层是美感，第三层是个性。

有人说流行的就是美的，其实不然。应该说只有适合自己的才是真正美丽的。流行有时是一种感觉，来得快去得更快。不要太注重品牌，这样往往会让你忽视了内在的东西。

7. 零距离接触大师

三宅一生两腿长短不一，走路微跛，童年、少年时代很不幸，但这没有摧毁他的乐观和进取心。十几岁的三宅一生就想当一名画家，但是他最终被橱窗里的时装模特儿所吸引，美丽精致的仿巴黎时装成了他的"启蒙老师"。他从借来的法国杂志上临摹时装画。

有服装设计界哲人之尊的日本服装设计师三宅一生始终脚踏着纯粹的艺术和应用服饰艺术的两大阵营。其作品造型简洁、有力，充满了强烈的设计意识。

在重视个人精神活动的 21 世纪，从三宅一生的作品中我们可以看到时尚因为艺术而沉淀、净化，而艺术也因为时尚而亲切、可爱。

8. 引发联想，激发表现欲

展示课件：三宅一生作品欣赏；服装设计平面作品欣赏(迈克笔、拼贴、水墨等不同表现形式的作品)，唤起学生创作欲望。

【活动评述】

本活动内容充实、层次分明、设计新颖，突出之处在于充分利用了多媒体教学手段和网络资源，展示出一幅跨越时空的立体课堂教学，既引人入胜，又有效地激发了学生的学习兴趣，促进学生悉心观察身边的事物和发生的事件，培养了学生的观察能力和交流协作能力，唤起学生对现实生活的热爱。

【资料链接】

世纪在线中国艺术网：http://www.cl2000.com.cn

(深圳市南山区育才中学　李晓光)

小花布　做新衣

【设计理念】

新一轮基础教育课程改革，以全新的教育理念和新型的学习方式在南山区蓬勃展开。中小学美术新课程标准打破了传统美术教学的知识框架，以全新的理念指导美术教学。我们适逢美术新课改时期，应该如何选择适合自己的新的教学方法，怎样走出过去美术教学的传统模式，如何彻底改变美术及美术教育的观念，怎样才能真正适应现代化的美术教育改革是本活动设计探索尝试的目标。本活动设计根据岭南版小学美术教材四年级《童装设计》改编而成，目的是要改变小学美术课过分倚重美术技能和美术理论而忽视学生创造能力、学习兴趣的培养的现状，让学生在这方面重新焕发活力。

【活动目标】

让学生了解服饰文化，学会用身边的工具材料装饰自己的服装，并进行表演。培养学生动手实践的能力、合作探索的能力，激发学生的创造性思维。

【活动准备】

提前一课让学生看一场时装表演的节目。

【活动过程】

1．造自由情景，激发学习兴趣，导入新课（2 分钟）

以游戏的方式导入新课，教师一改以往老成持重的角色定式，让自己更像活泼风趣的主持人。师："同学们，今天先来玩一个小游戏，大家想知道是什么吗？"老师创设悬念，一下子就把学生的思维调动起来。这时老师播放游戏"芭比娃娃穿新衣"，并让同学试玩。这个小游戏可以让游戏者任意选择服装进行搭配。"同学们，你们想不想自己来做一个漂亮的衣服啊！"同学回答："想。"教师抓住机会出示课题，并宣布今天上课的游戏规则：以每小组为单位进行比赛，比赛中每小组的同学应形成团队精神，互相帮助。并规定此次比赛的评分标准主要不是看大家的设计技能，而是看大家的创意实力，大家要借鉴范图的构思，大胆想像但不能全部抄袭。

整个教学引入用游戏简短导入，既有新意，又集中了学生的思维，调动了学生的积极性，为下一教学环节营造良好的学习氛围。

2．多媒介启发式教学，精确演示，创造想像空间（8 分钟）

教师提问："那么怎样设计时装呢？"学生开始思考，教师示范怎样做漂亮的小画布："小画布可以用大面积的颜色涂，也可以用线条画。"教师边剪衣服边提问："除了剪衣服、裙和裤子之外还可以做什么呢？"这时学生说还可以做头上的装饰、衣服的装饰，有的还说帽子、围巾、袜子等。教师给予肯定。“除了这一种做法，我们今天还可以做立体裁剪。首先在准备好的白布上画好图案，然后按照同学自己的设计，把用各种裁剪方法制作的画布穿到小模特的身上。共分红、黄、蓝、绿四个组，每组可自由选择表现方式，可以画，也可以裁剪，最后比比哪个小组最出色！”

课堂讲授示范应精简，教学中我尽量用启发式的教学方法，引导学生自己说出设计方法，代替教师直接的讲叙，并充分运用多媒介，老师与学生讨论交流，积极发挥学生的主体作用，这样有利于调动学生的积极性，让全体学生参与到整个学习过程。

3．学生讨论、分工合作、互动学习（20 分钟）

学生动手设计是本活动的关键部分，我设计采用合作互动学习的学习方式。合作互动学习就是学生在主动探究学习过程中，同学之间进行互动、分工合作，它是目前课堂教学中较为先进的学习方式之一，深受学生喜爱。同学实际操作，教师辅导，让学生联系实际，大胆想像，标新立异。这时有的同学说给模特背上加一个披风，有的同学说手里再拿一个手提袋，有的学生说可以加一些丝带，有的学生说可以做一些花，有的说可以剪几张图片贴上，学生思维一下子就开阔起来。教师再加以引导，叫几个学生来设计其他装饰，并给模特戴上。学生采用合作学习的方式学习，学习热情空前高涨，课堂气氛热烈，教学效果明显，各组同学充分发挥创造能力，展示出自己的设计实力。

4．进行时装表演展示学生作品，积极评价促进学生发展（7 分钟）

学生设计完成之后接着进行时装表演，这时每个时装模特闪亮登场，同学们掌声不断。老师播放音乐，各组模特进行表演。一个个时装模特的幽默动作，及各种造型赢得了学生的阵阵掌声，整个教学达到高潮。各组同学分享着自己的设计成果，无比喜悦。接下来就要进行评比，评价阶段可采用三个奖项：“最佳创意奖”、“最佳制作奖”、“最佳表演奖”，并颁发奖杯和奖状。

【活动评述】

以往美术课往往都是教师传授技能要点，由教师单向灌输知识，学生做作业，教师辅导这几个固定的环节组成。本活动设计大范围地调整了课堂教学结构，把活动引入课堂，联系生活实际，营造文化气息和身心自由的学习环境，激发学生想像力与创造性思维。老师采用启发式教学，引导学生自主学习。采用多媒介教学，结合音乐、表演课程，实施跨学科、综合性学习。采用多元化激励式评价，促进学生身心发展。学生一直处于紧张的设计、创作、竞争气氛中和愉快的欢笑声中，课堂营造得就像湖南卫视的“快乐大本营”，气氛活跃。经教学尝试及课后调查，学生兴趣、信心倍增，教学取得了较好的效果。

（北京大学附属中学深圳南山分校小学部　董雪晶）

面具DIY

【设计理念】

美育的基本特征是具有示之以形的形象性、动之以情的情感性和寓教于乐的愉悦性，它的这一特性是其他教育所不能取代的。新的美术课程在教学方法上注重对儿童本性的发展。教育家杜威说："保存儿童的天性，除了儿童的天性外，别的都要通过锻炼搞掉……保存儿童的天性，并且正是按照它所指的方向，用知识把儿童的天性武装起来。"我们不可能预言二三十年后的文化发展是什么样子的，但我们所给予儿童的是人类文明史上所留下的辉煌灿烂的遗产。本活动设计带领儿童了解面具的艺术、面具与文化的关系等内容，使儿童充分运用他的全部能量，包括眼、手、耳都成为随时听命的工具，让儿童的感知觉在判断、理解中发展。

【活动目标】

1. 通过对面具艺术的欣赏，了解不同地域、民族的情感表达方式和审美习惯。培养学生丰富的情感表达方式和审美习惯，认识面具的演变、发展过程，了解面具与人类、与社会发展的关系，从文化、民族、宗教等多角度认识面具艺术，从而进一步了解面具的文化内涵。

2. 通过对面具艺术的欣赏，分析面具的造型、色彩、材质特征，了解面具的设计特点和造型方法，了解面具在表现人物外形特征和性格特征上常用的方法。培养学生的审美能力。

3. 初步学会面具的设计与制作。选用恰当的材料，运用剪、刻、粘贴、彩绘等技法，设计制作平面或立体的面具。在与同学合作完成作业时，锻炼协作能力，培养互助精神。

4. 通过面具表演、展示活动，使学生体验面具带给自己的乐趣，认识现代面具艺术对环境、对气氛所起到的烘托作用。

5. 激发学生的想像力与创造力。培养学生的组织能力。

【活动准备】

1. 教师准备多媒体课件、与面具相关的文字资料及图片资料、学生表演节目用的道具和音乐。

2. 卡纸一张、颜料、剪刀、松紧带一根(20cm)等。

【活动过程】

1. (检查学生材料准备情况，稳定学生情绪)导入新课师：我们学习过脸谱的知识，我想问问同学，你们知道脸谱的祖先是谁吗？（回忆）在学习脸谱知识的时候，讲授过脸谱的由来，很多脸谱是由面具演变而来的。（板书课题——面具 DIY。）

2. 讲授新课

（1）面具知识的介绍：

引导学生把搜集的图片、文字资料，向全班同学展示。交流对面具文化的了解。有的同学说：我上网搜索面具的知识，发现面具起源于祭祀、驱鬼等等。有的同学说：我查到了各种各样的面具图片，我想和大家一起分享（展示）。

此时让学生进行自己的交流。交流内容应包括：① 古代面具的由来、意义、功能。② 不同民族、不同地域、不同国家面具的造型特点及风格。比如西藏面具、满族面具、傩面具等等。③ 面具的材料及色彩特点。④ 面具现今的功能：随着社会的发展，面具的功能已不再是祭祀、驱鬼怪、除病魔。

师：你看过远古人类的面具吗？那么我们一起来看一看。

课件动画展示原始人戴上面具围着篝火，进行祈祷和驱鬼。

了解面具的起源知识。你看了这些面具有什么样的感觉？恐怖、吓人，有点像鬼怪。

你从哪里看出来吓人、恐怖？

有谁知道原始人为什么要戴这么恐怖的面具吗？

小结：原来，在古代的原始部落里，人们对一些疾病或自然现象不能做科学的解释，他们以为是妖魔鬼怪在作恶，于是他们就戴上这些他们认为能给人们带来神奇力量的面具，手舞足蹈，来驱妖降魔。还有些将士在打仗的时候，带上凶猛的面具，使自己显得更威武，起到威吓敌人的作用。

欣赏非洲、亚洲等地方的面具，了解世界文化和民族特色。比如埃及法老的面具灵柩、印度佛教面具等等。欣赏傩戏和满族的面具。

（注：用提问形式欣赏非洲面具和中国傩戏面具以及满族的面具，使学生感受原始艺术的美，比较其特点并总结面具的共性和个性，并为建立世界多元的文化态度奠定基础。）

师：我们再来欣赏一下来自贵州的傩戏面具和少数民族满族的面具，这几个面具的特点是怎样的？色彩是怎样的？他们和非洲的面具有什么不同之处呢？

同学们这个时候很有兴趣地分析傩面具的特点，能说出傩面具富丽堂皇、具有很强的装饰性、立体性强、和戏曲结合得很好等等方面。满族的面具则是对称图案，颜色艳丽，大部分以圆形为主。

师：古代的人们把面具当作除魔消灾的工具，那么我们现在把面具用来干什么呢？

学生：装饰、娱乐、演戏。

师：现在社会中面具都运用在哪些方面？

生：家居装饰、表演道具、狂欢节、物品的设计等。现代面具是人们除旧迎新、欢歌劲舞、交流情感不可缺少的装饰。比如化装舞会、民间庆典等等。

（2）出示现代面具，引导欣赏：

师：同学们，你们在商店里看到过或者买过哪些面具，你喜欢哪个？（孙悟空，奥特

曼，万圣节鬼怪……）

（注：通过回忆身边的面具，开拓学生思维，为学生进行艺术创作提供丰富的素材。）

师：现在呢，我看见有很多同学有已经在家提前预习做的面具，我们请他们给大家展示一下，说说你是怎么做你的面具的？

生 1：我是通过预习书上印的方式，用对折的方式，用水粉材料做了一个对称的面具，我还掏空了面具上眼睛的部位呢！

生 2：我是用羽毛、颜料等制作的一个像太阳向日葵的样式，还加上了红红的脸蛋，用羽毛和彩色的碎纸装饰了面具的头发和眼睛。

同学们各抒己见，讨论着自己的想法和构思。讨论时老师提个小要求，借鉴别人的想法可以，但是绝对不能一模一样哦。

（3）探讨面具的制作方法：

面具是戴在脸上装扮成不同角色的游戏用品。具有十分悠久的历史，造型夸张，色彩对比强烈，形式上有对称和不对称之分。

指导学生阅读教材，欣赏课件。课件内容包括各族的面具、各种材料的面具，以及各种表现形式的面具等等，配上动感强烈的广告音乐 JULIET，让学生觉得有节日气氛。

师：我们一边观察各式的面具一边思考几个问题：

① 这些面具是用哪些材料做的？

② 用了哪些制作方法？

③ 对称的部分可以用什么方法制作？

④ 面具还可以做成什么形状？

⑤ 你会选择哪些制作方法或者创新的制作方法？

（注：让学生通过观察、讨论，自主寻找面具的制作方法，发现并掌握新知识点和技能点。）

师：面具制作的一般要求：

① 设计构思：用来制作面具的题材十分广泛，戏剧人物、神话人物、卡通形象都可以。但不能一模一样，可以在原形上加以夸张、变形、想像，但更重要的是创造自己的面具，装扮自己的个性。

② 造型填色：依照构思进行面具造型，学会夸张和变形，这个需要学生自由地发挥，不限制思维。填色时要注意大的色彩关系，追求整体效果时，用对比色比较适宜。填色完毕后用剪刀剪出面具的外表。可用彩片、金属亮片等物装饰眼睛、鼻子等部位，增强效果。

③ 挖空装带：颜色填好之后，在面具的背面中部装上松紧带（可用订书机钉上去），并在眼珠部分挖出各种样式的孔，带上自己的面具。

（4）学生制作面具：

在教师介绍面具制作的基本原理和方法的基础上，学生展开设计与制作，在做的过程中，启发学生的思维，可以设计些问题来让学生自己解决。比如：① 你要设计什么风格的面具？（粗犷、奔放或细腻，写实或抽象。）② 你要运用什么样的色彩表现人物的个性？（色调统一、色彩对比强烈。）③ 采用什么样的制作方法？（平面或立体。）

要求：面具造型色彩夸张独特，符合自己想要扮演的角色。

3. 学生制作，教师辅导

辅导要点：提醒学生设计面具时要注意构思新颖。注意大的色块效果和色彩的饱和度。鼓励学生在平面面具上进行局部的立体造型，比如粘贴。挖孔时注意边缘整齐，装订松紧带时长短要适合头的大小。让学生交流体会，赞美他人的优点，欣赏他人的成功。

4. 课堂小结

教师组织学生戴好面具，进行短时间的表演，展示方式可以自我欣赏、评析，也可以互评，让同学们发现别人的设计特点。学生们带着惊奇兴奋和表现欲跟着音乐舞了起来，跳了起来 ，本课也达到了一个高潮。

【活动评述】

艺术贵在创造，学会运用自己那颗美妙智慧的心，才会有创造性思维的闪光，才会使平庸的人变成杰出的人，个性才会得到发展和升华。如果没有创造就失去做人最大的意义，创造使一个人充满智慧，创造性思维就是提出新颖、独特的想法，使人的心灵得到升华。它让我认识到作为一个成功的少儿美术教育者，应着力于抓住儿童的创造力，调动起儿童的心灵世界，从而实现儿童美术教育情感智力的发育。本活动设计通过看看、做做、想想，采用启发的教学方式，使学生了解面具的一些基本知识，并能展开想像去自己设计面具，虽然制作水平稚嫩了一些，但是他们带上自己设计的面具的成就感，是我所期待的。把学生的面具 SHOW 活动安排在户外，效果会更好。

【资料链接】

1.《美术（第八册）》《有趣的重复》一课，岭南美术出版社。

2. 秀禾艺术网。

（深圳市南山区育才三小　刘　轶）

面具制作

【设计理念】

本教学活动设计使学生们在一个愉快、欢乐的化装舞会的背景下自主学习，激发学生们的学习兴趣，并通过各组学生们间的相互交流和协同合作，根据学生们在生活中的所见所闻以及所掌握的美术知识，发挥自己的想像力制作化装舞会的面具。

【活动目标】

1. 提高学生的审美能力和观察能力，了解色彩和图案在装饰方面所起的作用。

2. 培养学生的动手能力。

【活动准备】

1. 让学生带剪刀、胶水到学校。

2. 在上节课简单地介绍制作方法，如对印法、剪纸等。

3. 发给每一个学生一张卡纸。

4. 分组，以四个人为一组。

【活动过程】

把窗帘拉上，通过多媒体播放一段录像：在欢快的音乐声中，穿着各式各样服装的人们在舞台上伴随着音乐起舞，人们脚步轻盈，笑声此起彼落，宛如一个盛大的舞会，但奇怪的是他们穿着与众不同的服装，有十分笨重的卡通人物外套，有中世纪打扮的贵族女性，还有神秘的黑衣人。

同学们被这突然的画面吸引住了，发出“哇”的声音，当我把录像停下来，学生们还在议论回味刚刚的片段。

师：大家刚刚看到的画面中的人们在做什么？

生：跳舞。

师：没错，他们在跳舞，这是一个舞会。你们有没有发现这个舞会与一般舞会有什么不同？

生：他们穿得好怪，好傻……

师：嗯，我想大家都注意到了，他们的服装都与众不同，为什么呢？因为这是一个化装舞会，同学们，我们也来举行一个化装舞会吧。让我们大家也一起跳个舞，好吗？

生：好。

师：但是我有一个要求，因为我们没有那么多怪异的服装，所以来参加这个化装舞会的学生都要用面具伪装自己。大家愿意和老师一起跳舞吗？

生：愿意。

师：谁知道化装舞会的面具有什么作用呢？

生：好看、伪装。

师：现在的面具主要功能是美化和修饰作用，大家想不想知道我们古代的面具又有什么用呢？为什么会有面具呢？想知道答案的请和我一起回到过去，看看是怎么一回事。我希望大家能认真地观察，注意一下这些面具的五官、色彩。（用来提高学生们的注意力，有意培养同学们的观察力。）

播放一个旋转画面，像穿越时光隧道。放完后打开课件，播放关于我国少数民族的面具的图片，以及一些面具舞蹈的图片。

同学们都认真观看。

师：原来，面具来源于原始社会的歌舞仪式，其中一种带有宗教色彩的傩舞，舞蹈者一般戴着面具，把自己装扮成鬼神、历史人物和传统人物及各种奇禽怪兽，以表示对神灵的崇拜，对祖先的祈祷，以及对恶魔和不祥之物的讨伐。

师：面具文化是一种世界文化，广布于世界各大洲。在中国，面具文化不仅历史悠久、内涵丰富，而且随着地域和各民族文化历史发展的不同，更是异彩纷呈、各具特色，寄寓着各自民族的信仰、习俗、愿望和审美观念。

同时播放世界各地的面具，选取木刻、金属、石头等不同类型、不同区域的面具。

师：好了，了解到这么多关于面具的知识，让我们又回到现实中来吧。我想大家对面具的文化有了初步的了解，随着科学水平的不断提高，生活水平和医疗知识的积累，古代的相对迷信的面具慢慢消失，取而代之的是越来越具有装饰性、更具美感的面具。

师：大家看了那么多的面具，谁可以告诉我它们有什么共同点？先从五官说起。

生：他们的样子好怪。

师：怎么样怪呢？具体些。

生：有的嘴很大，眼睛好圆。

师：好，在色彩方面有什么特点？

生：颜色很鲜艳，五彩缤纷……

师：回答都不错，谁又可以告诉我，怎么使面具更有装饰性？

生：画图案。

师：好，让我来给大家总结一下。

老师在黑板上板书：

(1) 面具在表情塑造上有什么特点？（夸张、变形。）

(2) 面具在色彩绘制上有什么特点？（鲜明、强烈。）

(3) 怎样使面具更美观和漂亮？（图案、装饰品、剪纸等。）

老师放出准备好的课件，在黑板上做一些简单的示范。

复习一下对印法和剪纸中需要小心注意的地方，如：如何掏空眼睛，用剪刀时要注意的一些情况等。

布置作业，绘画种类不规定，可用绘画、剪纸等形式制作面具。

教师巡视教室，回答学生遇到的问题。

师：好了，大部分同学都做好了，现在做好的组每个小组派一名代表上来，把你们组做好的面具戴在头上，我们的化装舞会马上就要开始了，让我们以热烈的掌声欢迎他们。

最后让代表们戴上自己做好的面具，做着各式各样的动作，绕班级巡游一遍，学生们的热情达到极点。

在举行一个化装舞会的背景下激发学生的学习热情，在学习面具文化的过程中通过学生们的协同合作大胆地创作，自己动手制作生动的面具。

【活动评述】

在课程改革、素质教育的大旗下，教师不应再以传授等旧教育方法进行教学，而应将美术学科与学生生活的经验相联系，尽可能地调动学生的积极性，通过游戏等手段让学生在玩的过程中掌握基本手工制作方法和设计绘画技巧，鼓励学生大胆构思，通过对身边事物的所见所闻制作出属于自己的面具，并在学习过程中了解到一些面具的历史知识，让我们能珍惜和爱护我国这一传统的工艺。

本活动设计十分注重面具构思和创意方面的开发，鼓励学生大胆设计面具，可以把自己看过的、听过的、学过的一些童话故事、卡通、小说人物以及身边的人物形象以夸张的形式做成面具。但在材料使用上，教师还应该鼓励学生大胆设想，让学生寻找身边的材料对面具进行装饰(如加添羽毛、立体折纸、绳线等)。在学生情感和评价方面，教师只围绕课室进行展示，如果能让学生安全投入到面具角色上，进行一些简单的演出，甚至配上道具和背景搞一个小型的话剧表演，效果可能会更好。由学生自己给话剧的表演者打分，学生的积极性会不会更大些?

【资料链接】

1.《九年义务教育美术第八册教学参考》《面具制作》一课，沿海版。

2. 中国西藏信息网 http://www.tibetinfor.com.cn

(深圳市南头城小学　叶桂盛)

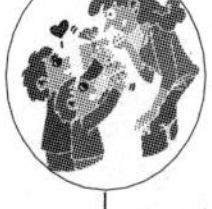

面　　具

【设计理念】

心理学家认为，艺术创造动机的前提，是人类的需要与满足。它要求最大限度地发挥自己的创造潜能，在创造对象中注入自身的本质力量和自我价值，即是人的情感的宣泄、升华、转移。本教学活动设计通过“学生自己设计面具一演短剧”这一游戏过程创设情景，并从多个角度出发，用大量的信息资料综合展示，以激发学生学习的需求，启发、丰富他们的想像力、创造力，通过动手、动口、动脑获取知识。让学生用自己独特的艺术语言及形式表达出来，展示个性，从而体验成功的愉悦，实现由需求引发兴趣发展到主动参与、大胆表现的教学理念，达到融审美、创造和参与体验为一体的综合教育效果。

【活动目标】

1.初步了解我国传统戏剧脸谱、民间面具艺术，激发学生对传统艺术的热爱。

2.学习并掌握面具绘制的基本方法。

3.培养学生想像力与创造能力，提高学生的动手能力。

【活动准备】

1. 把全班分为六个小组。

2. 所需材料：学具——油画棒、彩色纸、布头、毛线、剪刀、胶水、松紧带；教具——面具制作、实物投影仪、CAL 课件、亚白面具。

【活动过程】

1. 创设情景，导入新课

师：同学们，今天老师请来了几位小朋友表演一个短剧，你们猜猜看，都是谁？

音乐声中一只小白兔欢快着蹦跳进场，看到一只美丽的蝴蝶，便去捉玩。当它正玩得开心时，隐蔽处一个独眼海盗悄悄举起猎枪对准了它，与此同时一只凶狠的狼也出现了，并扑向兔。猎人赶紧躲起来，突然传来一声虎吼……

师：他们都装扮了些什么角色？

生：小白兔、蝴蝶、独眼海盗、狼、老虎。

师：谁知道他们脸上戴的称作什么？

生：面具。

师：同学们想不想自己也来扮演一下喜欢的角色？好，我们就来学学给自己画个脸。（板书：画脸。）

2. 欣赏分析，开拓思维

欣赏 1：戏曲录像《西游记》

师：（将孙悟空、猪八戒定格放大）你是通过什么辨别出其身份的？

生 1：他的脸上绘有明显猴子脸的特征。

生 2：额头上还绘制桃子的纹样……

欣赏 2：《戏剧脸谱》

师：在我国传统舞台上我们最为熟悉的是戏剧，它是中华民族的瑰宝。戏曲脸谱俗称“花脸”，是用色彩在脸部勾画出各种各样的图案，扮演性格、品质、相貌各异的人物。有谁能通过屏幕的提示，告诉老师这些是谁？请说出理由。

生 1：那是包公，他的脸黑黑的，额上有一个月牙形。

生 2：这是关羽，因为红色表示忠勇。

生 3：白脸的应该是曹操，因为他很奸诈。

教师小结：戏曲人物的脸谱都有特定的谱式和色彩，“红忠、白奸、黑直率，绿蓝骁勇”，它不仅是刻画角色的化装手段，还是装饰性很强的图案艺术，具有较高的审美欣赏价值，为人们所喜爱。

欣赏 3：面具图片

师：除了刚才同学们扮演的短剧与戏剧舞台上看到的脸谱，我们还能在何时何地看到呢？

生：狂欢节、圣诞节、化装舞会上。

师：你们看到了些什么？

生：……

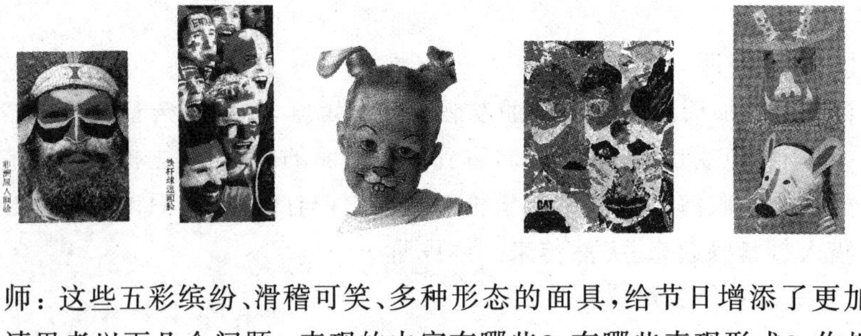

师：这些五彩缤纷、滑稽可笑、多种形态的面具，给节日增添了更加热烈欢快的气氛。请思考以下几个问题：表现的内容有哪些？有哪些表现形式？你想做什么面具？

学生小组讨论，并作答。

教师小结：表现的内容可以是不同身份人物、动物的变形，也可以是随意想像的新颖的造型。有两种表现形式：平面的、立体的。

3. 示范引导，合作探索

师：现在大家都有了自己的想法，那你将如何制作呢？

小组讨论，请几位学生上台说说自己的想法 。

教师取出两个面具(很大的、很小的)请学生来戴。

师：你们发现了什么？

生回答。

师：面具是戴在脸上的，太大戴不上，太小露出脸又不美观，那我们第一步该考虑什么？

生：面具的大小是否适合。

师：(指着眼睛)还需要能怎样？

生 1：看到外面。

生 2：定出眼睛的位置。

师(赞许)：非常好！其他部位的位置、形状怎样？

生：可以进行夸张变形。

教师板书：“1. 定外形”，板演步骤 1。

师：人的脸以什么为中线，左右怎样？

生：以鼻子为中线，左右对称。

师：绘制纹样时该注意什么呢？(板书 ：“2. 装饰”，板演步骤 2)

生 1：左右要对称。

生 2(疑惑)：也有不对称的呀！

师(鼓励)：很好，我们一般采用对称式，也可以用不对称式的单独纹样装饰。最后我们该怎样呢？

生：着色，剪出外形。

教师板书 ：“3. 着色，4. 剪出外形”，板演步骤 3、4。

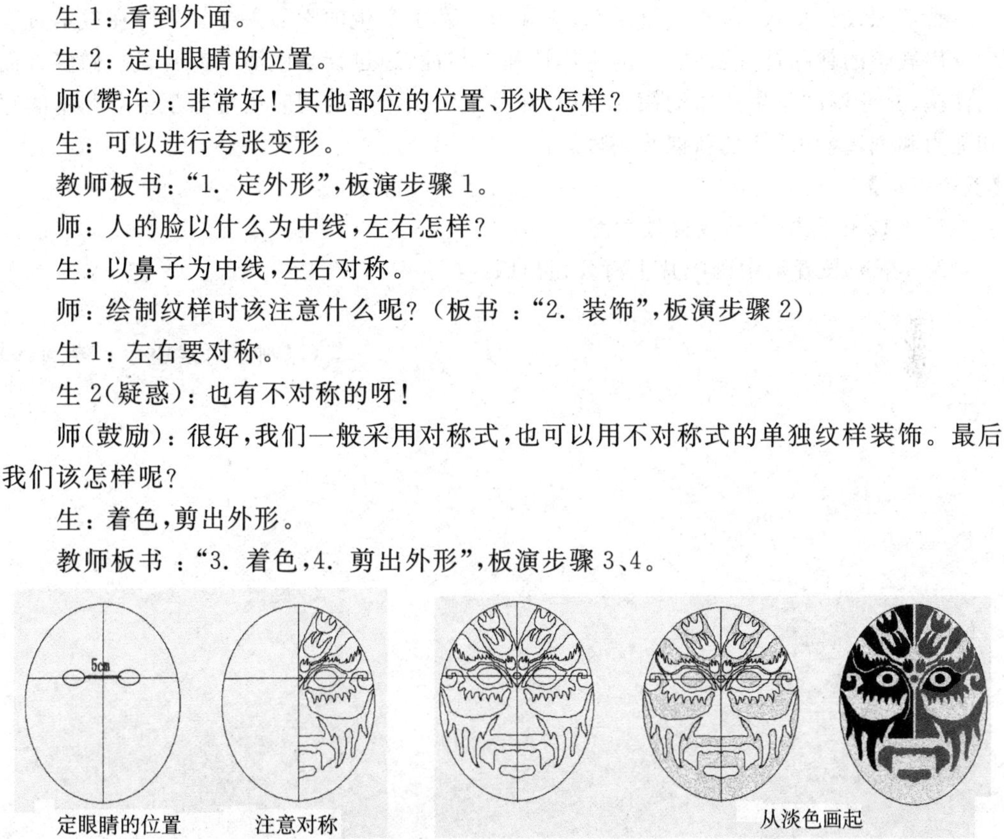

教师演示面具制作的具体步骤课件

4. 学生制作，教师指导

作业提示：① 可选用各种表现形式、各种材料进行制作(彩纸、花布、毛线粘贴或绘制等)。② 设计形象不限，要生动有趣。③ 色彩明快鲜艳。

学生以个人或小组合作形式进行制作，教师巡回指导并及时展示能大胆创新的学生作品。

5. 模仿表演，选评鼓励

(1) 请学生戴上自己制作的面具，可以模仿角色的动作，也可以小组自编成一个短剧上台进行表演。学生在欢快的气氛中，体验成功带来的喜悦。

(2) 学生互评出心目中最喜欢的面具，相互交流，相互学习。

(3) 教师请学生展示并谈谈创作的感受，给予小红花奖励。

(4) 教师播放课件“各种材料制作的面具”，开拓学生的思维。

(5) 教师小结：今天，我们学习了画脸这一课，大家不仅初步了解了戏剧及各种形式面具的有关知识，还自己绘制出一幅幅生动有趣的面具，希望同学们在课后能运用所学的知识尝试着使用不同的材料，看一看我们灵巧的手又能制出一个怎样奇妙的面具艺术品，来装饰美化我们的生活。

【活动评述】

整节课设计新颖，课堂气氛活跃，有效地激发了学生的学习兴趣。教师在教学过程中突出教学的趣味性，关注学生的主体性和参与性，通过让学生演、看、听、说、做多方面的体验，充分调动学生的主动探究意识，在尊重学生个性的同时也培养学生对艺术的感知能力和创造能力，体现新课改的理念。

【资料链接】

1. K12 中国中小学教育教学网。

2.《菊苑长春》，中国唱片上海公司出版。

（深圳市海滨小学　李国红）

神秘的面具

【设计理念】

江泽民同志曾指出：“创新是民族的灵魂。”《美术课程标准》也明确指出：“美术课程应特别重视对学生个性与创新精神的培养。”本教学活动设计关注学生已有的知识积累，在学生原有的基础上通过教师的引导，注意激发学生的学习兴趣，让学生充分思考，探索各种造型方法，并运用已有的知识进行新的设计和制作，从而培养、发展学生的创新意识和创造能力，并且通过指导欣赏作品引导学生形成珍惜优秀民族艺术的良好态度。

【活动目标】

1. 发现更多的制作“怪脸”的立体方法。在绘制中培养学生的毅力和耐力，培养学生的观察能力和设计意识。

2. 学会探索、发现问题的方法和能力。

3. 展示过程使学生感受到成功的喜悦、集体的荣誉感。

4. 巩固学生的学习方法：探究性学习、自主性学习、小组合作性学习等方式。

【活动准备】

1. 教学课件(PPT)。

2. 教师示范用的步骤作品。

(1) 一个圆形和一个以“圆形”制作的怪脸。

(2) 一个绿色彩纸折成的“东南西北”和一个利用“东南西北”反面制作成的印第安人面具。

3. 教学情景创设：把上节课学生制作的各色六面丑脸粘贴在墙壁上，同时把高年级学生制作的原始面具挂在墙壁上，还挂上从网上下载的一些傩戏面具的图片。

【活动过程】

1. 利用谈话法，引入课题

师：请同学们猜一猜，一张纸除了写字、画画外，还可以做什么？

生 1：可以叠纸鹤。

生 2：可以折小船。

生 3：可以做贺卡。

……

师：我今天要拿这普普通通的纸给大家做“怪脸”，你们看，一个圆形，加一个三角形，组合变换一下，成了一个怪脸。一个“东南西北”，添一下，成了一个怪脸。（教师的速度放慢，进行示范。）

2. 探究、交流与分享

师：现在我们来个比赛，运用一些方法，使一张纸能够作为面具的基础造型。可以用到切、割、划、折、撕等方法，在相同的时间内，看看哪一组做得多，做得好。

学生比赛。

师：大家把作品举起来，展示一下，看看哪一组做得又多又好。发现好的作品，点名表扬，大家可以相互之间交流一下。大家评一评哪一组做得最好、最多、最有创意。

学生互评。

师：好了，大家刚才真是绞尽了脑汁，想了很多方法，现在让我们来看一下用纸做成的其他工艺品。

教师播放课件，让学生认知怪异的面具，并说说怪在哪里，怎么怪。

生 1：我觉得面具的外形本身就是一个不规则的形状，加上它夸张的描绘，所以看起来很怪异、很神秘。

生 2：我觉得它们选材很独特，用色非常大胆，而且很夸张。

生 3：这个面具是因为制作者故意将人物五官进行变形了，看起来很怪异。

……

学生和老师最后归纳出，面具怪是因为把它夸张、变形了，还有一些其他的方式，如选材、用色等等。

3. 学生活动

师：现在我们来小组合作，合作的时候，小组的成员可以互相帮助，请教方法多的同学。还有的同学可以自我创作。要求小组每个成员都必须动手。大家注意：刚才老师示范用的方法和材料，大家可以和老师的不一样，每个人做的应该有自己的想法，你的想法、你的创意是和别人不一样的，那是最了不起的。那么现在看，在规定的时间内，哪个小组的作品最先完成，哪个小组最有创意。完成好的作品，你们可以给它取上名字，还可以给它编个故事。

4. 分组展示，交流和评价

说说你们的作品，你认为哪一小组的作品最有创意，为什么？

（可以自评、他评、大家评或听课的教师评。）

说说你的面具的特点，你是怎样制作的？

你为什么要制作这么一个面具？

你做这个面具有什么用途？

你的面具叫什么名字，它有一个什么样的故事？

5. 表演和拍照留念

拿着你喜欢的面具，随意做个动作进行拍照。

【活动评述】

首先，本活动设计突出在一个“新”字上，教学设计新颖，教法包括示范用具也很新颖，所以带来了学生思维的开阔，思路新，制作的作品也体现了创新。学生在这堂课的表现是积极的、踊跃的、愉快的。老师设计的示范教具可称得上是别具匠心，她不仅启发了学生的思维，而且巧妙地在教学难点和重点上指导了学生。看来这个创意并非轻而易举能得来的。

【资料链接】

1. 中华人民共和国教育部制定：《全日制义务教育美术课程标准（实验稿）》，北京师范大学出版社，2001 年 7 月版。

2. 俨韦编绘：《头饰、面具、脸谱》，黑龙江人民出版社，1996 年 12 月版。

（深圳市南山区白芒小学　施　为）

京剧脸谱艺术

【设计理念】

京剧是我国的国粹，可是很多学生不了解甚至不喜欢它，为弘扬民族艺术，振奋民族精神，很有必要上这一节课。

【活动目标】

使学生对京剧脸谱艺术有一个系统的了解，培养学生对京剧的爱好。

【活动准备】

1. 把学生的座位分成两组靠墙相向排列，中间空出来，以方便学生表演。

2. 所需材料：教学范画、水粉绘画工具一套、教学课件。

【活动过程】

1. 渲染氛围，激发兴趣，导入课题

电脑屏幕展示课题“京剧脸谱艺术”，播放背景音乐《唱脸谱》。

师：刚才老师播放的歌曲叫什么名称？是哪一种戏剧？

生：《唱脸谱》，京剧。

师：同学们，京剧是我国的国粹，脸谱更是它的一大特色。可是，就有很多人对这些不熟悉。这节课，我们将专门学习京剧的脸谱艺术。首先，请欣赏一个片段。

电脑屏幕展示脸谱歌舞。

2. 讲解脸谱的色彩

(1) 片段放完，教师提问：看到哪些人物？什么颜色？

生：张飞、关羽、曹操、窦尔敦、典韦；黑、红、白、蓝、黄。

(2) 教师根据学生的回答，将相应的人物脸谱图片贴在黑板上。

(3) 分析色彩所代表的性格。

师：为什么这些人物要用不同的色彩来表现？

生：代表人物的性格。

师：让我们来了解这些人物的性格。

学生根据课前查阅的资料回答问题，教师加以总结。

黑脸——张飞：为人正直，并为刘备立下了汗马功劳。但他的性格也有不足之处，比较鲁莽，正如《唱脸谱》歌词所说：“黑脸的张飞叫喳喳……”项羽：西楚霸王。武艺高强，可惜有勇无谋，最终败给了刘邦。由此推出，黑脸表示正直、勇猛、鲁莽，有勇无谋。

红脸——关羽：武艺高强，被后人称为“武圣”，而且，为人忠诚。曾被曹操擒获，但曹操爱惜他是一人才，封他为将军，可是关羽无心留下，时刻惦记刘备。为感谢曹操的知遇之恩，在官渡之战时，帮曹操打败袁绍(史称“立功报曹”)。然后，封金挂印，辞曹投刘，传为千古佳话。由此推出，红脸表示忠诚。

白脸——曹操：善用阴谋，被称为奸雄。因此，白脸表示阴险、狡诈。

蓝脸——窦尔敦：清朝初年绿林道的首领。当时，以黄三太(镖局首领)为首的恶势力嫉恨绿林道，对他们处处刁难，并用暗器打伤了窦尔敦。黄曾对皇帝夸海口，说如果朝廷丢失一草一木，由他负责。于是，窦尔敦故意盗走御马，以此嫁祸黄三太，对抗朝廷。由此推出，蓝脸表示胆识过人、做事果断、疾恶如仇。

黄脸——典韦：三国时期的八大猛将之一，曹操的爱将，武艺高强。张绣攻宛城时，派人偷走了典韦的兵器，才将他打败。但他在失去兵器的情况下，用死去的兵士的尸体当武器，打死数十人，终因寡不敌众而战死。死后，敌方将士很久竟无一人敢靠前。由此推出，黄脸表示勇猛、凶残。

3. 讲解脸谱的花纹

师：有关脸谱你们还知道些什么？

生：脸谱的花纹有很多种类：象形脸、歪脸、十字门、三块瓦、整脸等。

教师根据回答，在黑板上贴上相应的图片。

师：同学们的课前准备非常充分，能够积极地查资料，这是一个非常好的学习习惯。如果有的同学对京剧感兴趣，可以利用课余时间继续研究。

4. 进入表演教学阶段

(1) 介绍表演的特点

师：作为一名优秀的京剧演员，仅有丰富的脸谱知识是不够的，还需要有什么能力？

生：表演。

师：有什么特点？

生：很夸张、唱腔拖得很长、会武功……

师：为了更好地感受京剧的表演，下面请学生演员给我们来一段表演。

(2) 放音乐《盗御马》一折，学生戴上脸谱面具，根据音乐进行表演。

(注：课件第四段，出现唱词屏幕时，双击屏幕左下角黑长方形，即可出现音乐。)

(3) 表演结束，分析探讨。

师：你所表演的是什么角色？当时的心情如何？

生：窦尔敦在去皇宫盗御马的路上，因找不到御马圈，所以很焦急。

(注：我之所以选窦尔敦盗御马之前的一段，是因为这一段动作简单，便于没有专业基础的学生表演。表演的好坏并不重要，关键是学生参与了，并因此感到新鲜、有意思。另外，我还准备了著名表演艺术家吴玉璋先生的《盗御马》表演，准备在时间充裕时或者学生强烈要求时，让学生欣赏。)

师：京剧表演是一门复杂的综合艺术，涉及唱、念、做、打等。刚才这名同学，能够把窦尔敦的焦急心情表现出来，很不容易，让我们掌声鼓励。

学生鼓掌。

5. 进入绘画教学阶段

(1) 讲解三庭五眼。

投影仪展示脸谱比例图，请学生欣赏并发掘出脸谱的规律。

生：发际线、眉毛、鼻底、下巴的距离相等。并且两眼之间、两眼到耳部各为一个眼睛的宽度。

师：这就是我们通常所说的"三庭五眼"。画脸谱，最重要的是比例。

(2) 教师在投影仪下示范作画步骤。

① 定出最高、低、左、右点，画出外轮廓。

② 定"三庭五眼"的位置，画五官。

③ 画脸部的花纹，如果不是画歪脸，应注意左右对称。

④ 用橡皮修改，使画面整洁。开始涂颜色，用色要均匀，注意不要涂到轮廓线外面。

6. 练习与理解

(1)学生作业：教师巡回辅导。屏幕放映各种脸谱图样。背景音乐：《三岔口》京剧锣鼓选段。

(2) 作业评价：教师将部分同学的作业展示出来，并请全班学生评价。

(3) 小结：屏幕展示京剧的各种行当的图片。

师：京剧的行当有生、旦、净、末、丑，我们这一节课学的是净行。其他的行当，我们在以后的时间继续探讨。

【活动评述】

本活动设计具有以下优点：

(1) 营造了一个生动的教学环境。采用听脸谱歌、讲脸谱故事、看学生表演、动手绘制脸谱等方式，使课堂气氛生动起来，有声有色地完成教学。

(2) 注意提高学生学习的主动性。① 课前让学生上网或查书籍收集资料，让学生用自己收集的资料去总结，发言。② 学生戴上面具自己表演，这比单纯让学生观看著名演员表演更能加深学生的印象。③ 教师展示脸谱比例图，让学生主动去发掘"三庭五眼"的规律。④ 由全班学生自己评价作业。

通过本课的学习，学生了解了京剧，课余时间又多了一种业余爱好。京剧是我国整个民族艺术的重要组成部分，本活动设计激发了学生的爱国热情和民族自豪感。

【资料链接】

《京剧知识手册》，人民出版社。

（北京师范大学南山附属中学　陶　莉）

追 风 快 车

【设计理念】

人与自然和谐发展的现代教育理念促使我们在美术教育中必须培养学生以一种科学和艺术的眼光去认识客观世界，在艺术活动中不以牺牲环境为代价，强化未来发展与环境相适应的审美意识，促进其人格发展。本活动设计根据湘版课改试验教材三年级下册《追风快车》改编而成，目的是鼓励学生走进生活，走向自然，尝试从学生的经验和体验出发，通过合作探究发现美，创造美。让学生在插上想像翅膀的同时，不忘记我们只有一个地球。

【活动目标】

1. 让学生了解汽车的类型、结构特点，用探究发现的学习方法来制作追风快车。

2. 培养学生的动手动脑能力和实践能力、非凡的创造力和想像力。

3. 使学生养成善于思考、细心观察、大胆想像的好习惯，学会利用废旧物品来美化生活，树立良好的环保意识。

【活动准备】

1. 上课前要求学生查找资料，上网查找不同类型的汽车图片，并了解哪些汽车最节能、最环保。

2. 准备纸盒汽车的示范作品数件、纸盒、剪刀、双面胶、铁丝、泡沫板等。

【活动过程】

1. 直观感受

(1) 课件演示几种车辆在深南大道上行驶。

提问：画面上都有什么车？这些车是由哪几部分组成的？它们使用的是什么燃料？

(2) 课件演示汽车制作步骤图。

提问：同学们想知道这辆纸盒汽车是怎样做的吗？我们来看看它们的制作方法。

(3) 小组尝试完成作业。要求各组利用桌上的纸盒集体完成一辆追风快车比一比。

2. 交流讨论

(1) 将各组尝试作业摆放在桌前展示，师生共同欣赏，解决问题。提问：你们感觉这些车怎样？(请学生发言。)

(2) 针对学生出现的造型复杂化的问题，教师灵活引导学生分析：堆得太复杂也不能说明汽车的美观和先进，但也同时强调简约并不等于简单。

(3) 引导：摆在讲台上的车外形都大同小异，是否单调了些？同学们说说还有些什么车型？让我们共同来想办法解决这些问题。（让学生动手尝试重新组合，去掉多余的部分。）

(4) 展示不同类型的汽车图片进行欣赏，教师具体示范，引导学生找出各种汽车的门窗、车头造型不同的特点和制作方法。教师从汽车的正面、侧面等不同角度进行讲解。

3. 观察分析，拓展思路

(1) 教师范作欣赏。

(2) 学生优秀作业欣赏（不同制作方法的几辆车的欣赏）。

(3) 学生讨论，说说自己的设计构思。包括更节能更环保的汽车新能源。

(4) 学生创作表现。

提出要求。作业形式：集体制作，个人制作。教师巡堂因势利导。

4. 展示你的梦想

(1) 作业展示活动：各组选派代表上台展示本组和个人的纸盒汽车，并说出自己的梦想。

(2) 教师启发：如果你的纸盒汽车变成了真正的汽车，你会有什么想法？你的车和其他车有什么不同？

(3) 学生畅谈自己的车，畅谈自己的梦想，教师及时鼓励。

“它在外形上很酷，而且我是运用了一种更节能更环保的新型能源来作为动力的，所以，它是我心目中最棒的追风快车。”“如果我的这辆车变成真的，我要用它去周游世界。我要用他去参加赛车比赛。”……

(4) 教师小结：这节课同学们做得精彩，谈得更精彩，我深知有梦才有希望。

【活动评述】

本活动设计是对教改新理念的大胆尝试，学习方式体现了自主性、尝试性、探究性，教师根据思维递进的规律积极引导学生试一试，看一看，想一想。通过过程获取知识，深化了环保节能主题。能有效利用出现的问题，引导学生找出解决问题的方法，这样有利于学生张扬个性和大胆想像。学习形式多样，有效激发了学生的学习兴趣，而兴趣是学生最好的老师，兴趣是想像的原动力。

（深圳市南头中学　王伟庆）

大马路　小汽车

【设计理念】

好动、贪玩是一年级小学生的特点，他们天性善于模仿，本课通过游戏、角色表演等艺术表现形式，让学生体会与他人交流时的快乐，激发关注生活的情感，培养观察和表现的能力，使学生养成自觉遵守交通规则的习惯，将艺术要素与生活紧密联系起来。

【活动目标】

1. 了解交通标志、交通常识，懂得遵守交通规则的道理，通过欣赏、绘画、歌唱、表演等多种形式感受汽车的造型、色彩和用途。

2. 鼓励学生将自己喜欢的汽车画出来。

【活动准备】

交通标志图片、各类汽车图片、音乐《旅行》视频、“最佳设计师”胸片。

【活动过程】

1. 课前调查

通过调查，了解学生家长上班使用的交通工具，引出本节课的主题——马路与汽车。

师：在上课之前，老师有一个问题要问问大家，你们知道爸爸、妈妈早上是怎样去上班的吗？

生：坐车、走路、骑车、开车去的。

师：每个人都要遵守交通规则。

2. 认识交通图标与信号灯

用叙述故事的方法，引导学生认识直行、不许鸣喇叭、不许转弯、最低时速、向右转等交通标志的含义(如图 1～7 所示)。

师：小明的爸爸早上开车送小明去上学，在路上小明看到了很多路牌，可是他弄不懂路牌的意思，我们一起去帮助他好吗？

生：好。

(1) 不许转弯与允许掉头：

师：小明坐在车里，前面出现了一个路牌(如图 1 所示)，谁能告诉小明，这个路牌是什么意思呢？

生：不能转弯的意思。

师：我们比较这两幅标牌，看看它们的含义是否一样，若不一样，区别在哪里？(如图 2 所示)

生：没有斜线的是可以转弯的意思。

图 1　不许转弯

图 2　允许掉头

通过对两种路牌的区分，让学生知道有红色的斜线的标牌代表“不许”的意思，没有红色的斜线代表“允许”的含义。教师要举例说明不按路牌行驶的危害。

(2) 鸣喇叭与不许鸣喇叭：

师：小明的爸爸继续开车，前面又出现了一个路牌，谁能告诉小明，这个路牌是什么意思呢？(如图 3 所示)

生：不许鸣笛。

师：那这个路牌有什么不同呢？(如图 4 所示)

生：可以鸣笛。

图 3　不许鸣喇叭

图 4　鸣喇叭

师：在哪些地方是不许鸣喇叭的呢？为什么？

让学生知道在住宅区和市中心，鸣喇叭会产生很大的噪音，影响人们的休息和健康，是不环保的行为，应该制止。

(3)禁止向右转弯与禁止停放车辆：

图 5　禁止向右转弯

图 6　禁止临时或长时停放车辆

以上两个标志平时学生较少见到，所以对答案不确定，教师通过引导和提问，使学生自己推理得出问题的答案。

(4) 信号灯

师：小明的爸爸继续向前开车，很快到了一个路口，但是要怎样才能安全地通过路口呢？(出示课件 ，如图 7 所示)

图 7 信号灯

生：要遵守交通规则，红灯停，绿灯行。

师：好，请同学们看好信号灯，可以过的时候就一起说“过”。

“过！过!!”绿灯亮的同时，同学们一起喊道。教师按动鼠标，小汽车通过路口。

做对了，教师要积极表扬鼓励学生，这个练习可以反复多做几遍。

师：如果小明的爸爸不遵守交通规则，闯红灯，会怎么样呢？

生：会被罚款，会出现交通事故。

师：司机叔叔和行人都要认真遵守交通规则，这样才能保证双方面的人身安全。

3. 欣赏

(1) 小朋友们画的车：

师：老师在参观少儿美术展的时候，看到很多小朋友画的都是车。你们喜不喜欢小汽车呢？要不要和老师一起去看看？

生：好！

师：观看图片(如图 8 所示)，请同学们说一说画面上画了什么？

生：有自动导航系统，不用人来开车，可以自动行驶。人可以在车内自由活动，下棋、唱歌。

师：再看一幅图(如图 9 所示)，上面画了什么？

生：画的是叔叔开着吊车在拆房子，还有叔叔在下面指挥。

图 8

图 9

师：这些小朋友都把自己见过的车、想像中的车画了出来，他们画得怎么样？像不像生活中的汽车呢？我们还是一起去看看真正的汽车是什么样子的吧。

(2) 欣赏现代汽车图片：

介绍各种款式、功能的汽车，如：跑车、越野车、货车、旅游车、概念车(如图 10～14)。

图 10　敞篷跑车，车顶可以收起、放下。

图 11　越野车，可以在不平坦的道路上长时间行驶，底盘比较高。

图 12　这辆车的名字叫“机械手”，工业用车，它可以代替人工来进行工作。

图 13　长途巴士车，漂亮的外形，舒服的座椅，还设有厕所、电视等服务设施。

图 14　概念车，人们根据需要设计的新型车，还在实验阶段，没有推向市场。

师：请同学们说说，这辆是什么车，它有什么样的功能呢？

老师根据同学的回答给出正确答案。

师：这些汽车你喜欢吗？你想有一辆更威风的小汽车吗？你喜欢的车是什么样子的呢？

生：跑车、太空车、战车、奔驰……

现在的孩子们知道很多关于汽车的知识，可以说见多识广。喜欢汽车，似乎是每个孩子的天性。这个环节，教师出示不同类型的老式车、新型车、概念车，在一问一答中，

相信会有许多火花的碰撞和知识的互补。通过掌握现代汽车的强大功能，激发他们对汽车的想像，为下一步设计汽车打下伏笔。

4. 歌表演《旅行》

老师带领学生们模仿小司机，做出开车的样子，随音乐的节奏开着车到世界各地去旅行。律动作两遍，一遍同学随老师做，第二遍老师约请优秀的小司机到前面来做示范动作。

师：让我们也开着一辆小汽车去兜兜风吧！

这个教学情景设计——旅行，让小朋友们都“变”成了小司机，开着自己最喜欢的小汽车去旅行，教师要不断地激发学生的自豪感、美感，引导他们充满热情地表演、模仿。

5. 画汽车

师：旅行结束了，你们的旅程顺利吗？老师要选出我们班最棒的小司机，请你将自己的小车画下来，看看谁的小车最威风！

学生用彩笔、八开纸作线描画。播放背景音乐，让学生在音乐中进行创作。

6.“最佳设计师”

通过绘画、展示，评选出本节课的“最佳设计师”。

师：画好的同学请你到前面来展示自己的作品，并向大家推荐、讲解自己的作品。请同学们为他打分，分数最高的就是本节课的“最佳设计师”。

请同学到前面来展示、讲解自己的作品。

师：请同学们课后注意观察马路上还有哪些交通标志，它们是什么意思。在马路上你还看到什么样的汽车是大家没有见过的，它有什么样的功能呢？

学生的画和评价是同时进行的，每个同学都可以到前面来，把自己的汽车展示给大家，请其他同学给出建议，同时也引导全班同学进行创作。教师对于学生大胆、新颖的想法给予肯定和表扬，起到榜样作用。

7. 作业提示

本节课的作业以线描画的形式完成，采用彩色笔直接绘画方式。

师：请同学们课后继续观察路标和汽车，把你的新发现告诉大家。

【活动评述】

本活动设计根据艺术教材的设计思路进一步进行了拓展，大量搜集了相关的图片、视频，并创设了“上学路上”、“过马路”、“旅行”几个教学情景，让学生们把课堂与自己的生活体验结合起来，在玩中学、乐中学，使每一个孩子都能积极参与到教学活动中来。

【资料链接】

1. 杨立梅主编：《义务教育课程标准实验教材·艺术（一年级上册·教师用书）》《红绿灯》一课，教育科学出版社，2001 年 7 月版。

2. 中华人民共和国教育部制定：《全日制义务教育美术课程标准（实验稿）》，北京师范大学出版社，2001 年 7 月版。

（深圳市南山区向南小学　矫凌奕）

快乐的火车

【设计理念】

快乐是学习的宗旨，创作是时代的需要。本活动设计集欣赏、唱歌、舞蹈、绘画于一体，充分体现了快乐学习的宗旨。早在20世纪60年代，保加利亚教学专家洛扎洛甫就曾提出：:“变苦学为乐学。”新课标强调人文、尊重人格、以人为本，快乐是学习的基础。学习方式的改变也让老师教得轻松愉快，学生学得快乐有效，并使课堂充满了生命的活力，散发着浓浓的人文气息。

【活动目标】

1. 情感目标：通过学习火车的知识，培养学生热爱生活、热爱祖国的美好品德。

2. 认知目标：初步了解火车的发展历史、外观、性能、结构。

3. 技能目标：在认知过程中提高学生的审美、设计、创造等方面的能力；在实践中进行设计，引导学生创作未来小火车的想像画，发展学生的想像能力与表现能力；初步实现学生主动探索、研究、创造以及综合解决问题的能力。

【活动准备】

1. 布置学生查找有关火车的资料，如：火车的发展历史，不同时期火车的外观、结构和性能，查找各种类型火车图片，《火车开了》儿童歌曲及伴奏。

2. 制作CAI教学课件。

【活动过程】

1. 揭示课题：“我的火车真漂亮”，将剪贴教具小火车粘贴在黑板上

2. 学习歌舞、创设情境

(1) 请同学们打开课本第37页，预习第六单元“快乐的火车”第三课“我的火车真漂亮”，了解本课的学习重点是什么。(提问、小结有关火车的知识。)

(2) 学习儿童歌曲“火车开了”，并带着学生跟随歌曲跳简单的舞蹈动作。(多媒体显示“火车开了”歌曲的歌词。)

3. 自主探究、学习新知

(1) “你知道火车是谁发明的吗?”(提问、小结)

英国的铁路机车发明家斯帝芬森发明了火车。1810年斯蒂芬森开始着手制造蒸汽机车。1813年斯蒂芬森研制了“布卢彻”机车，能以6千米/小时的速度牵引8辆装有30吨煤的货车。他并不以此为满足，继续研究提高机车功率的方法，采用了蒸汽鼓风法，把废气导引向上喷出烟囱，带动后面的空气，从而加强了通风。这个新设计使蒸

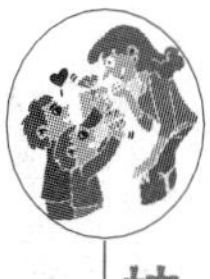

汽机车进入实用阶段。人们给它取了一个名字叫“火车”。“火车”这个名字在今天已经流传到全世界，而蒸汽机车被叫做“火车头”。以后，他又制造了几台机车. 1825 年 9 月 27 日当第一列由斯蒂芬森设计的机车牵引的列车运载 450 名旅客，以 24 千米/小时的速度从达灵顿驶到斯托克时，铁路运输事业就从此诞生了。（电脑课件演示介绍。）

(2)“你知道火车有哪几种吗?”（提问、小结）

由火车的发展史引入火车结构的变化。早期的火车由蒸汽机带动，称为蒸汽机车，随着科技的发展，先后出现了内燃机车、高速机车、电力机车、高速磁浮列车，火车的外形也不断地发生着变化。（电脑课件演示介绍。）

(3)“火车有哪几个基本组成部分?”（提问、小结）

出示玩具火车，介绍火车的外形。火车由火车头、车厢、车轮组成。

4. 放飞想像、展开练习

(1)“你能用哪些废旧环保材料制作小火车?”（提问、小结）

易拉罐、矿泉水瓶、瓶盖、牙膏盒、各种废旧包装盒……欣赏其他班级学生利用各种环保材料制作的小火车。

(2) 你设想的“未来的火车”是什么样子的?（提问、小结）

试一试，画画看。启发学生联想火车运行的环境，可以在城市中穿过，也可以行驶在桥梁上，还可以在草原、沙漠、海底、太空中行驶。车厢的形状可以是水果、飞行器等等。发挥想像力设计各种功能的火车。

(3) 学生完成作业(打开伴奏音乐)：创作“未来的火车”。教师巡回辅导，解答疑问。

(4) 作品展示：由学生自己对作品提出评价。

(5) 全课小结：请学生总结本节课的收获及仍还存在的疑问。

【活动评述】

本活动设计是新课改《艺术》课程的一节探索课。内容涉及到音乐和美术的有机融合。作为以美术为主的活动，在音乐方面，也设计了与本活动设计密切相关的一首儿童歌曲的学习，并且设计了相应的、切合儿童实际的简单舞蹈动作，以适应不断加快的课改步伐。

（深圳市南山外国语学校　蔡一芬）

桥

【设计理念】

在上《桥》这一课时，我想起了我曾在中央电视台《异想天开》栏目参加过一次别开生面的“造桥比赛”，我为什么不利用这次比赛的资料来对这一节课进行设计呢？本课的设计是把电视娱乐节目与课堂教学相结合的一次大胆的尝试，旨在创设一个新奇的教学情境，以提高学生的学习兴趣，并培养学生的团队合作精神。

本课在现有教材的基础上，结合自己身边独特的教学资源，运用丰富的教学手段，力求使本节课内容丰富、生动、有趣。

【活动目标】

1. 创设新奇的教学情境，激发学生的学习兴趣。

2. 了解相关桥梁知识，锻炼学生的动手能力。

3. 培养学生动手动脑、探究学习的能力和团队合作精神。

【活动准备】

1. 把全班分成五个小组。

2. 课前布置一部分同学制作好多种桥的零部件。

3. 视频、图、文并茂的CAI课件。

【活动过程】

1. 导入

师：同学们，今天这节课我要把你们大家带到一个非常有趣的地方去！大家说好不好？

生：好！

师：大家能猜到是什么地方吗？

生：公园？海边？欢乐谷？大南山？……

师：都不是！今天我们要去的地方是中央电视台“异想天开”栏目演播室，去参加一个非常有趣的节目！

生：不可能！骗人！……

师：别着急！下面我们以热烈的掌声请出中央电视台“异想天开”栏目的主持人赵虹和小童！

生：哈哈……（同时掌声响起）

课件：播放“异想天开”精彩的片头，主持人在掌声中出场。

生：哦！原来如此！

（主持人：观众朋友们，大家好！欢迎来到“周末异想天开”演播厅，在这里我们用手说话，用头脑赛跑！）

师：好！这节课我们也来个“用手说话，用头脑赛跑”！

课件：显示桥的视频录像。

（主持人：观众朋友们，看到这座桥，你一定会想到本期异想天开一定与桥有关，但是桥又不是桥，为什么呢？）

学生疑惑不解。

师：这是我带领学生参加的一次节目，要求每个参赛队用纸做成不同的桥梁，关键是纸桥做成后不仅要美观漂亮，还要能过人！

生：哇！不可能！太悬了吧！（兴趣大增）

课件：展示“纸桥过人”命题要求。

2. 各种桥梁介绍

师：看到这里，我想很多同学都想亲自来试一试。那么我先问大家在生活中经常看到哪些桥呢？

生：立交桥、斜拉桥、石拱桥、独木桥、鹊桥！

师：很好！同学们说出了生活中常见的各种桥。下面我们将这些桥按结构特点进行分类。

课件显示：桥的分类

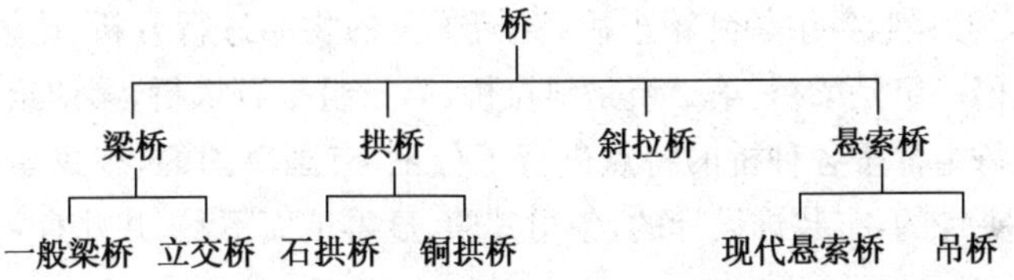

师：下面我们将对每种桥作一下分析，要注意观察各种桥的特点。

课件：视频：梁桥介绍；图片：各种梁桥；问题：梁桥有什么样的显著特点？

生：下面有桥墩，桥面是平的……

课件：视频：拱桥介绍；图片：各种拱桥；问题：拱桥有什么样的显著特点？

生：桥面弧形，桥身是弧形……

课件：视频：索桥介绍；图片：各种索桥；问题：索桥有什么样的显著特点？

生：用钢索吊起来，跨度大……

课件：图片：多幅斜拉桥的图片；问题：斜拉桥有什么样的显著特点？

生：有很多斜索，像伞一样，用斜索拉住桥面，有两个塔柱……

师：（总结每种桥的特点并根据特点画出结构图）同学们想一下，桥的分类是以什么为标准的呢？

生：形状、材料、受力……

师：很好！仔细一想我们会发现，桥是按照其承重部分的不同来分类的！与桥有关的知识是非常丰富的，我给大家推荐一个非常好的关于“桥”的专题学习网站。

课件：显示网址：http://172.16.88.28/bridge/

3．观看纸桥过人大赛

师：好！让我们再回到演播室，看看各参赛队作品。

课件：视频：各代表队的桥梁制作方案阐述及他们制作的纸桥介绍。

生：哇！太漂亮了！真美！这么大呀！能走人吗？

师：眼见为实！接下来，让我们看看这些用纸做的桥到底能不能过人？大家说好不好？

生：（齐）好！（学生兴致非常高，课堂气氛非常活跃）

课件：视频：索桥过人现场测试。测试结果：可以通过一个人。

视频：梁桥过人现场测试。测试结果：可同时通过五人。

视频：拱桥过人现场测试。测试结果：可同时通过九人！

4．分组制作

师：（抓住时机，用两个简单的问题快速导入活动）你们认为他们的表现怎么样？

生：好！精彩！棒极了！……

师：那你们想不想也尝试亲手做一个精美的桥呢？

生：（异口同声）想！

师：好！那我们也来一个造桥大赛。你们每一组将得到一个箱子，纸箱里分别装着各种桥的零部件和一些制作工具。我们要根据这些零部件的特征，结合刚才所学的各种桥的特点，把它们重新组合、安装，还可以加上自己的个性化装饰，看哪一组做得又快又好看！开始行动吧！

现场气氛非常热烈，各组领到箱子后，对箱子里的物品进行分析、比较、讨论，很快就确定了桥的种类。第一组是梁桥，第二组是斜拉桥，第三组是石拱桥，第四组是钢拱桥，第五组确定为悬索桥。每组都按各种桥的特点进行了分工，有画草图的，有找零部件的，有剪胶带的、拉线的、扎大头针的，有装饰设计的，各司其职，显得忙而不乱、井井有条。

5．交流

十几分钟后，一座座漂亮、气派的桥站立在桌面上。这时老师让同学们去参观别人的作品，以达到交流的目的。

6．总结

师：面对同学们这些作品，我只想说一个字：好！我认为这些作品的水平是难分高下的（以比赛形式开始，但没有以比赛方式结束），这些对于我们并不重要，重要的是我们每一个人都体验了一次当建筑老师的感觉。让我们在今后的学习中，把科学与艺术结合得更完美吧！下面就让我们与自己的杰作合影留念吧！（旨在让同学们有成就感并享受劳动成果。）

【活动评述】

本节课以电视节目《纸桥过人》贯穿于整个教学活动，构思新颖，充分利用现代信息技术手段，将学生置身于一个不同于以往的教学情境当中，突破了传统的教学模式，极大地调动了学生的学习兴趣，体现了创新的教学理念。其中的电视节目与课堂活动相互穿插，环环相扣，逐步把课堂气氛推向高潮，使学生在轻松有趣的课堂气氛中完成本节课的学习任务。

我们身边的资料是非常丰富的，巧妙地利用身边的资料，把它结合到相关的课堂教学中去，定会收到意想不到的效果。

【资料链接】

1. 李绵璐、李路明主编：《义务教育课程标准实验教材·美术（七年级下册）》，湖南美术出版社，2002 年 1 月版。

2. “桥”专题学习网站：http://172.16.88.28/bridge

3. 中央电视台《异想天开》栏目 2001 年 6 月份播出的节目“纸桥过人”。

（深圳市南山实验学校麒麟中学部　贾宝刚）

拥有宝莲灯

【设计理念】

艺术应该具有对话性、形象性、活动性、表演性，即将所传授的知识转变成各种艺术的形象和活动，把以往死板的课堂教学转变成即兴的和具有美学趣味的对话、歌舞、戏剧表演、绘画等活动。在这样的活动中，学生可以在众多的项目和可能性中选择自己所喜爱的项目，因而有极强的参与感；而且很多活动多是与自己水平差不多和兴趣差不多的伙伴进行或是直接与教师进行，因此总有一种较为刺激和兴奋的氛围，所以会在不知不觉间把学生转变为积极者和主动者。

【活动目标】

1. 通过叙述、听赏等艺术的手段，让学生初步了解《宝莲灯》的剧情和歌曲，感悟母子情深，理解幸福的含义，激发其创作宝莲灯的兴趣。

2. 通过角色配音、评分、绘制等艺术的手段，让学生初步尝试评价、戏剧表演，学会利用身边废品，提高学生创新能力。

【活动准备】

1. 彩色笔、白纸。

2. 剪刀、胶水或不干胶。

3. 相关的生活废品(如可乐瓶、硬纸盒等)。

【活动过程】

1. 动画激趣

动画片始终是小朋友的最爱。课一开始，我就以“你喜欢看哪部动画片?”为话题来激发他们的兴趣，并播放了一小段各种经典动画片片头集锦 。顿时，课堂里的气氛变得轻松活跃起来，特别是播放到《蓝猫淘气三千问》片头时，小朋友们不由自主地跟唱起来，快乐的歌声充满了整个教室。《宝莲灯》的片断出现在影片最后，精彩的画面、闪闪发光的“宝莲灯”三个大字深深地把小朋友们的眼光吸引住了。

2. 感受《宝莲灯》

《宝莲灯》这部影片并不是每一个学生都看过。因此对《宝莲灯》剧情做简单介绍是很有必要的。对此，我让看过《宝莲灯》的小朋友承担了这次任务，在让其他同学了解剧情的同时不仅加深了自己对此片的印象，而且获得了一个概括表述的锻炼的机会。

(1) 说一说：

看到小朋友们这么专注，我抓住时机顺势导入：“刚才很多小朋友们说喜欢看宝莲灯。那我问一下，《宝莲灯》里面有哪些最让你难忘的故事片段?”

“《宝莲灯》最让我难忘的是妈妈为救沉香自己被压在五行山下，我觉得沉香的妈妈很好！”

“我最难忘的故事片断是沉香救妈妈的那一段。”

“我最难忘的那一段是沉香劈山救母和大战二郎神的时候。”

(2) 听一听：

“你们介绍得很好，”我趁热打铁地说，“《宝莲灯》是中国最优秀的动画片之一，它不仅内容精彩，令我们难忘，而且影片里的歌曲非常不错，我记得《宝莲灯》里有三首非常棒的歌曲，谁记得歌名呢？”

“《爱就一个字》。”

“《想你的三百六十五天》。”

“《天地在我心》。”

“今天，我们一块来欣赏《爱就一个字》这首动听的歌曲。”

《宝莲灯》有三首优美的歌曲。因整节课时间有限，在这里我只让学生欣赏 MTV《爱就一个字》，借助 MTV 的动画画面来打动学生，让学生从视、听两方面来理解“爱”之伟大这一内涵和主题。通过对歌曲的评价，锻炼学生敢于抒发自己观点的勇气，张扬其个性，并为下一环节“幸福·宝莲灯”的理解埋下伏笔。

(3) 评一评：

当歌曲结束后，我有意识地锻炼学生的评价能力：“刚才老师仔细地观察了一下你们，你们听得非常的认真，为你们这种认真的态度，我要打上 100 分！假如请你们给这首歌打打分，你究竟打几分？”

“我打 100 分，因为它好听、动人，所以我打 100 分。”

“我也觉得要打 100 分，因为它除了动人之外，而且还让人很激动，听了这首歌后就知道沉香是怎样救母亲，母亲又是怎样爱他的！”小朋友的回答虽然很简单，但却是发自内心的，是对善恶丑的真诚的评价。

3. 角色表演，理解幸福

要让学生感受到艺术的魅力，就不能让课堂单调而枯燥。在角色表演活动中，我强调注重学生主体的参与和感受，注重学生的语言表述、肢体表现的创新能力培养，也为今后学生的创编活动顺利开展打下基础。我通过设问什么是幸福让学生扮演沉香妈妈，尝试解答幸福的含义，使学生在回答过程中思考和理解幸福的内涵。

“《宝莲灯》不仅歌曲好听，而且有许多吸引人的内容，特别是里面的角色表演特别精彩，所以今天我专门把宝莲灯里主要人物给请到这里来了(师展示图片：小沉香、大沉香、沉母、二郎神、孙悟空、土地爷)。沉香说：今天可不能白请他们来，一定要考考你们，瞧，他们每个人都摆了不同的表情和姿势，谁能给他们配上音呢？”

“我喜欢大沉香。哼！二郎神！我要跟你决一死战，我要救我的母亲。”

“我选小沉香。啊！妈妈的宝贝我终于找到了，好险啊！”

“(为沉香的妈妈配音)沉香，我爱你！”

“沉香！你别骄傲，快点投降，不然你们小命就没了。”

小朋友们一个比一个表演得好，看着他们很投入且像模像样的姿态，我也情不自禁地摆了一个二郎神的造型：“你们刚才表演得太好了，连二郎神都妒忌得咬牙切齿。沉香这回可坐不住了，他说这回该轮到他表演了，瞧，他来了。”我紧跟着播放了《宝莲灯》中沉香与妈妈对话的片段，并引用片中话语问：“什么叫幸福呢？谁来模仿沉香的妈妈是怎么回答的？”

“幸福就是妈妈与沉香在一起过日子。”

“幸福就是拥有快乐，拥有财富，拥有一切的人就有幸福。”

“拥有健康，没有健康的身体那也不行。”

看来小朋友对幸福有了一定的了解，抓住这个时机我及时地进行了拓展，引导小朋友们进一步地理解幸福的内涵：“小朋友对幸福的理解挺深刻，幸福不仅仅是和妈妈在一起，除了亲情，还会有友情。给予别人快乐，这就是一个非常好的幸福。”

4. 赏析《宝莲灯》

在制作宝莲灯前，如何让学生掌握对材料的选择、宝莲灯的结构、色彩等知识呢？在此，我借助故事引入，展示一幅画有各种生活废品的图片，让学生在这当中寻找宝莲灯的形式，掌握宝莲灯的前期制作的选材技能。同时，又让学生挑选喜欢的宝莲灯并口述喜欢它的原因，在口述中让说者和听者都对宝莲灯的色彩、造型有一定的认识，从而达到对宝莲灯的制作方法、注意事项的巧妙传授。

“宝莲灯非常令人喜欢。这次我悄悄地问孙悟空能不能送我一盏宝莲灯，孙悟空说不行不行，宝莲灯要自己做的才灵验。于是，孙悟空送给我一个法宝，想不想看我的法宝？（展示生活废品图片）当我打开的时候，与你们一样大吃一惊，这是什么法宝啊?!你们说，这上面哪有什么宝莲灯啊？”我故作迷惑状，“啊……你看到了？”

“孙悟空是让我们在里面找些东西来做宝莲灯，可以用手电筒当灯柱，拿柚子皮做灯的灯瓣。”

“用水瓶把手电筒套上或用自行车手柄套住手电筒也行，再用彩纸装饰一下就好。”

这时我发现这几个小朋友选用的材料来去就是那几个，这不利于创造性思维的发展，于是我急忙启发他们：“你们发现了吗？这上面的光盘、纸盒、酸奶瓶好像没用上啊！”

经过我的提醒，马上就有小朋友想到了用这些材料：“我想做的宝莲灯用彩纸包手电筒，用胶纸和光碟贴起来就行了。”

为了更进一步拓展学生的创造性思维，我特意于课前收集了一些纸工做宝莲灯的图片用于展示：“其实，你们想的和沉香后来说的一样。时代发展了，现在都讲究科技，所以宝莲灯也有各式各样的，他专门给我看了看他收藏的宝莲灯，你喜欢哪一个？”

“我喜欢第二排第一个，因为样子独特，花瓣制得很美丽，色彩丰富。”

“我喜欢第一排第一个，因为这个很独特、漂亮、色彩丰富，而且很有想像力。”

“我喜欢第三排第三个，因为宝莲灯上有会闪的灯，花瓣做得很好。”

“我喜欢第一排第三个，因为它很漂亮，有一些丝绒而且上面有亮光，很像宝莲灯发光时候的样子。”

5. 画一画，做一做

学生虽小，但他们都有自己的想法。有些学生喜欢自己做，有些喜欢在一起做。在动手绘制的环节就不必进行硬性的规定，按照他们的喜好进行，这样既照顾了个体个性的发挥，又兼顾了小组合作学习良好习惯的形成和发展。

小朋友们观察得很仔细，看着他们跃跃欲试的样子，我笑说：“你们想不想拥有这

么神奇的宝莲灯？下面让我们以自由合作的方式画一画、做一做宝莲灯。”

学生制作，教师巡堂辅导。（背景音乐《想你的三百六十五天》。）

6. 展示

“下面我想请小朋友们把你的宝莲灯拿上来展示给其他小朋友看，假如宝莲灯能实现你一个愿望，你将用它做什么？”

第一组学生：“这个灯可以亮，插在这里就可以实现我们的愿望，让全世界的人能够得到幸福的日子。”

第二组学生：“这是我们做的宝莲灯。上一节课老师教会我们做金箍棒，这次我们用做金箍棒的方法做成灯柱，把卡纸贴在上面，涂上颜色，就变成五颜六色的了。”

“小朋友能学以致用，这让我很高兴。把平时所学知识用在今天这节课上，这是非常聪明的方法，说说你的宝莲灯能实现你什么愿望？”

“希望天上掉下很多钱，掉到山里，让山里的学生过上幸福的生活。”

第三组学生：“我们的宝莲灯是用橡皮泥做成的。我们想让它实现我们的愿望，想让我们长大后成为有用的人才，把中国给统治好，让中国变得更富裕。”

第四组学生：“我们这宝莲灯是用纸画出来的。它能实现所有人不同的愿望，只要不是坏人许的愿望，所有的人许的愿望都可实现。”

“这个是我画的宝莲灯，是在以前的宝莲灯上稍为改进，把那两个灯改为火，这些火比较亮些。然后我想许个愿望，希望我以后学习进步，能超越刘传。”

“我这个上面的红色小点点是学邓昊的，本来邓昊用的是绿的，后来我不小心把其他部分涂成蓝色，我发觉红色可以遮盖住其他颜色，所以我用了红色。”

第五组学生：“让无家可归的小孩有个温暖的家。”“让地球人得到很多的钱。”“我希望全世界的小朋友都能平平安安地上学。”

“我发觉我们的小朋友的心肠特别好。其实幸福就在我们的身边，只要我们平常助人为乐，我想，带给别人快乐，也就带给自己幸福。幸福的小朋友，请跟我一块笑一笑。”

【活动评述】

本课选自新世纪版小学艺术教材二年级下册第七单元。这一单元以《卡通朋友》为单元教学内容，在这一单元中我选择了《卡通朋友》中第二课题《神奇的宝莲灯》作为突破，从《宝莲灯》的影片中选取部分内容和歌曲《爱就一个字》，力求利用视听的感染力打动学生，激发学生的激情和对艺术的憧憬。

艺术教材以人文主题为显线，在本课的教学目标设计中，我通过叙述、听赏等艺术手段，让学生初步了解《宝莲灯》的剧情和歌曲，感悟母子情深，理解幸福的含义，培养其正确的人生观，突出艺术学习的人文价值。另外，还通过角色配音、评分、绘制等艺术环节，吸引学生主体地参与，初步尝试评价、戏剧表演，并让学生学会利用身边废品制作宝莲灯，在提高学生综合创新能力的同时落实学科知识技能。

【资料链接】

1. 杨立梅主编：《义务教育课程标准实验教材·艺术（二年级下册）》《神奇的宝莲灯》一课，山东美术出版社，2002 年 11 月版。

2. 滕守尧：《艺术与创生：生态式艺术教育概论》，陕西师范大学出版社，2002 年版。

（北京师范大学南山附属学校小学部艺术组　陆　海）

孙悟空在今天

【设计理念】

兴趣是最好的老师，站在学生的角度，从学生的兴趣出发来激发学生的想像，这种做法往往能达到事半功倍的效果。因此，这堂课力求从学生感兴趣的各个方面来与学生交流，学生在不知不觉中完全被课堂所吸引，真正成为课堂的主人。

【活动目标】

通过对“孙悟空在今天”的想像所开展的讨论和创作，使学生树立刻苦学习、努力奋斗、长大后为社会建设作贡献的理想和决心。

【活动准备】

1. 教室里孙悟空形象的布置。

2. 有关孙悟空的歌曲。

3. 孙悟空的面具。

4. 孙悟空的动作简图若干张。

【活动过程】

1. 利用情景，引出孙悟空，说孙悟空形象

上课铃声一响，我就让学生们先欣赏一段电视连续剧《西游记》的主题曲音乐，学生兴致高昂，都兴奋地睁大眼睛盯着屏幕。

“这是哪部电视的主题曲呢？”

学生都大声地叫出来：“西游记！”

“老师我最喜欢《西游记》里边的孙悟空了，大家喜欢吗？（学生大声附和。）那哪位同学能告诉老师孙悟空是怎样一个形象的人呢？”

一个学生叫道：“它是一只猴子，不是人！”

学生突然冒出的“不太重要的问题”让我愣住了，我是回答还是回避呢？最终没有回避，我笑着说：“哦，对不起，老师早把孙悟空当成了自己的朋友，当成了自己的同伴，你们不愿意像老师这样去称呼他吗？”

我的回答拉近了学生与孙悟空的距离，有的同学开始用朋友般的眼光环视教室四周张贴的孙悟空的图画，我知道他们再也不会为孙悟空是人还是猴而争执了。

生一：“孙悟空是一只通人性的猴子，因为爱吃桃子，所以长了一副桃子形的脸。”

生二：“他围着虎皮裙，脚穿一双黑色的靴子，手中还拿着一根金箍棒。”

生三：“他头上还戴着一圈紧箍咒。”

2. 表演孙悟空动作

“……看来同学们比老师还要熟悉孙悟空，老师收集了很多有关孙悟空的图片……同学们瞧瞧你们周围张贴的孙悟空的图片，一定要用心牢牢地记住他的打扮。同时，也请同学们注意孙悟空的一些典型的动作，一会儿，我会请一些同学上台来表演一下孙悟空的动作，看哪位同学表演得最好！”

学生们在课上乐开了，孙悟空可是大家的偶像，谁不愿意上台来展示一下自己的表演天赋呢？特别是那些平时喜欢捣蛋的男生，终于有机会展示自己的拿手好戏了，一个个都展开了架势，无所顾忌地表演起来。

这些调皮的学生平时都是很少认真完成作业的。看到今天的架势，我想，只要给这么一个难得的机会让他们在众人面前风光一回，他们一定能够很投入地进行待会儿的创作。

我拿出事先准备好的孙悟空面具和金箍棒请他们上来表演，他们还真没辜负我的期望，表演得都极其逼真，赢得了同学们的阵阵掌声。

要参加表演的同学实在是太多了，我装作自己是孙悟空，做了一个拔毛的动作，朝着他们一吹，学生们一时之间都变成了孙小猴，在课上尽情地展示着自己拿手的孙悟空的动作，课堂俨然变成了大圣的花果山。

“同学们表演得实在是太像了，我好怕怕……”我在几位扮演孙悟空将我当作妖怪追打的学生的“逼迫”下逃上了讲台：“同学们来看看黎老师为孙悟空画的动作简图。”

我自己照着简图上的样子简单地学了两个动作给学生看，他们都给乐坏了。有学生当场大胆地纠正我表演不好的地方，我面露“尴尬状”，心底却笑了。

3. 说孙悟空的本事

“这只调皮的猴子除了调皮还能有什么本事呢？”我装作不屑的样子问同学们。

生一：“它本领高强，有七十二般变化，想变什么就变什么。”

生二：“他一个筋斗能翻十万八千里。”

生三：“他有火眼金睛，什么真假都能认出来。”

生四：“他正义善良，降魔除妖，帮助过很多好人。”

……

4. 孙悟空在今天能为我们做什么？

孩子们谈了孙悟空神通广大的本事后，我问：“孙悟空有如此无人能比的本事，我们试想一下：如果让孙悟空投胎转世生活在今天，他能为我们做些什么呢？”

学生们争先恐后地回答：“帮助我们抓坏人！”

“生产灵丹妙药拯救那些得了绝症的人！”

“给我很多很多的钱！”

“我不要读书，考试的时候要他变成蚊子悄悄地告诉我答案就行了！”

学生的回答越来越私欲化，我皱起了眉头，经验告诉我这是一个对学生进行教育的良好时机：“请小组之间展开讨论，孙悟空会帮助我们作弊、做坏事吗？”

这次学生的回答有了一百八十度的转弯：“不会，孙悟空是好人！”

“孙悟空是有正义感的人，他只帮助勤奋的爱学习的好孩子！”

“他不会把钱瞎给别人，那我们不都变得好吃懒做了！？”

我很高兴，没想到讨论的效果如此之好："哦，孙悟空是正义的使者，谁是好人谁是坏人，是否真的需要帮助，他的火眼金睛都分得一清二楚！你们愿意做一个勤奋刻苦的好学生吗？"

学生回答很响亮，我笑了：这样的结果太让人满意！

5. 欣赏同龄人作品：《孙悟空在今天》

我和同学们一起翻开课本，我们一起来欣赏书中"孙悟空在今天"的学生作品，看看他们的同龄人都在想些什么。

生："孙悟空变出无数的砖块砌成围墙堵住了决堤的洪水。"

老师："这个时候孙悟空是什么样的姿势呢？"

生："他飞行在空中，身子却是倒立着的，因为他要很方便地看着地面。"

"这位同学观察得很仔细，我们再来看看其他的几张作品！"我示意同学们说说其他作品的内容。

生一："孙悟空用他的金箍棒找到了很多遗失在海底的珠宝。"

生二："孙悟空帮助人们发现了地下的宝藏。"

"同学们说得都很正确。老师仔细观察了这三张图，还是分不清楚这些作品是用什么材料表现的，你们能告诉我吗？"我装作迷惑不解的样子。孩子们争先恐后地想告诉我，能够做老师的"老师"是多么值得自豪的事！

生一："最后一张是用油画棒画的，前两张用的都是水彩颜料。"

生二："前两张也不全是用的水彩颜料，它是水彩颜料和水彩笔的结合。"

我有些惊叹第二位同学了，他居然能有如此细致的观察："我非常赞同这位同学的观点，你们也可以仔细地观察，水彩笔和水彩颜料表现出来的效果有什么不同。其实呀，表现形式是多种多样的，你们可以随便选择自己喜欢的工具和形式来画。"

我相信，由学生自己认识到的问题会让他们记得更加深刻。因此，对于作业中要注意的问题我请他们针对刚才的欣赏活动自己来提要求。同时，有关作业要求的字幕出现在幻灯片上：

(1) 构思新颖，内容健康。

(2) 形象生动，主体突出。

6. 学生作业，教师指导

学生开始画了，我随时对他们画面的构图、形象、动作处理、内容等各方面进行指导，让他们能比较顺利地进行创作。

7. 作业评价

开展自评互评，让学生自己来发现和总结问题。教师最后作总结，激励孩子们刻苦学习，学得更多的本领，树立努力奋斗，长大后为社会建设作贡献的理想和决心。

【活动评述】

课堂中出现的一些"意外事件"往往会打乱教师课前准备好的教学思路，影响正常的教学进程，但教师要善于对这些"意外事件"作出正确的引导。回避、一棒子打死等都只会打消学生思维的积极性、创造性。况且，"意外事件"如果引导得当也许还会给我们的课堂带来意想不到的"锦上添花"的效果。

(1) 寻找处理意外事件的切入点，巧妙地将"意外"转化为有效教学的契机。课堂开始，想不到我问出第一个问题就碰上了“是猴子不是人”的反驳。这个问题并不重要，我完全可以不加理睬，或干脆说是人或是猴子来顺应孩子、“尊重”孩子——但这是真正的尊重吗？在我的思维中，孙悟空早已成了人成了神，他的光辉形象占据了我们整整一个童年，携带着我们一直走到今天。说出“孙悟空是人”对我来说是再正常不过的事了，可偏偏孩子却提出了这个我认为不是问题的问题，我要回避吗？我该用怎样一种方式化解这个问题呢？灵光闪动的一瞬间我想到了“朋友”，只有“朋友”才能真正拉近孙悟空和我们的距离，只有“朋友”才能让孙悟空成为孩子生活、学习中的好伙伴。我简单地告诉了孩子们我的想法，学生认可了我的观点，不再为孙悟空是人还是猴而争执了。孩子们观看四周孙悟空图片的眼神告诉我他们已经成为朋友了，课堂气氛开始变得轻松而自然——这不正是我想达到的教学效果吗？

（2）突出学生的教育主体地位，引导他们在处理“意外事件”中进行心灵的自我净化，自我升华。当学生说出要向孙悟空“索取金钱”和“考试作弊”想法后，我有点生气了：现在的小孩怎么尽想这些？经验告诉我不要当头棒喝、厉声训斥他们，他们的事情由他们自己来解决会比我的直接阻止来得好。于是我选择了小组讨论的形式，在讨论争执中学生认识到自己思想的不健康，刚刚说这些话的孩子都不敢正眼看我了，他们开始为自己说过的话感到脸红。在这个过程中学生的思想得到了净化，人生观、世界观得到了初步的建立和巩固，最终的结果是坚定了他们努力学习、追求上进的信心和决心。

“意外事件”确实占据了一定的课堂时间，但合理地处理好“意外事件”才真正是课改机制的正确体现，处理好“意外事件”有助于学生身心健康的全面发展。

【资料链接】

1. 中华人民共和国教育部制定：《全日制义务教育美术课程标准（实验稿）》，北京师范大学出版社，2001 年 7 月版。

2. 教育部网站。

（北京老师范大学南山附属学校小学部　黎洪波）

玩　具　国

【设计理念】

小学阶段的艺术教学重点是挖掘学生的艺术潜能，培养其观察、感受、模仿与描述自然生活的能力，最终实现提高学生审美能力和艺术情操的目的。教师应该将学生所熟悉而又关心的事物作为教材切入点开展教学，鼓励他们重观察、增审美、深探究、精描述、多创造。从学生的情感出发，以"兴趣"为纽带，创设一个真正属于学生自己的学习环境。引领学生步入愉悦的艺术境界，接受艺术情感的熏陶、审美的启迪、想像力的拓展。充分发挥学生为主体、教师为主导的作用，全面提高学生的综合素质与创新能力。小学生都具有好奇、好问、好玩、好动等优良品行，但同时也缺乏对事物的专注力和持久性。因此，在教学中要倍加注重其对艺术的感受与体验。采取多种娱乐式的教育方法，不断地变换他们的学习方式，努力将课堂教学转变为自主学习的乐园。

玩具最贴近学生生活，是他们最熟知及最喜欢的娱乐产品，但他们在认识、审美和娱乐中都难以达到一定的高度，更谈不上对其改造与创新，使其发挥更大更高的价值。因此，选玩具作为一节艺术课，目的就在于提升学生这些方面的能力。

【活动目标】

通过对玩具的观察与欣赏、想像与创造、设计与制作，培养学生关注生活的良好习惯，并逐步挖掘、培养学生"学会观察生活"，"学会审美事物"，"学会合作进取"，"学会创新设计"等素质和能力，最终架构学生"自主探究、团结协作、勇于创新"的学习天地。

【活动准备】

1. 教师准备：歌曲《小兔子乖乖》，制作扮演狼与小兔子的服装道具，玩具示范画，教学工具：画纸、绘画笔、颜料、调色盒、水杯、橡皮泥、剪刀、胶水等。

运用现代多媒体技术，制作融儿童歌曲《玩具国》、玩具游戏、玩具图片等为一体视频课件，努力为学生创造一个色彩缤纷、声像同步、亦动亦静，能再现生活，又高于生活的玩具国情境。

2. 学生准备：带一件自己最喜欢的玩具。

【活动过程】

1. 创设情境，引领情趣（导入）：赏一赏，观一观

《小兔子乖乖》短剧：老师扮演成狼，几个学生扮成小兔乖乖。上课铃声一响，"狼"随着歌曲（《小兔子乖乖》）鬼鬼祟祟地一边敲门一边粗着嗓子叫："小兔子乖乖，快把门开开"，"小兔子"趴在门缝上看了看然后回答道："不开不开，就是不开"。"狼"又叫了

几次，小兔子还是不开。最后“狼”硬是撞开大门冲进了教室，并恶狠狠地扑向小兔。“小兔们”被吓得到处乱躲乱藏。这时，所有学生的注意力一下子被吸引了过来。他们有的惊讶，有的欢喜，有的目瞪口呆，整个课堂一片惊哗！待“狼”与“小兔”都亮出原形后，课堂里爆出一阵疯狂的欢呼。哇！紧张而又沉闷的气氛一下子被激“活”了！

同学们的注意力集中了，学习兴趣也被激发出来了。接着，老师自然地导出了本课主题——《玩具王国》(板书)。

2. 团结协作，提升能力(主题)

(1) 想一想，说一说：

师：请同学们拿出自己心爱的玩具，想想看：它和你在一起有没有发生过什么难忘的故事？你能说出有关它的一段有趣的故事吗？

同学们像开了锅的水，一下子沸腾了起来。这时老师建议同学们自由组合，六人一组分成七大团队：“海洋舰队”、“四驱精英队”、“蓝天飞鹰团”、“战地英雄连”、“娃娃世界”、“可爱的动物园”、“名模大聚会”。

简直是太精彩了！“海洋舰队”讲解着其舰队装备是如何如何的现代与精良，述说着其光辉的战斗业绩和正在战斗的激烈场面。“四驱精英队”讲解着其四驱车是如何如何的美观与神速，述说着正在举行的世界四驱车大赛是如何如何的疯狂与刺激。“蓝天飞鹰团”讲解着其战斗机是如何如何的先进，超高速低音响、超低飞行绝对隐形。“战地英雄连”述说着英雄连的光辉建功史，夸耀着英雄们的英勇无谓不怕牺牲的战斗精神。“娃娃世界”讲述着甜蜜可爱的娃娃们是如何如何英俊潇洒、团结友爱。“可爱的动物园”在描述着那些顽皮动物是如何如何的逗人喜爱。“名模大聚会”也竞相述说着小姐们是多么的美丽而高雅，服饰又是如此的漂亮时髦。

通过这一想一说，同学们的友谊得到进一步加深，想像力得到较大拓展，审美能力得到很大的提高，演说能力得到了充分的训练。加强了学生的团结协作能力。

(2) 编一编，演一演：

趁热打铁，老师建议同学们将其编成的有趣的小故事表演给大家分享。接着就是一阵阵轰鸣声、呜呜声、吁吁声、厮杀声……接连不断，一场场海路空三军轮番激烈而又英猛的战斗场面浮现于同学们面前。好惨呀！同学们强烈反对战争要求和平。当然也有世界各国“小娃娃”友好相聚和平共处；温顺可爱的“动物”们相互顽皮打闹着；一群美丽的“小姐”阔步走来，是那样的自信、高雅而大方等场面。真好玩！同学们又纷纷赞美着这些真情与美丽。

通过这一编一演，愉悦了同学们的身心，提升了同学们的爱心，增强了同学们的信心。

(3) 看一看，比一比：

经过以上两节紧张而又繁忙的教学活动，同学们有些累了。这时老师建议他(她)们围着桌子坐下休息休息，看一看、比一比各自的玩具在大小、形状、颜色、性能等方面有何不同。小组内部说一说、议一议。

通过一看一比，有效地提高了同学们的观察深度和审美高度。

(4) 变一变，画一画：

同学们通过一番看与比，对自己的玩具有了更深刻的了解。这时老师建议他(她)

们对自己的玩具进行一番创新设计，使其外观更加美观，性能更加完善。要求：形状不妨奇特一些，色彩不妨自我(个性)一些，功能不妨科幻一些。设计方法不限，可以用纸画，可以用橡皮泥塑造，可以用纸做，也可以口头叙述。

教师利用制作好的课件为学生提供一些玩具设计图样及步骤，并提供一些最新玩具产品图片，作为同学们的设计参考。同时轻声播放歌曲《玩具跳舞恰恰恰》。

3. 快乐享受，提升情趣(结束)：听一听、唱一唱

展示同学们的创新作品，相互观摩、相互学习、相互评议、相互促进。教师鼓励具有创新思维的同学。

最后细听并学唱歌曲《玩具国》。让同学们快乐地结束本节课的教学。

4. 思考题(课后)

对你不喜欢的玩具应如何处理？

【活动评述】

我始终坚持法国著名学者卢梭所说的："教育的艺术是使学生喜欢你所教的东西"，努力让学生在整个学习过程中学而不厌，乐而不散，始终保持旺盛的学习热情，使学生在教学中忘我地满怀兴趣地提高素质。

本活动设计努力做到以情诱趣、以趣促学、以学提能，让学生在真切的艺术情境中成长。本节课我以六小环节：赏一赏、狂一狂，想一想、说一说，编一编、演一演，看一看、比一比，画一画、评一评，听一听、唱一唱开展教学，环环相扣融为一体，较好地把课堂教学转变为快乐的娱乐天地。

【资料链接】

1. 孙昌伦：《让教学与生活实践对接》，载于《素质教育论坛》杂志2004年第一期。

2. 中国教育在线网 http://www.eol.cn/

3. 儿童教育论坛网 http://www.etjy.com/

(深圳市南山区阳光小学　郭学安)

海底漫游

【设计理念】

《海底世界》是湖南版小学美术第四册的一节课。在教学中,我改变传统的美术教学模式,尝试艺术课的教学模式:围绕人文主题的艺术学习,综合多门类学科进行教学,以学生们喜欢的小鱼尼莫(《海底总动员》中的形象)为线,以我设计的小朋友乐乐为针,采用乐乐寻找尼莫为主线,把学生带入童话故事之中,通过"游大海—学歌曲—交朋友—做剪纸—爱环境"等环节,让学生在轻松、愉悦的课堂气氛中感受、学习和体验。

【活动目标】

1. 情感目标:培养学生热爱自然的情操和保护生态的意识,以及合作、探究的精神。

2. 技能目标:(1) 培养学生的语言表达能力。(2) 以欢快活泼的情绪演唱歌曲,引导学生进行歌词创编,让学生逐步养成多向可变思维的习惯。(3) 通过剪纸培养学生的想像力、创造力和动手能力。

3. 知识目标:介绍各种鱼类,增加学生的知识容量。讲解鱼的身体结构,让学生学习自然科学知识。

【活动准备】

1. 学生每人准备一把剪刀、两张彩纸和彩色笔。

2. 老师准备精美的 FLASH 课件、剪刀、彩色纸和彩色笔、一张大幅海底世界的画面。

【活动过程】

1. 利用情景,激发兴趣,引入课题

在动感的画面和轻柔的海水声中把学生带入美丽的海底世界。出示玩具尼莫,激发学生兴趣,播放课件:一个叫乐乐的小朋友迷上了美丽的海底世界,想去寻找尼莫,和他交朋友。播放《海底总动员》的精彩片断,老师趁机激发学生们加入到与乐乐共同寻找尼莫的行动中。老师:"那我们和乐乐现在就出发吧。"

2. 在童话故事中感受、学习和体验

(1) 游大海:播放课件,内容为乐乐带领大家游览海底世界。师生共同欣赏美丽的海底世界,老师同时用优美的语言解说海底美景,并提出:"同学们,你能不能用一句话来说出你眼中的海底美景呢?"生 1:"海水真蓝真清啊!"生 2……老师小结学生的语言描述,再次引出去寻找尼莫。同时播放课件,内容为一条小鱼告诉乐乐向前游,有音乐的地方就能找到尼莫了。引领学生思维想像，走进童话故事之中。

（2）学唱歌：

① 播放歌曲《水里的鱼儿游啊游》的MTV。老师："大家看，尼莫在和它的朋友们唱歌呢！"师生共同欣赏学习一遍歌曲。

② 播放歌曲《水里的鱼儿游啊游》的词曲。采用师生互相对读歌词的方法熟悉歌词，掌握节奏，并配上动作表演。

③ 师生跟着音乐共同演唱一遍歌曲。引出下一个活动内容：到大海中去和尼莫一起唱歌、跳舞。

④ 师生跟着音乐在教室中模仿小鱼游水，边唱边跳。这种娱乐性和活动化的学习方式增添了艺术气氛，调动了学生的情绪。跳完后，老师："请可爱的小鱼游回自己的位置，听一听尼莫怎样评价我们的歌声？"

（3）交朋友：

① 播放课件，内容为乐乐来到尼莫身边并相互交上了朋友。老师模仿尼莫的口气称赞同学们的表现。

② 有学生在刚才学唱歌的活动中发现了问题："老师，为什么鱼会在水里游，而我们人却不会呢？"老师播放课件，内容为尼莫讲解鱼的身体结构。学生在动画故事中学习自然科学知识。引出尼莫也有许多朋友，激发学生与他们交往的好奇心。

③ 播放各种形象的鱼。老师："同学们，睁大我们的眼睛，拿出我们的小手指，我们来一起说一说、画一画尼莫的朋友。"学生在说说、画画中不仅认识了各种各样的鱼，而且了解了不同鱼的形象特征，为下一步唱鱼、剪鱼做准备。引出用创编歌词的方法记忆尼莫的朋友。

④ 播放海龙鱼的形象和创编的歌词。老师以海龙鱼为例，演唱自己用海龙鱼的形象特征创编的歌词，培养学生多向可变的思维，激发学生创编歌词的热情。

⑤ 生以小组为单位创编歌词。（播放各种形象的鱼供欣赏。）在讨论过程中，老师深入每个小组，师生互动。讨论完后，分别选择两组同学和一名同学表演，无论是歌词的创编还是曲调的演唱都很成功。老师："去问问尼莫我们唱得怎么样。"

⑥ 播放尼莫和乐乐以及一群小鱼交流的场面，老师模仿尼莫的口气称赞同学，并引出："他们提出一个要求，听说我们同学手特别巧，很会剪纸，他们都想得到我们同学的剪纸作礼物。同学们，你们想不想送给它们这份礼物呢？"生："想。"

（4）做剪纸：

① 播放鱼的剪纸作品，老师引导学生欣赏，并提出剪一条小鱼送给尼莫和它的朋友们。

② 老师演示对称剪鱼的方法。剪好后，出示课前准备的海底世界的画面，"多么美丽的海底世界啊！把我们剪好的鱼放在这么美的海底世界中那该多好啊！同学们，比一比，赛一赛，看看谁第一个把他剪好的鱼放到海底世界中。"学生表现、创造的欲望被激发，迅速进入剪纸创作中。

（5）作品展示：

① 师生共同张贴剪纸作品。老师："看！海底世界被我们同学的巧手装扮得多美啊！这么多漂亮的剪纸，如果你是尼莫的朋友，你会选择哪张剪纸作礼物呢？"学生兴趣

很高，积极发言。

② 老师小结本节课的学习内容，引出："尼莫和它的朋友们收到了这么多的礼物，十分高兴。可是，有一个小朋友不高兴了……"学生再次被故事吸引。

（6）爱护环境：

① 播放尼莫、乐乐和一条哭泣的小鱼的场面，老师："瞧，这条漂亮的小鱼为什么会哭得这么伤心呢？"

② 播放课件，老师根据课件的内容动情地讲述小鱼美丽的家园被人类破坏的过程。

③ 生："小鱼，是我们人类做错了事情……"学生们很快进入角色，踊跃发言，激发了学生们保护生态的意识。

3. 告别表演

老师总结学生的发言，提出用唱歌的方式和今天交的朋友说再见。师生跟着《水里的鱼儿游啊游》的 MTV 共同唱歌、表演。在欢快的气氛中使艺术情感得到宣泄，课堂在欢快的高潮中结束。

【活动评述】

本活动设计突出了艺术文化学习这根主线，把学生带入童话故事之中，使教学内容丰富、过程美观、兴趣浓厚、效果良好。恰当地运用了多媒体技术，使教学呈现直观、生动、新奇、有趣等特点。注重教学综合化，围绕美术学习这一主体，将文学、音乐、舞蹈、科学等教学内容和方式引入课堂，进行多感官的感知、体验和领悟，使学生获得全面艺术熏陶。教师的角色有根本性变化，教者始终和学生处于平等、友爱的关系中，教师以课堂组织者、引导者、合作者的形象出现，从培养学生的自主、合作、探究式学习方式的立场出发，运用启发、引导等生动方法，进行师生互动式教学，使学生在丰富多彩的活动中获得艺术享受。

【资料链接】

1. 李绵璐、汪华主编：《义务教育课程标准实验教材·美术（二年级下册）》《海底世界》一课，湖南美术出版社，2002 年 1 月版。

2. 海南鱼类图集网：http://www.fish99.com/hnylt.htm

3. 教学素材库网：http://www.syjy.com.cn/jxzyk/sck/index.htm

（深圳市南山区沙河小学　李淑英）

神奇的海底

【设计理念】

本活动设计以人文主义为指导思想，用感人的形式、丰富的内容和深刻的人文内涵，力图打动学生的心灵，接近学生的生活，使学生在活动中形成艺术能力，并获得尊重、关怀、友善、合作、互助等人文素养，从而促进其个性的完善与发展。其中着重培养学生的视觉能力、听觉能力、动作协调能力、语言表达能力和创新能力。

【活动目标】

1. 给各种鱼的配音(观察能力和语言表达能力)。

2. 学习制作手摆鱼(动手能力、创新能力)，用手摆鱼表演(动作协调能力)。

3. 通过按节奏说唱儿歌，使学生掌握二拍子的节奏。

4. 使学生在活动中体验快乐，体验互助、合作的乐趣。

5. 通过图片欣赏，引发学生思考动物、海洋与人的关系问题，使学生感受到环境污染所带来的危害，从而感悟到“爱护环境，人人有责”，并养成从小爱护环境的习惯。

【活动准备】

1. 自制多媒体课件。

2. 实物投影仪。

3. 示范用的各种手摆鱼。

4. 白纸、笔、油画棒。

【活动过程】

1. 引入课题

在屏幕上出现“来信提醒”，用学生们熟悉的卡通形象尼莫吸引他们的目光。这时，老师打开这封来信。这是一封来自海洋小学的信，信里邀请同学们去海底参加艺术节。

师：同学们，大家都看到了这封来自海洋小学的邀请信，你们说说，我们接受不接受邀请呢?

同学们积极响应。

师：那我们就到神奇的海底去参观一下吧。

2. 活动一：我们随着尼莫来到了神奇的海底。在去海洋小学的路上我们遇到了很多美丽的鱼儿。(大屏幕上出现美丽的海底景物以及各种鱼儿。)

师：(模仿鱼儿)同学们好！欢迎参加我们的艺术节！我是漂漂，你们看，我今天特意穿了蓝白相间的礼服。好看吗?

生：好看。

师：我们一起去吧！

请同学扮演屏幕上的鱼儿，想一想鱼儿会说些什么。（利用课件创设情景。）

生1：大家好，我们是海马一家，很高兴我们一起参加艺术节！

生2：我是飞鱼，今天要去海洋小学表演空中飞鱼。让我们一起去吧。

……

3. 活动二：参加海洋小学艺术节的化装舞会

我们和新朋友们一起到了珊瑚环绕的海洋小学(大屏幕显现)。

(1) 舞会要求每个参加者必须进行化装打扮。

师：同学们，你们想装扮成谁呢？

生：剑鱼、海马、海豚、小丑鱼……

师：你们看，老师已经装扮好了，漂亮吗？（老师展示手摆鱼。）

生：哇，好漂亮哦。

师：想不想知道怎么做的？

生：想。

老师介绍手摆鱼的制作方法、步骤：

① 把一张长方形的彩色卡纸对折。

② 用笔在纸的一面画出鱼的形状。注意：鱼的大小一定要比自己的手大。鱼的形状要有特点，各个部位要交代清楚。比如：鱼身的形状、鱼鳍的形状等。强调创造性。

③ 根据设计的鱼进行制作。首先，剪出鱼形；接着，用绘画的方法对鱼进行装饰(画鱼身及鱼鳍)。注意各部位的颜色搭配。

④ 把手放在对折纸的中间，在手形上下位置的地方用双面胶粘牢。

⑤ 把手放入纸的夹层里，手摆鱼制作完成。

鼓励同学们运用制作手摆鱼的方法来制作各种不同的海底生物：海草、海豚、海贝、螃蟹等。在制作过程中，提倡学生间互相帮助。

学生们都兴趣盎然地进行制作。手上不停地画啊、剪啊。动作快的同学不但自己做完了，而且又帮助其他的同学上色了。

(2) 参加舞会。

大屏幕上播出了舞会的盛况。鱼儿们都在表演拿手的绝活。欢快的音乐给舞会带来了热烈的气氛。

有一个声音在说：

海大大，鱼小小，海里的鱼儿到处跑；

鱼儿跑，不用脚，尾巴轻轻摇啊摇；

摇啊摇，游啊游，见面点头问个好。

你好，你好……

同学们在二拍的节奏下，跟着音乐，随着儿歌，自由地摆动着，有模仿鱼儿游的，有模仿水草飘的，有模仿螃蟹横着走的……他们嘴里都唱着儿歌，相遇时都互相点头问好。这时的教室里洋溢着浓浓的友情。舞会在一片掌声中结束了，同学们还意犹未尽。

尼莫出来了，他邀请我们去参观他们的摄影展。

4. 活动三：观看海洋小学艺术节的摄影展

尼莫带着我们先欣赏了神奇而且美丽的海底世界图片，有鱼儿、珊瑚、湛蓝的海等等。接着我们看到了“珊瑚白化”的照片。尼莫问：为什么珊瑚会“白化”？这个问题引起了学生们的深思。我们通过网络查询得知：“珊瑚白化”是环境污染所引起的。接下来又看了几张有关环境污染的照片，了解环境污染的种类、原因。同学们这时的心情都很沉重，他们设身处地为鱼儿们着想，在情感上产生了共鸣，真正感悟到了“爱护环境，人人有责”的道理。老师这时进一步引导学生们懂得爱护环境从身边做起的道理。

5. 活动四：送一句心里话给海洋小学的同学们

同学们参加了艺术节后心情特别激动，都有许多话要对海洋小学的同学们说。所以就请同学们把心里话写下来留给海洋小学的同学们。

同学这样写道：“我不再乱丢垃圾了”；“我要告诉妈妈少用洗洁净”；“从今以后，我会保护你们的，不让别人伤害你们”；“我要告诉大家，神奇的海底很美丽，我们要爱护它”……

6. 总结

师：今天，我们和海洋小学的同学们一起度过了美好的一节课，结识了很多新朋友。我相信同学们一定都想尽自己最大的努力来保护我们的环境。现在我们就要离开这美丽的海底了。如果同学们还想探索神奇的海底，请同学们到 http://xxsxx.wjedu.cn/zhuanti/hdtm/default.asp“海底探秘专题网”上去探索吧。“保护环境，人人有责”，请同学们从身边的事做起。请把上课时剪出的纸屑带走，并放入可回收的垃圾箱里。谢谢！

【活动评述】

在这节老师精心设计的活动课中，学生是最大的受益者。本活动设计处处体现了“以学生为本，以学生的感受为中心”的教学理念，并以人文主义为指导思想，用感人的形式、丰富的内容和深刻的人文内涵，在贴近学生生活的活动中，激发学生的学习兴趣，处处引导学生的个性发展，使学生获得尊重、关怀、友善、合作、互助等人文素养，从而促进其个性的完善与发展，以及各方面能力的提高。体现了艺术课所提倡的综合性、融各种知识于一体、以培养学生的人文素养为最终目的的理念。

【资料链接】

1. 杨立梅主编：《义务教育课程标准实验教材·艺术(一年级下册)》《神奇的海底》一课，教育科学出版社，2002 年 1 月版。

2. 中华人民共和国教育部制定：《全日制义务教育美术课程标准(实验稿)》，北京师范大学出版社，2001 年 7 月版。

3. 海底探秘专题网 http://xxsxx.wjedu.cn

(深圳市南油小学　应　颖)

美丽的海底世界

【设计理念】

教育是多元的，小学阶段的艺术教育如何刺激孩子们心灵中的冲动，去创造，去探索，教师更应注意在课堂上对学生进行多元智能的开发，以创造力的培养为中心，进行必要的基本技能的训练。利用艺术平台，培养学生审美、人文、创新和绘画动手等综合能力。本教学活动设计通过对DV短片《海底总动员》里的可爱小卡通的模仿表演，激发同学们的学习兴趣，通过潜水员对鱼类的伤害，唤起同学们的人文关怀。

【活动目标】

1. 知识技能：让孩子们掌握基本的绘画海洋生物的方法，能独立和集体完成绘画作品。

2. 人文关怀：让学生懂得人类与鱼类要做好朋友。

3. 过程方法：通过“小海星”和“海螺”邀请大家去做客导入新课，使学生产生好奇感和新鲜感，有进入童话世界的感觉；通过第一段VCD的欣赏和模仿，让学生了解海底世界的和谐与美丽、影片中大海中最凶悍的鲨鱼出奇的友善，为下一段VCD影片潜水员把鱼捞出大海，破坏大海的和谐形成对比；通过课件点播让学生进一步了解海洋生物，特别是鱼类，并总结出简易的绘画方法。

【活动准备】

1. 教师准备：VCD影片剪辑、海洋生物图片数幅制作成POWERPOINT课件、学生头饰数件、海洋生物标本“小海星”和“海螺”、提供学生作业展示的大幅KT板大海背景图画、大头针和小奖品。

2. 学生准备：蜡笔或水粉颜色。

【活动过程】

上课前先安排“小海星”与“海螺”在门外等候。

师生问好。（上下课是利用英语歌曲《HAPPY BIRTHDAY》改编成“GOOD MORNING TO YOU”和“GOODBYE TO YOU”。）

师：同学们，老师今天给大家带来二位好朋友，你们看是谁来了呢？

（“小海星”与“海螺”走进来与大家问好。）

生（小海星）：Hi！大家好，我是“小海星”。

生（海 螺）：Hi！大家好，我是“海螺”。

师：让我们以热烈的掌声欢迎“小海星”与“海螺”的到来。

学生热烈鼓掌。

生(小海星)：今天，我们俩是来邀请大家到我们家做客，不知道大家愿不愿意？

生：(全体高声回答)愿意。

师：好，那现在就让我们跟着“小海星”和“海螺”到他们家去做客吧。(“小海星”和“海螺”回座位)请大家闭上眼睛，竖起耳朵听一听“小海星”和“海螺”带我们到了哪里？

播放海浪声。

师：我们到了哪里呢？

生：(齐声回答)大海。

教师出示一大幅KT板海洋背景图画(目的是为学生共同装饰“美丽的海底世界”和展示学生作品作准备)。

教师出示课题《______海底世界》。(完整的课题是“美丽的海底世界”。不把“美丽的”贴上，是为下一步教学作准备。)

师：今天，我们来得真巧，大海在这个时候正发生一件非常有趣的事。请大家认真观察，看看大海到底发生了什么。看完后，老师要请同学们模仿下面的电影给我们表演。

播放DVD。

学生表演主要的角色有：小丑鱼爸爸(马林)、小丑鱼(尼莫)、八爪鱼、海马、鳐、鲨鱼(2条)。

通过学生的模仿表演，体现“鱼类是好朋友”。

师：同学们表现都很棒，请大家以热烈的掌声谢谢他们精彩的表演。(教师分别奖励小奖品。)

师：下面让我们从形态、颜色、种类上去感受一下我们的海洋生物。

教师点播课件，让学生说出认识的海洋生物名称。

总结：形态各异、种类繁多、颜色绚丽。

师：让我们再看看这些海洋生物是由哪些基本形态构成的呢？我们该怎样去画它？

教师点播课件。

师：啊，原来是这样画的，很简单啊！现在请我们每位同学画一种海洋生物来装饰我们的“海底世界”。(播放背景音乐。)

师：好，先让我们每位同学画一种海洋生物。

学生绘画，教师巡视辅导。

师：同学们今天表现都很棒，现在让我们看看我们的“海底世界”是不是变“美丽”了。

生：(齐声回答)是。

出示“美丽的”。(完整的课题：美丽的海底世界。)

师：现在大海里发生了一件非常恐怖的事情，请大家快看看，到底发生了什么？

播放DVD。

师：如果你是大海里的一条鱼，我是潜水员。我要把你捞出大海，你会对我说些什么才能阻止我不把你捞走？

教师模仿潜水员到各处“捞鱼”。被“捞”到的同学说出一些能阻止被捞走的话，老师作出回应，给出相应的评价。

生 1：我是海里的一颗星，你把我捞走大海就不美了。

生 2：你把我捞走是要得到报应的。

生 3：你把我捞走我会死掉的，难道你忍心让我死掉吗？

生 4：你把我捞走我爸爸妈妈会很伤心的。

……

师：（小结）通过这次活动我们人类要与鱼类做好朋友。

师生齐唱改编歌曲“GOODBYE TO YOU”结束课程。

【活动评述】

本活动设计童话般的引入、精美的动画影片、美丽的海底世界，都能深深地吸引着同学们；《海底总动员》的模仿秀、“潜水员”大海“捞鱼”等师生互动，都能展示出学生的多元智能，较好地体现了艺术课的特色。

【资料链接】

1. 安德鲁·斯坦顿（Andrew Stanton）编剧/导演：《海底总动员》，沃尔特·迪斯尼电影公司发行。

2. 新时代图霸网 http://www.mypcear.com

（深圳市南山区南头城小学　肖栋昆）

探索神奇的宝库

【设计理念】

引导学生放开歌喉，快乐起舞，抒发对海的向往与热爱，激发学生的好奇心，去探索神奇的宝库。

【活动目标】

1. 引导学生观察海滩、海面、海底的景观，观察海洋生物的形与色。

2. 激发学生进行歌唱、舞蹈的表演，表现对大海的向往与热爱。

3. 激发学生用绘画形式表现大海的愿望，启发学生珍爱海洋生物，爱护海洋。

4. 教会学生用金山画王软件描绘大海，合理运用图库。

【活动准备】

上课前请学生收集有关海洋的知识，收集各式贝壳于课堂上展示。教师制作教学课件。

【活动过程】

1. 听声音，引入课题

师：同学们，你们仔细听听，这是什么声音？（海浪声。）

师：谁去过海边？谁见过大海？（学生具体回答。）

师：这节课我们就一起来认识神奇的大海吧。

2. 歌唱表演，自主探索

师：刚才听到有不少同学都去海边玩过，甚至还去拾过贝壳。刚好我们才学过一首歌曲也叫——《拾贝壳》（学生回答）。

（课件展示《拾贝壳》）师生一起歌唱、表演。

师：蓝贝壳，黄贝壳，五颜六色花贝壳，看，老师这有很多漂亮的贝壳。（师生共同欣赏。）

课堂上发现一位女孩子戴着一串贝壳串成的项链，请她上台向大家展示。

在唱歌曲《拾贝壳》时，有几个女同学用自己的舞蹈语言展示了拾贝壳的情景，师生共同歌唱、打节拍，气氛较活跃。

师：现在我们将目光移向海面，来了一艘艘的帆船。老师向你们推荐一首非常优美的歌曲《白帆》。你们边欣赏边想像美丽的帆船在干什么，他们将驶向哪里。

师生共同欣赏歌曲，部分学生出来用舞蹈表达。

学生回答自己的想像：帆船正驶向一个岛，叫无忧岛；帆船是渔船，正往鱼多的地方去;帆船要去美国,香港;正往码头驶去……

在欣赏歌曲《白帆》时,学生情绪比较高涨,部分学生能自觉地打好拍子。

师:同学们的想像力真丰富。接着让我们的目光随着潜水员的镜头进入海底世界,看看神奇的海底世界是怎样的。

(课件演示海底珊瑚、大海草、小丑鱼的视频。)师生边看边描述,学生将自己的所见与课外所学到的有关知识跟大家交流。

学生:珊瑚好漂亮;大海草像陆地上的大森林、大草原;小丑鱼爱把家安在海葵里。

师:我们再仔细地看看海底世界究竟是怎样的,是不是真像我们所想像的蓝色的大海?

(课件演示)欣赏海底世界、各式各样的鱼、海洋生物的图片。老师提出欣赏要求:仔细观察海底世界、生物的形状与颜色。在欣赏过程中,学生兴奋地将自己所认识的生物名称说出来。

师:看完图片,有没有同学想说说什么?

学生:海牛有美人鱼的称号;海豚是最聪明的,在海洋世界看到了海豚在表演;海葵很漂亮。

老师再次展示海葵的不同图片让学生观察仔细一点。

(注:本环节通过视频与大量的图片向学生展示了海底美丽、神奇的情景。让学生将自己在课外所掌握的知识结合本课,加深对海底世界的认识。通过多媒体教学,能让学生更有亲临其境的感觉。)

师:大海是那么的美丽神奇,但也出现了这样的情况——(课件演示)海洋污染。学生静静地将有关内容看完。

师:我们应该怎样去做呢?

学生:如果住在海边,不要将污水直接排进大海。去海边玩时,不要将垃圾丢在沙滩上,不要扔进海里,要爱护大海。

学生联系自己的生活实际,认识到爱护美丽的大海可以从身边做起。

3. 艺术创作

(1) 用各种艺术手段表现美丽神奇的大海。

(课件演示)师生共同欣赏艺术作品:贝壳工艺品、国画、油画、水粉儿童画、电脑绘画等。

师:看了那么多有关大海的艺术作品,接下来同学们也来试试用金山画王去表现你所观察到的或者是想像的海洋世界。可以表现沙滩、海面和海底世界。

老师简单示范电脑绘画。由学生提议,老师操作,在演示过程中提醒学生技法的问题,特别指出对于软件自带的图库要合理搭配。

师:请同学们将完成的作品导出金山画王并上传至校园网上。另外有没有同学想试一试用水粉描绘大海?

有一部分学生表示愿意,最后由三位学生上台合作完成一幅画,老师从旁加以指导。

(注:此环节是本课的难点。所以老师用现场演示来解决。但画面怎样安排由学生出主意,师生共同合作,尊重学生的创作又解决了技法的问题。)

（2）学生创作，老师巡堂指导。

4. 艺术作品展示

将学生上传至校园网的作品用 ACDSee 播放，由学生评述每幅作品。（学生评述语：丰富；太多了，有点乱；好漂亮；一边可以，另一边有点太空了；真棒，全是自己创作的……学生对黑板上的水粉画也进行了评述。）

对作品进行评述时，老师主要引导学生从优点与不足之处两方面去看。

【活动评述】

大海的浩瀚、博大使我们心胸开阔，大海的美丽、神奇，令我们向往，引起无限的遐想。本课的设计主要是从艺术与生活的角度向学生展示海滩、海面、海底的景观。引导学生通过歌唱、舞蹈表演回忆在海滩游玩的情景，再随着镜头潜入海底探索神奇的海底世界。

由于本课的学生练习是用电脑完成的，金山画王软件有一定的图库，所以在教学设计中主要是引导学生对大海的整体感受而不是落在分析某种海洋生物的细节。

本活动设计让学生自己在课外收集有关海洋的资料，并结合老师所展示的大量资料用自己的语言去描述对大海的向往、遐想，体现了学生的主体性，有利于培养他们的自主精神和创造力。本活动设计的内容有助于引导学生关注地球资源的保护，并认识到每个人应从身边小事做起去爱护海洋。

【资料链接】

中华人民共和国教育部制定：《全日制义务教育美术课程标准（实验稿）》，北京师范大学出版社，2001 年 7 月版。

（深圳市南山小学　谭素君）

寻 找 尼 莫

【设计理念】

通过有趣的故事导入，感染学生心灵，从而激发学生想像力。尊重学生独特的见解和感受，通过自由创作方式充分发挥。

【活动目标】

通过给学生观看鱼爸爸寻找儿子的小故事启发学生的想像力，增强其观察力、创造力，使学生感受鱼的美，理解鱼的外形和颜色，受到美的熏陶，从而懂得珍惜自然，激发学生的友善意识。

【活动准备】

课件、影片片段。

【活动过程】

1. 导入

师：同学们，夏天到了，你们喜欢夏天吗？夏天你们都喜欢去哪里玩呢？（学生回答去大海里游泳。）那么你们知道大海里都有什么吗？（学生回答有鲨鱼、海龟、海蟹、珊瑚……）刚才有同学说大海里有很多的鱼，那你们都知道一些什么鱼呢？（学生回答有剑鱼、小丑鱼……）哇！知道这么多种鱼啊！老师好多都没听说过呢！现在我们就来欣赏一下海洋里的小鱼儿们。（播放幻灯片）大家看的时候要注意观察鱼的形状、颜色、花纹。一会老师要问问你们最喜欢什么形状、什么颜色的鱼朋友，为什么。你还可以给它取一个名字。

2. 创设情境，吸引学生注意力，激发学习兴趣

师：海洋真是个神奇的地方，每天都有好多有趣的故事发生。现在老师给你们看一个发生在夏天海洋里的小故事，（播放动画：鱼爸爸失去儿子尼莫这一段。）我们刚才看的这部影片是美国迪士尼公司制作的动画片，名字叫什么呢？（学生回答：《海底总动员》。）那么，有没有同学知道刚才我们看的那个片段讲的是什么呢？（学生回答：尼莫被潜水员抓走了！）尼莫被抓走了，它的爸爸该多着急啊！如果你是尼莫爸爸的好朋友，你愿意去帮助它把尼莫找回来吗？

3. 深入主题，使学生了解鱼、学会装饰鱼

（1）自发创作鱼。

师：（在黑板上画出鱼的模型）现在海洋里有几条小鱼准备去帮助尼莫的爸爸找尼

莫了，可是它们没有穿上漂亮的衣服，不想出门怎么办？哪几位小朋友愿意上来帮助它们呢？（学生上黑板绘画。）好，我们现在来看一看这几个小朋友给小鱼穿上的花衣服漂亮不。（学生回答不漂亮。）为什么不漂亮呢？（学生回答：图案不好看、颜色不鲜艳……）

（2）教师示范。

师：（展示鱼的装饰图画）老师的小鱼画得漂亮吗？（学生回答：漂亮。）为什么老师画的鱼比你们画的鱼漂亮呢？（请同学们说一说，引导学生从色彩、形状、图形组合等方面来说。）

（3）学生选择适合方法自由创作，教师个别指导。

师：（展示海洋背景图）你们看，现在海洋里就只有尼莫的爸爸一个人，你们看看它的表情，怎么了？（学生回答：流眼泪了。）为什么要流眼泪呢？（学生回答：因为它的儿子尼莫不见了！）那你们愿意去帮助它吗？（学生回答：愿意！）

师：除了绘画，我们美术课还学过什么表现手法可以把小鱼表现出来呢？对，除了画，还有彩泥捏、彩纸剪、折纸等等。这些方法都可以表现我们的想法。请大家选择一种方法表现一条鱼朋友，去帮鱼爸爸找回它失去的儿子尼莫，好不好？画之前老师在这里要提出几个要求：① 大家单独制作，不要下座位，不要大声喧哗。② 将我们刚才学习到的装饰小鱼的方法用到你的小鱼身上，把它打扮得更漂亮一些。③ 将鱼尽量做大一些，太小了不好看。

分小组制作。老师及时解决学生作业过程中的问题。

4. 展示学生作品，揭示故事结局

师：很多小朋友都做好了鱼爸爸的朋友，现在请你们把这些小鱼送到大海里和鱼爸爸一起找尼莫！（学生将自己制作的小鱼贴到背景图上。）同学们看一看现在大海里已经有这么多的小鱼了。（选择比较好的学生作品表扬，并提问这条小鱼叫什么名字，是怎么帮鱼爸爸找尼莫的。）最后莫林和它的朋友找到了尼莫没有呢？当然，有我们这么多小朋友的帮助，尼莫的爸爸一定会找到尼莫的。我们来看一看，到底找到尼莫了没有呢？（播放尼莫和爸爸相见的动画。）

【活动评述】

本活动设计将生动有趣的故事作为主线贯穿教学始终，鼓励学生走进自然、热爱自然，激发了学生们的创作欲望，并尝试用多种制作方法和装饰手段表现自己。另外，故事中的父子亲情更加激荡了学生们的内心世界，使他们的心灵受到了爱的滋润。还有朋友之间那亲密无间、团结协作的友爱也贯穿始终，使得本活动设计全篇洋溢着爱的温情。

（中央教育科学研究所南山附属学校　殷　琳）

有趣的手摆鱼

【设计理念】

情景教学能把概念具体化，传授方式趣味化，能使学生的认知与情感相结合，使思维与形象相统一，变灌输为感悟，变说教为体验。本教学活动设计旨在创情激趣，以趣激学，引导学生积极主动地参与学习，自主地探索，获得知识。

【活动目标】

1. 通过回忆及观察，认识鱼的结构特征，让学生能够大胆地画出各种想像的鱼。

2. 让学生通过自主探究及合作学习，体验从平面设计到立体构成的变化，制作出形状各异的可以摆动的鱼——手摆鱼。

【活动准备】

1. 教师收集“海洋鱼类生活”的录像带，查找有关鱼类资料的网址、《海底总动员》的动画片。

2. 把全班分为若干活动小组。

3. 所需材料：废旧彩色报纸、挂历、胶水、剪刀及学生自己收集的适合装饰鱼的各种材料。

【活动过程】

“小朋友喜欢看动画片吗？”“当然喜欢啦！”“老师，快放呀！”学生热情高涨，纷纷要求马上看动画片。

教师在视屏上播放动画片《海底总动员》。

学生认真地、津津有味地观看着，并不时发出阵阵惊奇的议论声。“这条鱼长得真怪，浑身都是刺。”“哇，这条鱼的颜色好漂亮！”“这条鱼长得像扇子。”“那条鱼好胖呀！”教师等学生看完动画片，笑着提出问题：“好看吗？看完动画片后，你认识了哪些鱼？它的名字叫什么？哪位小朋友还认识动画片中没有的鱼类吗？能给大家讲讲吗？”

学生积极举手回答问题，教师利用上网查找到的有关鱼类的知识，来解决小朋友的疑问，并告诉他们上网查找资料是一种很好的自主学习方法，可以去试一试。

“通过刚才看动画片，你们能说一说鱼是由哪几部分组成的吗？我们来分组讨论一下，比一比，哪组说得最棒，好吗？”

每组由一位同学汇报讨论问题的结果。

全班一致认为鱼的结构特征是：鱼是由鱼身、鱼尾及鱼鳍组成的。

“要画好一条鱼并不是很难，但需要一定的时间，谁会用简单的几何形状组合成鱼形？自己试着画一画。”

学生试着在纸上用各种图形组合鱼的外形，教师巡视学生试画情况。

教师请组合成鱼形较好、创意较新的学生上黑板示范，全班同学一块交流并进行修改。

“刚才几位同学画得真不错。可是这节课的学习任务，同学们只完成了一半。因为我们不止要画好鱼的外形及色彩，还要把它变成有趣的能套在手上的鱼，这样才算完成全部的学习任务。”

学生有点困惑地望着教师，教师笑着把准备好、制作好的手摆鱼范品套在手上，边摆动边走向学生中间：“我是一条自由自在的小鱼儿，你们喜欢我吗？想知道我是怎样制作出来的吗？”

学生有的触摸范品，有的站起来观察范品：“老师，让我看一看是怎样做的。”“我已经知道是怎样做的了。”这时教师故作神秘地走向讲台，从讲台的抽屉里拿出另外六只范品，分发给每个小组：“你们认真地分析一下，就知道可以套在手上的鱼是怎么做出来的了。”每组的学生都翻来覆去地观察着范品，并不时地进行讨论，研究着手摆鱼的做法。

教师请每组的代表说一说他们认为手摆鱼是如何做成的。

“做的时候，你们有没有考虑到要做多大的鱼形，才能适合你们的小手呢？”

“老师，我知道。我们可以用我们的手来做模子，只要比我们自己的手大一点点，把四周粘好，能把手装进去，就是正好合适。”

“为什么非要把整只手套进去呢？我们也可以做成小的套在手指上，老师，你说是不是？”

老师赞许道：“想得很好，我们要向她学习，这样做也是一种制作方法。”都想得到表扬的孩子们一下子活跃起来，七嘴八舌地争着表达自己的想法。

老师总结孩子们的各种想法：“‘可以做成套在手掌上的手摆鱼’，‘做成套在各个指头上的小手摆鱼’，‘做成剪纸穿在几个手指上的手摆鱼’，‘做成一面用带子穿上的手摆鱼’……大家的想法都非常的好，看来如何套在手上这个问题，我们都解决了，老师相信你们也有把握做好自己的作品了，老师相信你们做的手摆鱼会比老师做的那些手摆鱼更漂亮，是不是？”

学生动手创作作品，老师巡视辅导，并及时帮学生解决一些问题。

待学生大都完成作品后，教师请学生停下来，并把自己制作的手摆鱼套在手上。教师播放有关大海的音乐，让学生把自己想像成一条鱼，然后自由自在地游玩……

【活动评述】

本活动设计通过教师积极地引导学生看一看、试一试、想一想、做一做，使学生不断地发现问题、思考问题、探究结论，主动地学习，并在自主学习中建构自己的知识结构。学生在玩中学，学中玩，有效地激发了学生学习的兴趣。

【资料链接】

李绵璐、汪华主编：《义务教育课程标准实验教材·美术（二年级下册）》，《有趣的制作》一课，湖南美术出版社，2002 年 1 月版。

（深圳市南山区海湾小学　李慧莹）

小贝壳舞会

【设计理念】

绚丽辉煌的海洋似乎有种神秘的力量，让人们总是不厌其烦地去感受它、探询它、爱护它，而小孩子们更是对大海喜爱有加，对海洋中的各种生物充满好奇。

观察

“海底世界”中有很多美丽的小贝壳，小贝壳的故事学生们爱听。小贝壳多变的外形、美丽的花纹正好满足了低年级学生表现美的需要。而如《小贝壳》、《小螺号》、《潜海姑娘》等关于海的歌曲也是孩子们喜欢唱的歌儿。

怎样在观察贝壳、了解贝壳的同时能创造性地绘制贝壳呢？

创造

二年级的美术课本《加一加、变一变》一课，就是利用日常生活用品的外形来“加、变”进行创造。何不利用贝壳有趣的外形来加、变成“贝壳小精灵”呢？

我试着让学生画出小贝壳多变的外形之后，再加一加、变一变。真的！一个个生动、神气、美丽，带着灵性的贝壳精灵产生了！贝壳老爷爷、贝壳小姑娘、贝壳冰淇淋、贝壳城堡、贝壳棒棒糖、贝壳螃蟹、贝壳蜗牛……孩子们的想像力是无穷的，简简单单的贝壳到了他们手中竟然可以变成这样美好的东西！

创造了美的图画又怎么样去体验这美的感觉呢？

体验

我想到了孩子受表扬时那开心一跳的喜悦，完成满意作品后哼唱小曲的得意。对！孩子们最喜欢的表达方式就是能跳起来、唱起来、玩起来！那么就来开一个“小贝壳舞会”吧，和他们的小贝壳精灵一起来参加这个舞会，用跳舞来学习节奏，用唱歌来表现快乐，在玩耍中讲故事！

于是在美术课堂中多了这样一课——《小贝壳舞会》。

【活动目标】

1. 发现、观察、真实触摸、总结、想像贝壳的外形特征。

2. 激发学生创作的热情，创造性、个性化地设计小贝壳。

3. 跟唱、感受歌曲《小螺号》，学会用节拍来跳舞，用歌词中的含义来跳舞。

4. 讲出关于贝壳精灵的故事，用动作来表现贝壳小精灵。

【活动准备】

上课前教师准备各种形状的贝壳多个、几顶纸制的王冠、课件、范画；学生准备纸和画笔。

【活动过程】

1. 感受贝壳

老师：同学们，你们见过大海吗？大海非常的美！今天老师把大海给你们带来了！不信？那现在就领你们到海边去转一转！全体起立！模仿老师的动作，一起游到海边去啦！

教师带领学生跳起“大海边的舞蹈”(课件影像配乐)。

老师：猜，他们在做什么呢？

学生：捡贝壳！

老师：贝壳很好玩吗？好看吗？想不想现在就摸到小贝壳？在你们的书桌里摸摸看！(课桌里为每个学生藏一个小贝壳。)

老师：小贝壳真开心！因为它们今天找到了这么多可爱的小朋友们！那么，仔细观察，你手中的贝壳像什么？

学生：彩虹、旋涡、镜子、雨伞……

老师：那好，再问两个问题考考你们：海螺是贝壳吗？贝壳上的纹说明了什么？

2. 设计贝壳

老师：同学们回答得真好！老师这里画了几个贝壳，请大家来看一看！老师画的贝壳和你们的贝壳有什么不一样？

学生：有花纹、颜色。

老师：对，画时给小贝壳加上花纹和颜色就会使它更漂亮！还可以，把你手中的贝壳设计成一个有趣的贝壳好朋友呢！(课件示范)比如这个椭圆形的贝壳，可以加花纹、颜色，画上眼睛、手、脚、裙子，变成贝壳姑娘！还有这个扇形的贝壳，这个三角形的贝壳。你们还想把它变成什么？怎么画？

学生：蘑菇、寄居蟹、小雨伞、茶具……

老师：好，现在老师来画出贝壳的外形。谁的贝壳借我来画一画？(老师示范两个一样外形的小贝壳。)现在请两位同学到前面来做小老师，把小贝壳设计一下。纸可以调整方向。(请学生示范。)

老师：真好！一会儿就让我们设计的小贝壳妈妈、爷爷、小孩子一起来参加“小贝壳舞会”好不好？(课件出示课题、配欢乐音乐。老师板书课题——小贝壳舞会。)

老师：(课件歌曲《小螺号》)好，会唱的一起唱！老师要给跳得最好的同学一顶王冠！来，跟上节奏！强！弱！——强！弱！——1！2！——1！2！拍手打节奏！拍桌打节奏！跺脚打节奏！(老师领做)

老师：(鼓声响，学生坐好)同学们跳得真好！是不是很想画一个自己设计的贝壳小精灵来参加舞会呀？好，设计开始！(出示整张大海背景)把画好的贝壳剪下来贴在前面，让我们的舞会热闹起来！在画的过程中，老师将会给最认真、最安静、最有想像力、颜色最漂亮、线条最流畅的同学戴上王冠。好，现在就快快开始吧！

学生：绘制贝壳(课件：贝壳图片)。

3. 贝壳舞会

老师：(摇动铃鼓)我们的舞会就要开始了！看一看是谁画得小贝壳来参加舞会了

呢？谁来把你的画给大家讲一下！

学生：向大家讲述自己画的贝壳。

老师：再来编一个动作表现你变的贝壳小精灵！把你编的贝壳小精灵的动作表演给旁边的同学看！看谁模仿像得最有趣！

学生表演。然后大家一起评选出几位表现好的同学，奖励他们王冠。

老师：今天我们是用贝壳进行变化，如果用这个瓶子可以变成小精灵吗？用这把剪刀呢？哈哈哈，生活中到处都有我们可以变的东西！就靠我们去发现！

老师总结：今天每个人都画得特别好！知道吗？贝壳除了可以画得漂亮，还可以做成艺术品呢！比如这个贝壳风铃！（出示实物）以后你们自己也可以试着做一做！（课件展示）好！最后老师要奖励全班同学！我要再带你们去海底看一看！来，让我们再次跳起来！变成小贝壳一起去海底漫游吧！（课件动画，老师领做动作，全课结束。）

【活动评述】

此节课是在轻松愉快的氛围中进行的，整节课对学生来说没有约束力，所以学生在创作的过程中发挥得很充分，当场完成的作品生动、自然、富有想像力。老师让学生们主动说、开心笑，用掌声让每一位学生体验成功的喜悦。并“将一种抽象的东西变成哲理的语言，让学生的心田从小开始浇灌”。一节“小贝壳舞会”充满着艺术的生命，更让每一位学生充满生命的活力。

【资料链接】

李绵璐、汪华主编：《义务教育课程标准实验教材·美术（二年级）》《加一加、变一变》一课，湖南美术出版社，2002 年 7 月版。

（深圳市南山区育才一小　张　妍）

小小艺术展

【设计理念】

在活动的整体设计中，应尽量减少老师在活动过程中的主观干预，突出学生的学习主体、评价主体的作用，旨在锻炼学生主体的主动参与、自我组织、自我反思、自我评价、评价他人的胆识和能力，使学生的综合能力得到较全面的培养。同时，唤起全体同学对艺术的注意、领悟和热爱，在艺术活动中深切体验自信、自尊、自爱的高尚情感，从而自觉进行艺术行为、艺术创作，提高艺术修养，享受艺术人生。

【活动目标】

1. 通过活动的准备、组织，锻炼班干部集体的组织、策划能力，提高班集体的凝聚力。

2. 通过全体同学的个别或组合的展示、展演，使学生更加自信、自尊、自爱。

3. 通过评价，培养关注他人、团结协作的良好风尚。

【活动准备】

1. 艺术作品，展示、展演活动动员。

2. 艺术活动展示、展演策划组织、编排。

3. 艺术展示、展演现场的实施。

【活动过程】

1. 第一课时

老师展示各班优秀课堂作业，激发展演热情，说明展演目的，提出展演准备与要求：

(1) 讨论确定各班负责人、主持人、具体展演项目、音乐准备、音响控制等人选(由班上同学讨论推荐或自我推荐)。

(2) 各班班干、负责人广泛动员，同学自己报名或组合报名，确定项目(可报一项，也可报多项)。

(3) 各班专人根据时间排序制表，注意节目的调配，合理安排，要求在一节课内安排好，并完成全班 40 多人的所有项目。

2. 第二课时

这一节课主要让学生们自己主持，整个活动由学生共同协作完成。

(1) 展演之前，老师简要重申活动注意事项、评价要求。

(2) 学生主持人宣布展演开始，同学按序进行展演。台下同学对台上每一位同学进行评价。

生 1：我画的是两只小鸟、紫红的河流，旁边有竹子、植物，使所有的东西和平共处，

表现大自然的自然和谐。

生 2：我画的是女孩和蝴蝶同飞，她们向往着自由。我希望全人类都能够享有自由。

生 3：我画的是星期天的沙滩浪漫情怀，所有的人都抛开烦恼，与朋友畅谈，共同度过美好时光。

生 4：我的画题目叫《紫兰》，因为画面上有许多紫兰。画面中间的是个日本女孩，她喜欢紫兰，我把她欢乐的时刻画下来，希望看到她的人都能得到快乐！

其他同学认真观赏并评分，并报以鼓励性的掌声。

生 5：我的画是森林，清凉的绿色，希望大家关注环保，爱护森林，使生活更美好！谢谢大家！

绘画展演完后是唱歌表演，演唱完了，接着是摄影作品展示，所有的作品都被制作成幻灯片，一张张地在屏幕上展示；接下来是书法作品，为了节省时间分组进行。再下来，有几个女同学朗诵。

展演全过程有条不紊，一环接一环，同学注意集中，兴趣不减，一直坚持到最后。这种情绪在平时上课时是较少见的。尤其是许多平时不太认真的同学，此时也振作了起来。

(3) 展演完毕，学生主持人致结束语，老师略作小结，下课。

【活动评述】

这节课在构思的时候曾经有过犹豫，原因有三点：(1)中学生正处在心理与生理发育不平衡、手足动作不协调、原创精神降低的艺术抑制时期，他们自我否定意识增强，羞于在人前表现自己，能否动员人人参与？(2)本校本年级学生的实际情况：平时纪律、艺术表现并不十分理想，由学生自行组织能否保证顺利完成教学设想？会不会引起混乱，难以收拾？(3)整节课都用于展示，是否具有教学、教育价值？这些顾虑随着课程的开展、进行、完成及延续慢慢消除，坚定了我对这节展示课的可行性的信心。

作为一次同学自主的展演活动，各班的总负责、主持、具体展演项目负责、音乐准备、音响控制等人都表现出良好的组织能力，各班同学合作得也很好。以上都显现出班级在这次活动中团结一致的精神。展演气氛活跃，令人刮目。在展演过程中，有的同学有需要的时候，就有同学主动帮助；表示胆怯的时候，就会有其他人善意地为他鼓掌，表示鼓励。

展演表达了学生们较强的表现欲望，并且其中不乏艺术才气的火花。这次活动增强了许多同学的自信心，促进了班级的凝聚力，同学间增进了友谊，学习热情高涨，自觉性有所提高，不少同学自动补交了作业，有的还重新设计制作了新的艺术档案夹，整理充实了里面的艺术作品、资料，显示出新的面貌。同时，也加强了任课老师对同学的了解，师生关系得到进一步的改善。

本活动设计立足于全部由学生做主的自然“show”，提供了切实可行的教学、评价时空，为学生建立了一个自主地表达艺术情感、感受艺术与生活紧密联系的平台。虽可能失之稚嫩，却有着真情实感。在艺术活动中，加强了师生、生生间的情感自然交流及联系，坚定了教师对艺术课程的信心和以学生为学习主体的教学思想：只要以平等对话的态度，充分信任学生，就可以激发出他们自律自尊的情感，带出自觉的行动。平时在教师眼里不被重视的一些学生，在这次活动中都会有上乘表现。

【资料链接】

1.杨立梅主编：《义务教育课程标准实验教材·艺术(八年级下册)》，山东美术出版社，2004 年 12 月版。

2.蛇口中学网站艺术科组网页：http://www.szskzx.com

(深圳市蛇口学校中学部　田丹丹)

滚动的球体

【设计理念】

新的课程标准要求教师要有“一切为了学生的发展”服务意识，通过教学，引导学生通过各种方式的学习过程，将教科书的知识与技法转化为学生的知识和技能，提高其解决问题的能力和审美能力，促进其人格的全面发展。本活动设计即以此为设计理念。

【活动目标】

1. 在感知活动中触发学生去发现和思考物体特点。

2. 学生学会观察、发现、探究问题。

3. 学生会使用绘画工具表现出感受到的或想到的滚动现象，能随意大胆地运用各种材料来装饰球形物。

【活动准备】

1. 各种材料做成的圆形物和生活中常见的圆形物。

2. 多媒体课件(圆在生活中的实例)。

【活动过程】

1. 课前探索

师：同学们，你们知道生活中哪些东西会滚动吗？你们找一找，下一次上课带来与大家交流一下。

通过课前寻找能滚动的东西带入课堂，既体现出自然和生活是第一课堂，创作表现来源于生活，又可以在课堂上让学生做滚动游戏，激发学生的学习兴趣。也可以滚动物直接对滚动物进行加工装饰，培养学生的多种表达方式，真正体现出学生在课堂上的主动性。

2. 感受滚动

师：今天老师给大家带来了许多好玩的东西，你们想玩吗？玩这些玩具有一个规则，就是要让这些玩具比赛跑步，同学们看老师是如何玩的。

教师将课前准备好的一筐物体倒在一面斜放着的板子上，让它们顺势滑下来。看一看谁跑在最前面。这些物体中有各种形状：方形、三角形、多面形、大大小小的圆形。

师：谁愿意来前面指挥这些玩具比赛跑步？

找一个学生到前面来再次把筐里的东西倒在斜板上，再次观察谁跑在最前面。教师与学生同游戏、同感知，体现出教师和学生是平等的。

师：我们再来一次，看都有哪些玩具能跑到终点。

在地上画出一条终点线，再一次观察都有哪些物体超过了终点线。培养学生良好的观察习惯和归纳总结的能力。

师：你们说一说，三次都跑得又快又远的物体一样吗？你发现了什么？

通过三次比赛跑步，使学生发现问题，总结出跑得快的、跑得远的都是圆形和基本上是圆形的物体，圆形物跑得快的原因是因为它是没有棱角的球体，运动时所受的阻力比较小，所以它们滚动得比较快。通过观察和感受教师从生活中给学生寻找的能滚动的物品，学生很容易理解能够滚动的物体的外形特点。既培养了学生的观察能力。同时也锻炼了学生的语言能力。

让学生说一说生活中都有哪些东西会滚动。通过前一个环节，学生能很自然地列举出众多的具有滚动功能的物体，联想也会由此展开。

3. 体验快乐

让学生把课前准备的球形水果、各种球体拿出来滚动滚动，相互碰撞一下，让学生体验滚动的乐趣。再让学生摸一摸自己所带物体的外形，闻一闻不同水果的不同气味，刺激学生的各种感官。学生根据自己的兴趣和经验，展开不同的玩耍方式，体会滚动形式，同时合作学习，全员参与人与人、人与物的交往，尊重学生自我表现方式和感情投入，真正激发了学生的内在动力。由于一年级学生年龄小，在这个环节中，学生停不住了，不停地滚动带来的物品，教师可利用小学生喜欢被表扬的心理特点来稳定学生的情绪。

4. 自我表现

(1) 观察与发现。

师：我们再来做一个滚动游戏，看一看、想一想哪个滚动起来最漂亮。

教师把一些经过装饰的球体和没有装饰的球体倒在斜板上，让学生观察哪个滚起来更有趣，更漂亮。教师把学生认为有趣的、漂亮的球体分发给每个小组，让学生观察教师是如何装饰的。通过这个环节让学生在体验、观察、发现中去创造装饰的方法。使学生自主学习，使学生在玩中学习。

师：你们想不想也让自己手里的圆形物体变得滚起来更好看呢？你打算用什么方式和材料来装饰？

让学生说一说自己的想法，鼓励学生运用多种材料和方法来表现。

(2) 进行创作。

学生选择自己喜欢的方式来装饰自己带的球形物体。可以在水果上刻、画，可以用彩纸在球上装饰，也可以直接用彩笔画，不愿意或没有带圆形物的同学可以画自己看到的或想像到的有意思的滚动画面。教师鼓励并及时表扬那些有创新意识的学生。

5. 享受成功

让学生将自己装饰好的球体再次滚动起来，比一比看谁的球滚动起来最漂亮，让画的同学讲一讲自己画面的意思，让每个孩子都享受成功的喜悦。同时，尊重学生，鼓励和肯定学生带有激情的游戏式感知行为。

【活动评述】

本教学活动的设计很贴近学生生活，让学生滚各种圆形的物体，在滚动游戏中，让学生感受和体验学习的乐趣，在教师的诱导下，积极主动地去发现各种形状的特性和滚动差异。在滚动玩耍时，让学生看、摸、闻，刺激学生的感官，影响学生对物体的认识。在作业要求上，为了让学生有多样性的艺术创造，除了让学生画出自己观察、联想到的各种有趣的、有情节的画面外，还鼓励学生直接在球形物上加以装饰、美化，扩展了作业的范围，使学生的个性创造得以充分的发展。

【资料链接】

《美术》第一册第三课，人民美术出版社。

（深圳市南山区大勘小学　罗洁娜）

拼 拼 摆 摆

【设计理念】

拼拼摆摆是一种孩子们喜爱并乐于参与的活动。本课即将方型和圆型先剪割成块，再拼摆粘贴构成新的图形，是促进学生形象思维、想像力、表现力、创造力发展的一种行之有效的方法。

【活动目标】

1. 学生参与剪割、拼摆、粘贴等活动，初步掌握型的分解与组合方法，提高动手能力。

2. 培养和发展学生的形象思维能力、创造能力、审美能力。感受和体验拼摆造型活动的乐趣。

【活动准备】

孩子们提前准备好两张方形和圆形的彩色纸。

【活动过程】

1. 利用情景，激发兴趣，引入课题

提前在黑板上分别摆放红、黄、蓝、绿四个色彩鲜艳的方形和圆形，不同的是它们已经被分割为大小不等的几块又重新组合在一起了。

师：大家都认识黑板上的这几个形状吗？

生：是方形和圆形，太简单了。

师：发现它里面有什么特别的吗？

生：被剪割成了几块。

生：大家再来看一看，刚才的方形现在又变成了什么形状？

老师动手挪动已剪割开的方形纸片，并重新造型。转眼刚才的方形已变成了一位婀娜多姿的小女孩形象。手再动一动，一位挥舞着矛和盾的武士又出现在孩子们的面前。这些色块纸的造型变化使孩子们感到很惊奇而有趣，注意力一下吸引了过来。

师：老师的这些纸块还能变成什么图案呢？有谁能来帮帮我的忙？

生：我来，我来。

同学们争着上，老师先后叫了几名同学上来，运用剪割开的方形和圆形进行图案的重新拼摆造型。

乘同学们上来拼摆造型的机会，老师宣布这节课的活动规则：以比赛的形式来进行，六个小组分别取名为稻草人组、鲸鱼组、小鸟组、熊猫组、苹果、小花组。凡是表现积极、作业有创意的小组成员都可以得到一枚小星星，最后看哪一个组得到的星星最多。

老师给刚才上台的几位孩子所在的小组添上了一枚星星。

2. 切入主题，自主探究，解疑质疑

在评价完孩子们的表演作业后，老师点题：今天我们学习的内容是“拼拼摆摆”。电脑课件显示一个很有趣的动画题目。老师指导观察电脑课件中图案造型、基本的制作方法、技巧、要领，并在幻灯机加以演示。如：

(1) 纸片剪割的次数不宜超过5次，割裂的块数以4～6块为佳。

(2) 纸片剪割时宜以弧线为主，直线为辅。

(3) 剪割时可采用对称型或不对称型的方法来剪。

(4) 在造型过程中，分与合的块数应相同，不得有半点遗漏。

(5) 造型的内容可以是人物、动物、植物、家居用品、未来产品等。

随后，老师宣布第一个比赛活动内容开始：选择一个你喜欢的方形或圆形的彩色纸先剪割成块，再拼拼摆摆。比一比，哪个小组成员拼摆的图形多，看一看哪个小组成员拼摆的创意多。

孩子们开始了激烈的拼摆竞争，十几分钟以后，老师宣布比赛时间到。

师：拼摆出三个以上图形的同学请举手。

全班的孩子们都毫不犹豫地举起了手。

师：拼摆出六个以上图形的同学请举手。

有一半的孩子举起了手。

师：拼摆出九个以上图形的同学请举手。

有八个孩子举起了手。

师：拼摆出十二个以上图形的同学请举手。

这回举起了手的有三位孩子。老师给他们每人所在的小组添上了一枚星星，并表扬他们真棒。

由于竞争激烈，课堂气氛达到了一个小高潮，有的孩子甚至边举手还在边做。而老师通过这种方式，让孩子们的创造能力充分得到了体现和发挥。

3. 提炼与升华

接着老师宣布第二个比赛活动内容开始：挑选出自己最满意、最喜欢或是创作得最好的作品，把它粘贴到白纸上，并给自己的作品取一个题目，同时写上姓名。七八分钟之后，大部分同学已经完成作品并分组贴上了黑板，这时老师为了让孩子们抓紧时间，便提议和完成作品的孩子们一起大声开始数数“10、9、8、7、6、5……”，孩子们一个接一个地以最快的速度往黑板上贴起了作品，没完成的孩子们嘴里喊着：“老师等一下，我马上就好。”现场气氛紧张而热烈，而作品的内容更是丰富多彩，造型巧妙逼真，有人物、动物、植物、家居用品、未来产品、机器人等等，取的题目亦是十分有趣，如：舞剑的人、穿和服的小姑娘、水中的鱼、蝴蝶花……

终于，比赛时间到，全班98%的同学作品都基本完成，老师略微整理后开始讲评，以求异、创新为中心点，学生评价为主。其中有很大一部分学生的评价都是对自己的作品很满意，充满了自信和成就感。小部分学生表示喜欢别人的创意，认为他们构思很巧，拼摆很逼真。老师也分别给这些作品优秀和评价水平优秀的学生所在的小组贴上了小星星。

最后老师总结：这次的比赛活动全班同学作品都做得很好，很成功。经过这次活动，大家可以从中得知，只要同学们开动脑筋，勤于思考，乐于动手，便都可以品尝到创作的乐趣和成功的滋味。

【活动评述】

整节课以比赛活动的方式来进行，节奏感强而气氛热烈。让不同的孩子进行不同的拼摆造型，充分感受反复摆弄图形变幻的奇妙与乐趣，用大小不一的纸块造型，拼摆出的图案界乎于抽象和具象之间，由于形状在似与不似之间，使得一些绘画功底不好的学生也能拼摆出很有趣、很生动的图案，从而获得意想不到的成功，这使他们增添了对美术学习的兴趣。

让学生自由思考，自由创作，帮助孩子们在"比赛"的过程中获得成功的体验，习得学习的技能。让他们在积极的情感体验中提高学习、创造的动力，并发展创造美好生活的愿望与能力，使孩子们的综合素质得到提高和发展。

本活动设计充分调动了孩子积极的创造性，挖掘了他们的创造潜能。先让孩子们尽可能多地拼摆出形状，再让孩子们挑选出其中的精品，这种从量变到质变的过程，使得孩子们的动手能力得到了培养，创造能力增强了，审美意识更是提高了。给学生们带来了巨大的收获和成就感，孩子们作品的成功，还大大加强了他们的自信心。孩子们一旦有良好的自信心态，他们就更会把这种创作的欲望迁移到别的学科领域，这样，增强了他们继续探讨和创造的信心，有利于学生全面发展。

【资料链接】

李绵璐、汪华主编：《义务教育课程标准实验教材·美术(三年级下册)》《拼拼摆摆》一课，湖南美术出版社，2003 年 1 月版。

(深圳市南山区桃源小学　黎青青)

奇 妙 的 形

【设计理念】

儿童的天性是爱美的，具有创造的天赋。本活动设计力图通过对画家米罗作品的欣赏，启发学生对形的认识、理解，并通过基本形进行丰富的联想和巧妙的组合创作，让学生在美术课堂学习和创作中充分感受到创造和表现的快乐。

【活动目标】

1. 欣赏美术作品，理解基本形，并由基本形进行联想、创作。

2. 充分激发学生丰富的想像和创造，让学生在愉快的学习中感受美、创造美。

3. 在教学中渗透情景氛围和情感体验，使学生在潜移默化中感受亲情与爱。

【活动准备】

投影仪、多媒体课件、示范图片、其他资料等。

【活动过程】

1. 导入

“拉拉钩，我们又做好朋友！”同学们的歌声悠扬、整齐，我面带微笑，愉快地走进教室。

“上课！”“老师好！”“同学们好！”“请坐！”气氛热烈，同学们的热情很高。

“拉拉钩，好朋友，老师也有一位好朋友，想介绍给大家，你们想不想见一见呀？”

“想。”同学们有些好奇，热情期盼。

“好，现在老师就把它请出来。”我迅速打开演示文稿。

“喔，原来是一幅漂亮的画！”同学们有些惊讶。

“这位朋友来自遥远的西班牙，它是西班牙著名画家米罗的美术作品。同学们，看到这幅画后，你们联想到什么？老师很想听听你们的意见。”

这时，同学们好奇地睁大了眼睛，有的同学开始把小手高高举起，他们似乎迫不及待想回答问题，我叫了坐在后排的一位学生起来回答。

“我觉得这幅画很奇怪！”

“为什么奇怪？”

“画上有两个人，一个是站立的，一个好像是倒立的。”

“说得真好！”我用鼠标点击画面，“那你们还发现了什么？”

“有太阳。”有几个同学大声说出来。

“还有什么？你们觉得像什么都可以说出来。”

"有小鹿","下面好像有一只大蚂蚁"……同学们七嘴八舌,回答有些奇怪,但却有趣。

"我觉得那个倒立人的脚好像雨伞的把杆。"

"喔,你观察得真仔细。""同学们,老师认为你们的回答都可以说是正确的,因为你们说出了自己真实的感受。但是,画家给这幅画取的名字是《太阳、人和鸟》,现在,太阳和人我们都已经找到了,那鸟儿又躲在哪儿呢?"

"老师,我发现了,鸟儿在画面的左下方。"

"OK!"我做了一个表示赞赏的手势。

"现在,我们看到了画面上有一个大大的、圆圆的红太阳,那你们在画面上还发现哪些不同的形状?"

"正方形、长方形、三角形、椭圆形……"随着我的指引同学们一一把各种形状都找出来了。

2. 形的联想

"圆形、方形、三角形,各种形体变化多。想一想,看一看,各种物体什么形?"同学们跟着我齐声朗读起来。我拿出一些图片和物体,要大家分辨外形,进而联想形体。孩子们的表现欲望很强,我让同学们如接力赛似的一个接一个地回答问题。从教室联想到学校,从城市联想到星球,吃、穿、行、住,万象包罗。同学们的思维越来越活跃起来。

我于是引导:请大家依据圆形、方形、三角形等基本形状进行联想,在规定的时间内(约10分钟)把所联想到的物体很概括地画出来,越多越好!要求:作业以单色彩笔画,重在思维训练和形体表达,不以绝对方、圆为标准。

3. 献给妈妈的礼物

"老师想考考大家,你们知道明天(5月9日)是什么节日呀?"

"母亲节!"同学们齐声回答。

"那大家有没有画一幅画或制作一个小手工送给自己的妈妈作为礼物呢?"

"有!"同学们大声回答。"很好!"我同时把收集到的一些美术作品在投影仪上展示出来。

"今天,老师想要大家完成一幅有特别意义的画。"同学们睁大好奇的双眼,我顿了顿,同时拿出一幅由圆形、方形、三角形等多种形状组合的,具有丰富形象和奇妙色彩的项链。

"哇,好靓,好漂亮耶!"同学们啧啧称赞。"那你们想不想也画一幅漂亮的小项链,把它献给自己的好妈妈呢?""好!"我于是简单地讲解了一下设计和创作的要求,然后同学们开始创作起来。孩子们的热情很高,有不少学生的作品用色、构思非常大胆、巧妙,有的还在画上写上了一些感人的话语。我把孩子们的作业一一在投影仪里展示出来,当我看到其中有一幅作品上写着"妈妈,您辛苦了!"时,我深情地说:"'妈妈,您辛苦了!'表达了我们所有同学的心声,表达了我们对妈妈的爱,对妈妈的感激之情!现在,请大家一起深情地来唱我们的《好妈妈》。"随着动听、悠扬的旋律,同学们晃晃脑袋、拍拍小手,动情地歌唱起来。我陶醉其中,孩子们被深深地感动了,我也被感动了!

4. 奇思妙想、趣味组合

形的趣味组合,是本课教学的重点环节,我设计了三个主要的活动:

(1) 趣味构成——形的巧妙组合。将圆形、方形、三角形等多种形状组合在一起，像搭积木一样，重复、重叠、错落，构成丰富、巧妙的画面。

(2) 奇思妙想——自由想像画。巧妙组合各种基本形，并发挥想像，加工创造，以自己最感兴趣的题材(如奇怪的脸、机器人、赛车、建筑等)进行创作，完成一幅想像画创作。

(3) 巧巧手——拼拼摆摆妙组合。用皱纹纸或者其他彩色纸，用剪刀剪出大大小小的各种形状，切切割割、拼拼摆摆，粘贴在彩色底纸上，组合成一幅漂亮的画面。

【活动评述】

本活动设计通过精心的教学设计，巧妙的教学引导，准确的教学语言，丰富的教学环节，及时的作业评价、展示，产生了非常好的教学效果。这一堂课的实际教学给听课的学生以及参加评课的教师都留下了非常深刻的印象。上完课后，孩子们围着他不肯离开，他们似乎还一直沉浸在快乐的课堂中。甚至，有几个调皮的孩子高兴地跳了起来，大叫："啊，真爽!"我们真的被感动了！千言万语却言难尽意，感慨万千而意犹未尽！最后，通过这一课教学，我们的感受和所要表达的观点是：作为教师，我们一定要善于学习、虚心学习，敢于摈弃、改革那些陈腐的教学思想、观念。要让我们的教学适应学生、贴近学生，要让学生敢说、敢想、敢画，要培养他们的个性，激发他们创造的潜能与活力。

通过这一课的教学，使我们深深认识和体会到：在美术教学上，就怕有心人。只要我们刻苦钻研、努力教学，就一定能收获更多的成功与快乐！

【资料链接】

1. 李绵璐、汪华主编：《义务教育课程标准实验教材·美术(二年级下册)》《巧妙的组合》一课，湖南美术出版社，2002 年 1 月版。

2. 李绵璐、汪华主编：《义务教育课程标准实验教材·美术(三年级下册)》《摇摇摆摆》一课，湖南美术出版社，2003 年 1 月版。

3. 杨立梅主编：《义务教育课程标准实验教材·艺术(一年级下册)》《妈妈的爱》一课，教育科学出版社，2002 年 1 月版。

4. 魏瑞江编著：《少儿美术世界》，天津杨柳青画社出版。

(北京大学附属中学深圳南山分校　瞿拥君)

感受运动美感

【设计理念】

本教学活动设计力图改变传统的学习方式，培养学生自主学习的能力 ，并且让学生在美术活动中获得成功的体验。注重培养学生搜集信息和处理信息的能力，培养其主动参与、乐于探究、分析和解决问题的能力以及交流与合作的能力。

【活动目标】

1. 通过学生自主探究，去感受运动的美。

2. 让学生在美术活动中获得成功的体验。

3. 注重培养学生搜集和处理信息的能力，培养主动参与、勤于动手、分析和解决问题的能力以及交流与合作的能力。

【活动准备】

1. 把全班分成五个小组。

2. 让同学找一些资料。

3. 带材料：铁丝易拉罐、纸版、绘画工具、雕塑泥、牙签。

【活动过程】

1. 利用课件和学生表演激发兴趣，引入课题

课件演示一段篮球广告片，同学都被三维制作的人物配合音乐的表演给吸引住了，聚精会神地看着。广告片放完后，接着由五名男同学组成的表演队入场，手中拿着篮球，开始表演篮球特技，不断引来同学叫好声和掌声，使班级的气氛一下就活跃起来。

师：同学们，他们表演得好不好？

生：好！

师：他们为这次表演付出许多，利用休息的时间排练，我们为他们的付出，鼓掌表示谢意，谢谢他们的表演。下面老师要问一个问题——他们做的是什么运动呢？

生：篮球。

师：那老师又要问了，还有哪些运动形式呢？

生：风车、足球、跑步、大海、生物、天体、跳水等。

师：对了，正如同学们所说，运动的形式很多，有生命运动、大海运动、体育运动等。大到天体运动，小到细胞运动等等，举不胜举，因为我们是处在一个无时无刻不运动的世界里。运动让我们的大自然充满生机，让生命充满活力，还能给人以美感。这节课我们就来研究运动。（放音乐，打出主题。）

2. 学生展示所收集的资料

师：课前老师给你们布置查找运动的资料，准备好了吗？

生：都准备好了。

师：那就请各小组展示你们的资料。

第一小组：大家好，我们组在老师布置作业后，开始上网查找资料，我们找到的是动感雕塑作品（边介绍边演示课件）。

第二组：我们组找到的是用牙签制作的抽象的动感作品（边介绍边演示课件）。

第三组：我们找到的是绘画中表现的运动感（边介绍边演示课件）。

第四组：我们找到的是小学美术书中的用纸做的造型（边介绍边演示课件）。

第五组：我们找到体育运动的图片（边介绍边演示课件）。

在同学们展示资料后，教师总结，表扬他们的表现。然后再展示教师找到的资料。（因为教师找的资料有针对性。）

3. 师生讨论

（1）你们组用什么方式来表现运动呢？

（2）怎样合作把它制作出来呢？

师：我们欣赏了这么多的运动图片，那你们采用什么样的形式来表现呢？

各组讨论，教室里很是热闹，教师也参与其中，但不要过多地干预。

4. 各组比赛制作作品

讨论 10 分钟后，教师叫停，问各组是否定出计划。同学们回答已经商量好了。

师：那好，我们先保守各组的秘密，等一会做完的时候各组再介绍制作构思。那我们各组就开始来一个比赛，看哪组快。

各组立刻投入制作当中，课堂气氛立刻活跃起来，各组分工明确，有条不紊，教师也加其中，巡视指点。15 分钟制作完毕，教师总结，第一小组第一个完成，第五小组最后一个完成。

5. 展示评价

师：我们的同学在制作时都很配合，分工明确，使我们都能在规定的时间内完成作品，这就能看出集体的力量是大的。下面由各组介绍作品，其他组提出评价、建议。

第一组展示：

这个作品叫“母与子”，我们想到用孩子在外闯荡回到家中和母亲相见的情景，表现母与子之间的情感。我们采用抽象的表现手法，抓住孩子奔向母亲的那一刻的动感制作出了这件作品。我们的作品不错吧！

其他小组评价意见：构思很巧妙，表达的情节很感人，动感表现得突出，材料新颖。如果再具象点会更好。

第二组展示：

我们先用铁丝做成一个正在滑滑板的人物，然后用不干胶做成衣服，它的滑板是用易拉罐制成的，在人物的脖子上还做个飘带，也是用易拉罐作的，这样更有动感。

师：易拉罐是不是不好制作？

生：是的，很容易划伤手。

师：同学们，我们为第二组同学的不怕困难的探究精神鼓掌，要向他们学习。

其他小组评述意见：这个很难做，他们完成得很好；我看比第一组的要好，运动感更强。如果再大一点会更好。

第三组展示：

我们采用流水作业，有人提供牙签，有人粘胶，我们几个摆成动感的作品。这是用三角形摆出的向上旋转的抽象作品，主要突出运动。

其他小组评述意见：材料选得很好，动感很强。

第四组展示：

我们小组采用的是绘画方式，我们合作完成了三幅作品："气泡运动"、"海豚运动"和采用半抽象表现手法的"生命运动"。

其他小组评述意见："生命运动"那个作品我们看不懂；我觉得它不错，抽象的作品嘛，就会有些看不懂。

第五组展示：

我们在小学美术书中看到这个"纸工"作品的草图，想起小朋友手拉手做游戏的情景，就决定用这个造型表现运动，题目就叫"手拉手"。我们采用三种彩色纸，分别代表三个运动的人。

其他小组评述意见：材料运用得很好，纸的色彩选得也很好；我觉得他们的作品动感不强，不是很成功，再出现点变化，如在人物上可有大小之分，就会有动感了。

教师总结：同学们，这次课我觉得你们进步了，无论从收集资料还是从制作作品来看，都能看出你们学会自己探究、自己动脑分析和解决问题了，而且评价得也很专业。老师希望你们能继续努力，创作出更好的作品。下面就让我们随着郭富成的啪啦啪啦舞的音乐一起动起来，结束这节课。来，大家一起跳。（放音乐，学生一起跳啪啦啪啦舞。）

【活动评述】

本活动设计充分体现了学生为主体、教师为主导的新的教学理念，课堂中充分调动学生，整节课的设计新颖，动静结合，音乐运用恰到好处，极大地激发了学生的兴趣，是一节既学到知识，又使学生很快乐的课。

【资料链接】

1. 中国美术教育信息网 http://www.arteduinfo.com

2. 新时代图霸网 http://www.mypcear.com

（深圳市荔香中学　高　颖）

一 张 白 纸

【设计理念】

怎样在每一节艺术课中找到一个令学生积极创造的起点？这一起点起心理激发作用，诱导孩子们想做、想看的好奇心，从而让他们去思索、想像、改造和创造出丰富多彩的艺术形象，这一切都来源于教师自己的创造，而不是惟书独尊，惟经验是从。

爱玩，是所有孩子的天性。玩纸是他们生活中最喜欢、最平常，也是最重要的内容。本节教学活动的设计理念就是让学生经历玩一玩、想一想、议一议、画一画的动手、动脑探究和表现过程，从中领悟艺术源自于生活中的每一个角落，共同分享发现艺术和表现艺术的快乐，同时促进其创造性思维的发展。

【活动目标】

1. 让学生通过自主学习和探究，认识和感受不同质感的纸。

2. 初步认识多种艺术的表现形式。

3. 培养学生的观察力、想像力、创造力和表现力以及自信心。

【活动准备】

1. 教师准备课件、范作、白纸、水彩笔。

2. 学生准备材料一张白纸、一盒水彩笔。

【活动过程】

1. 利用情景，激发兴趣，引入课题

教师走进教室发现地上有一团废纸，便走过去捡起来，认真地看了看，笑笑说："同学们，你们说说这是什么？"有几个学生低下了头。几个胆大的学生回答："是一团废纸。""是垃圾。"教师又问："那么应该怎样处理它？"全班学生齐声回答："扔到垃圾桶里。"教师神秘地说："我可不这样想，我要把它留下来。为什么？上完这节艺术课同学们就会明白。"

2. 看一看，玩一玩，想一想，切入主题

(1) 观察与思考：

① 每个学生发一张新白纸。

② 要求学生看看白纸的颜色和形状。

一名学生低声地说："我什么也没有看到。"

另一名学生站起来大声说道："我看见我的纸是长方形的。上面什么也没有，是白纸一张。"老师对这名学生的话表示肯定："你很棒，观察真仔细。"

③ 要求学生手拿白纸在手心和脸上摩擦，感受纸的质感：平和滑。

④ 讨论：新的白纸会发出哪些声音？这些声音给我们怎样的感受？

讨论过程中，同学们很活跃，很投入，学生想到了用手拍、弹、摔、抖使白纸发出各种各样声响，还跟着老师用手弹出几段节奏，用白纸发出的声音给自己会唱的歌曲配乐伴奏，大家玩得很开心。教师也顺势鼓励和表扬了学生。

（2）激趣与想像：

① 激励学生跟着老师把纸揉成一团，并把纸团小心拆开。

② 引导学生观察、触摸，感受与开始的白纸有什么不同（不平滑，有折痕）。

③ 引导学生想像：你看到这些有折痕的纸面会联想到你平时看到的哪些物体？

学生讨论，畅谈自己的想像和观察的结果：有的说像石山，有的说像海面，有的说像开裂的土地，还有的说像八十岁老婆婆的脸。

（3）小结与反思：

前面同学们都说纸团是垃圾，但是同学们开动脑筋想像出了这么多的艺术形象，原来在我们身边并不缺少美，而是缺少发现美的眼睛。

3. 赏一赏，画一画，评一评，深入主题

（1）欣赏艺术大老师作品并想一想他们的作品与我们想像的画面有什么联系。其中主要欣赏以下作品：吴冠中的《春》、《花花世界》和《林鸟》，蒙德里安的《灰树》和《红黄蓝相间》。

（2）在教师指导下，学生用自己喜欢的彩笔沿着折痕画出自己想像和观察的结果，然后再涂上颜色。

同学们有了前面的基础画起来也十分大胆，点、线、面结合的意识无形地渗透到了同学们的思想中，体现在他们的作品上。

（3）学生讲评自己的作品，教师小结。教师鼓励学生积极参与，说出自己的想法和自己表现的程度，并提议同学们以发表对别人作品的看法。充分肯定每一位学生的创造和想像力。

教师最后作总结：一张白纸，我们可以把它变成废纸、垃圾，也可以把它变成一幅优秀的艺术作品，这一切取决于我们是否拥有一双发现艺术的眼睛和一双创造艺术的小手。

【活动评述】

本活动为我们提供了一个很好的生成性教学的案例。在新的教学理念下，教学不再是简单的知识技能的灌输与训练，教学过程应该是学习的主体——学生，和教育的主体——教师、环境三者之间交互作用的过程，是围绕着教材，运用丰富多彩的学习内容的师生之间的沟通与对话。这就要求教师很好地了解和掌握学生发展的目标，并能吃透教材，在平日多思考、多积累的基础上不断追求创新。这样才能够于平凡中发现教学的契机。这是一种教学机智、一种智慧。

【资料链接】

1.《儿童美术》，河北美术教育出版社。

2. 北京师范大学国家基础教育课程标准实验教材总编委会：《艺术课程与教学》，北京师范大学出版社。

（北京师范大学南山附属学校小学部　张　明）

堆　　沙

【设计理念】

在现代艺术生活中，综合艺术形式仍然是人类主要的艺术表现方式。这种多类艺术形式的综合，也是艺术学习的最佳环境，它使艺术学习变得更轻松、更活泼多样，使艺术能力的获得变得更自然、更容易。本节教学活动的设计理念就是为一年级小学生营造一个美术、音乐、舞蹈、语言等学科相互支持和相互补充的艺术学习环境。

【活动目标】

1. 体验一起堆沙和合作进行造型活动的愉悦，培养对美术、音乐、体育等学习活动的浓厚兴趣。

2. 了解和发现堆沙造型的不同方法，学会巧妙地利用不同的工具进行堆沙造型游戏。

3. 培养初步的立体空间想像能力，体现相互配合的群体意识。

【活动准备】

1. 把全班分为 8 个活动小组，每组 5～6 人。

2. 选择一片适合的沙地。

3. 教具：音响。

4. 学具：小塑料水桶（课前装好半桶水）、塑料铲、塑料勺等玩沙工具。

【活动过程】

师：你们以前在哪里玩过沙子，谁说一说？

生 1：在大梅沙。

生 2：我在小梅沙。

生 3：海上世界。

师：你们是怎么玩的？

生 1：挖洞。

生 2：在沙子上画画。

师：你们再好好想一想，如果让大家几个人合做一个，能做出什么？（引导学生交流自己堆沙造型的方式和方法，拓展学生的思维和想像空间，从而引发对利用工具堆沙的思考。）

生 1：大森林。

生 2：大马路。

生 3：飞机场。

生 4：动物园、乌龟、小鸟、太阳。

生 5：树，各种各种各样的树。”

师：很好，同学们都说得很好。这节课，你们就尽情地发挥你们的想像力，在这片沙地上做出自己喜欢的作品。我们来个比赛，看看哪个组做得又快又好。

此时，同学们非常兴奋，跃跃欲试。

师：别急，你们知道怎样正确使用工具吗？

同学们有的说知道，有的说不清楚，还有的不作声。

接着，老师让同学们围在一起，边讲边做，示范了堆、挖、铲、切等堆沙的方法。随后，学生按分好的8组，埋头开始创作起来。老师打开了音响，放起了轻松的钢琴曲。然后开始巡视辅导。

18分钟后，老师让所有学生围到第一组的作品前。

师：你们做的是什么？谁说一说？

生1：我们组做的是深圳的飞机场和公路，这是飞机，这是路，这是山，这是房子。

师：什么房子？做什么用的？

生1：上飞机前在这里等的。

师：是候机楼，对不对？

生1：对，对，对。

师：谁来表演一下？

学生们推举了一个学生，演示了一个人从家里到机场的过程，表演得很生动，很形象，博得了全班同学热烈的掌声。

接着，又来到第二组。

生2：这是太阳，乌龟，山洞，蛋糕……（一个学生讲了一个有关的小故事，边讲边表演，还情不自禁地跳起舞来。尽管作品不是很好，也赢得了同学们的好评。）

随后几组有的根据作品编故事，有的唱歌……同学们玩得都很开心。

最后，全体同学手拉手，围在作品前一齐唱《小小手》，在欢乐的气氛中结束了难忘的一课。

【活动评述】

本活动设计的一个显著优点是设计了一个游戏，让孩子通过快乐的游戏感受艺术，在不知不觉中学到了知识，提高了能力。艺术与游戏有着内在的联系，想像和自由创造是艺术和游戏的共同本性。艺术课程主张开展具有游戏倾向的艺术活动，通过有组织或随机的游戏活动，增进教学的趣味性，提高学生艺术学习的兴趣，使学生在游戏中体验艺术。游戏性的艺术活动，不仅使人轻松愉快，更能使人淳朴、率真的本性得到自然的流露，同时还能潜移默化地养成开朗活泼的性格，以乐观向上的心态对待生活和学习，使生活变得更充实、更有活力。

【资料链接】

1. 李绵璐、汪华主编：《义务教育课程标准实验教材·美术（二年级下册）》《堆沙》一课，湖南美术出版社，2002年1月版。

2. 中华人民共和国教育部制定：《全日制义务教育美术课程标准（实验稿）》，北京师范大学出版社，2001年7月版。

（深圳市南山区海湾小学　宋雅杰）

水墨游戏

【设计理念】

苏霍姆林斯基说过这样的一句话：“求知欲，好奇心——这是人的永恒的，不可改变的特性。哪里没有求知欲，哪里便没有学校。”本教学活动设计力图通过设计一个绘画工具的改变的情景，使学生产生学习的需要，并通过游戏体验，使学生自主学习、合作交流，在体验中发现问题并解决问题，给学生思想放飞的空间，培养学生探究学习和创新的精神。

【活动目标】

1. 帮助学生认识、了解水墨画的多种表现形式，感受笔和墨的变化，体验创造表现的乐趣，以此激发学生学习水墨画的兴趣。

2. 培养学生的动手能力，激发学生形象思维和创造想像的能力，让学生通过体验、游戏、创作的学习活动来表达个人的情感，丰富想像力。

【活动准备】

1. 班级同学分成若干活动小组。

2. 设计作品展示板和制作课件。

3. 材料：毛笔、生宣纸、墨汁、画毡。

【活动过程】

1. 出示新的绘画工具，创设教学情景，激发学生的好奇心，引入课题

师生互相问好后，教师问道：“同学们以前我们都用些什么工具来画画？”有同学答“铅笔”，有同学答“蜡笔”、“水彩笔”。“那今天老师给大家介绍个新的工具。”教师出示毛笔后说道：“它到底有什么特点呢？我给大家示范一下。”教师利用毛笔和墨画出个漂亮的小鸡，视频展示给同学看，有同学发出了感叹：“好漂亮啊！”“我也想画！”“这是怎么画出来的呢？”表现出强烈的好奇心。教师在学生争论后微笑地说：“大家想不想试试啊？那现在就欣赏一下相关作品吧，看看这个新的绘画方法有什么特点。”同学们热情很高，跃跃欲试。

2. 学生自主探究，发现问题

(1) 看一看：

教师出示水墨画课件，师生共同欣赏水墨画作品，在欣赏过程中，教师适当介绍水墨画，以开阔学生的视野和思维。

(2) 试一试：

师：我们看了这么多作品后，有很多同学一定很着急要开始。那下面我们就小试牛刀，在你自己的宣纸上，任意地画一画，看一看，墨色画到宣纸上有什么变化，墨加水的多少对墨色有什么影响。

（3）讲一讲：

请一名同学到台前体验水墨并通过视频投影示范给大家看，其他同学在下面做，并请示范的同学回答自己的感受。“墨在纸上向四周扩散。”“墨加水对墨的浓淡有影响。”同学回答后，教师提问其他同学有什么不同的看法。有的同学说：“运笔的快慢对墨的扩散有影响。运笔速度慢，墨色扩散的范围要大些，运笔速度快，墨色扩散的范围相对小些。”有的同学说：“运笔用力大小对墨线也有影响，运笔力度大，线就会粗些。”同学纷纷说出自己的感受和见解。讨论后，教师总结水墨画特点：水墨结合，墨色变化丰富，本节课绘画作业是：利用墨色的浓淡在画面上任意地涂画，然后转动纸张，使之流动、渗透，看一看墨迹像什么。根据想像，再利用吹、点、甩、滴、抹等方法添加墨、色彩成一幅画。重点强调：墨色的浓淡变化和色彩搭配。

3. 给学生思想空间，体验笔墨快乐，合作交流

师：同学们，我们准备得差不多了，现在体验开始吧。每个小组的两三个同学自愿组合合作完成一幅绘画。

老师提示同学绘画过程中要互相合作，共同解决问题。在操作过程中，有的同学的墨加水加多了，有的同学的墨不加水，画出来的效果不是很明显，墨色变化不丰富……大家发现了好多问题并提出了解决方案。在这一过程中，学生在自由空间里自主探索，体验交流，共同解决问题。教师辅导重点强调墨色浓淡变化、用笔，鼓励学生不拘一格，大胆尝试，用各种方法绘画。

4. 展示评价，交流互动

各小组评选出优秀作业，张贴在展示板上，请每组同学对其他组同学作品进行评价，并交流自己的看法。有的同学说：“我认为这个作品不错，作品的墨色变化丰富。”有的同学说：“这个作品构思很好，很新颖，我喜欢。”有的同学说：“我认为她的作品很有新意，水墨结合得很好。”在这个过程中很多人能认识到自己作品的优点和缺点并改进，在评价别人作品的同时，对自己的作品也能很好地认识。有的同学说，他通过评价别人的作品也学到了不少知识，同时自己的欣赏水平也有很大提高。教师也应积极反思和总结同学们的想法，同时对本人的教学也能有所促动。

5. 总结

师：同学们，今天我们体验了笔墨的一些基本绘画方法，有很多同学表现得很不错，作品也很有创意。中国画作为我们国家的传统文化的瑰宝，有很深刻的内涵和价值，我们将在以后的学习中继续了解这方面的知识，希望大家能努力学习，相信每个同学都能画出优秀的作品。

【活动评述】

英国哲学家约翰·密尔曾说过：“在压抑的思想环境下，禁锢的课堂氛围中是不可能产生创造性火花的。”本活动设计通过设置轻松的教学情景，给学生自主的探索和学习空间，让学生的思维在广阔的空间里翱翔，激发了他们的学习兴趣和潜能。本活动设计的成功实施使我们更深刻地认识到：体验才是真正的学习、深刻的学习，是学习的核

心，是开发悟性的途径，也是素质教育的特征。

【资料链接】

1. 李绵璐、汪华主编：《义务教育课程标准实验教材·美术(三年级下册)》《彩墨游戏》一课，湖南美术出版社，2003 年 1 月版。

2. 黄济、王策三主编：《现代教育论》，人民教育出版社，1996 年 3 月版。

3. 闫承利编著：《素质教育课堂优化策略》，教育科学出版社，2000 年 8 月版。

4. 中国美术教育信息网 http://www.arteduinfo.com

(深圳市南山小学　张玉剑)

中国扇子造型

【设计理念】

让学生用自己喜欢的艺术形式,尽情抒发夏日的情思,感受生活与艺术的关系,同时引导学生欣赏中国扇子的艺术造型,加深和了解中国扇子的艺术文化内涵。学会思考,学会关心,学会创造。

【活动目标】

1. 认识中国扇子的艺术发展。

2. 掌握扇子的基本制作方法。并能对扇子进行新的造型设计,体现学生的设计个性,培养学生的创新能力。

【活动准备】

1. 教师准备大量的扇子造型图例和真实的扇子及图片,并准备教学用的电脑课件。

2. 学生准备一些旧挂历、旧画报、彩色纸、画笔、胶水、剪刀。

【活动过程】

播放歌曲《太阳岛》:"明媚的夏日里天空多么晴朗……美丽的太阳岛多么令人神往……"让歌声把同学带入夏天,并且让学生轻松起来,欢乐起来。由此导入正课。

教师提问:同学们喜欢不喜欢夏天呢?

学生回答:有的回答喜欢,有的回答不喜欢,各有不同。

教师讲解:有些同学喜欢夏天,也有些同学不喜欢夏天,无论你喜欢或不喜欢夏天,夏天总会到来的。"春有百花秋有月,夏有凉风冬有雪",每一个季节都有所不同,就像我们的人生一样,在不同阶段都有不同的内容。

教师提问:同学们说一下,夏天会给你带来什么感受?

学生回答:天气炎热,阳光强烈,穿短衣短裤,蚊虫叮咬,树木葱绿,吃西瓜,有狂风暴雨等。

教师讲解:同学们说得很全面,对于夏天,我们每一个人都有深刻的体会。夏天是一个比较鲜明的季节,是一个对比比较强烈的季节,有它特有的个性。就像我们人的性格:热情、奔放、积极、向上、鲜明、爽朗。

教师提问:炎热的夏天,我们靠什么解暑降温呢?

学生积极回答:用空调、电风扇,吃冰淇淋、喝可乐、游泳等等。

教师讲解:现在我们都是用空调和电风扇来降温,吃冰淇淋喝可乐来解渴,我们大家真的很幸福。可是在过去的千百年来，我们的祖祖辈辈，在炎热的夏天都是靠扇子扇风乘凉。就连皇帝都没吃过冰淇淋，也没喝过可乐，更没用过空调和电风扇。

欣赏中国古代绘画《韩熙载夜宴图》，并讲解画面中的情节和古代上层贵族对扇子的使用情况。

教师小结：中国的扇子有着悠久的历史，据人们考证，它起源于远古时代。当时人们用树叶遮阳煽风、驱赶蚊虫。久之，把树叶简单加工，便成了扇子。

观看古今不同的扇子造型并且和学生分析讨论扇子造型特点。

教师小结：扇子伴着人们度过一个个夏天，上至皇宫贵族，下至黎民百姓，都离不开扇子取凉。千百年来便形成了特有的扇子文化。

利用电脑课件欣赏不同的扇子。

教师小结：扇子经过人们七八千年的使用和演变，不断地改进和发展，从树叶扇到草编扇，从莆扇到葵扇，从团扇到羽扇，从布扇到绢扇，从丝扇到绣扇，从民间扇到宫廷御扇，从小扇到大扇，从平扇到折扇，真是林林总总，多种多样，反映着社会的发展，体现着文明和进步，也形成了中国特有的扇子文化。

欣赏扇子舞、秧歌舞片段，对扇子造型进行总结。扇子有以下特点：

(1) 记载着灿烂的中华文明，体现着中华文化的源远流长和智慧。

(2) 凝聚着诗、书、画、印的神韵，体现着中国传统工艺美术的精良和独特。

(3) 体现着中国儒家文化修养，是历来文人雅士洒脱飘逸、风情万种的一种装饰品和道具。

(4) 扇子是智慧的隐喻。诸葛孔明的羽毛扇象征着智慧；济公的芭蕉扇反映着嬉笑怒骂的玩世不恭，《桃花扇》象征着爱情友谊等。

(5) 扇子的造型的形式多种多样，方形、圆形、扇形、椭圆形、长方形、梅花形、三角形、船形、八角形、喇叭形、山字形、荷花形、如意形、动物形等。

(6) 扇子是现代文明的体现，有着个性化的设计和创意，可以是情愫的寄托，也可以是友好往来的赠品。扇子又有“善”的意义，有美好和祝福的愿望。

课堂制作：为了加深和了解中国扇子艺术的文化内涵，学会思考，学会创造，利用旧挂历、画报、彩纸设计一个自己喜欢的扇子造型，以体现自我个性为佳。

学生制作时，播放轻音乐，老师巡回指导。

【案例评述】

本活动设计在轻松愉快的氛围中引导学生欣赏中国扇子的艺术造型，加深学生对中国扇子艺术的了解，认识中国扇子的艺术发展，并且对扇子进行新的造型设计，体现了现代课改精神，适合学生个性的发展。本活动设计得自然、流畅、得体。

【资料链接】

1. 杨立梅主编：《义务教育课程标准实验教材·艺术(八年级下册)》，山东美术出版社，2004 年 12 月版。

2. 蛇口中学网站艺术科组网页：http://www.szskzx.com

（深圳市蛇口学校中学部　赵巨跃）

形形色色的门

【设计理念】

美来源于生活，本节就是从学生熟悉的生活、感兴趣的事物中发现、理解、描绘和表现美。使他们感受到美术给人们带来的乐趣与作用，提高学生的审美能力和创造能力，使学生喜欢美术，从而更加热爱生活。通过与文学、历史、地理等知识的融合，使学生深深体会到美术与其他学科的紧密相连，使学生更加热爱美术。

【活动目标】

1. 使学生认识古今中外各种各样的门。

2. 学生能用不同方法、手段设计一个门。

3. 提高学生的表达能力、创造能力，培养集体合作精神。

【活动准备】

1. 布置学生课前通过上网，看书等，收集有关门的诗句和图片。

2. 准备画笔、卡纸、木条等材料。

3. 分成六个活动小组。

【活动过程】

1. 联系生活，读诗说门，引出课题

(1) 引导学生说出我们每天进入教室最先做的一件事就是“推开门”，那么门有什么功能呢？“门是建筑的出入口。”使学生感受到门与我们的生活密切相关。

(2) 自古以来就有许多对门的描摹以及借门抒怀、袒露心境的诗文，通过将诗文、画意、古乐融为一体的多媒体展示，使学生步入诗的意境，更深切地感受到门与生活的联系。写门的诗句如：

窗含西岭千秋雪，门泊东吴万里船。

村径绕山松叶暗，柴门临水稻花香。

去年今日此门中，人面桃花相映红。

朱门酒肉臭，路有冻死骨。

柴门闻犬吠，风雪夜归人。

寂寞柴门人不到，空林独与白云朝。

学生的情绪被调动起来，学习的积极性高涨。老师适时点题：这节课就让我们走入门的世界。（多媒体展示课题。）

2. 欣赏不同时期的门，进一步激发学生的学习兴趣

（1）欣赏介绍最有代表性的北京故宫的门。

正门——午门，不仅是宫门还是一座献俘和颁布诏令的殿宇。

天安门，是中华人民共和国举行开国大典的主会场，也是国徽图案的重要组成部分。

古代皇宫的门，威严华贵，象征着权利，反映了森严的等级制度。

（2）欣赏介绍我国民居的门。

陕西丁村民居，主要是木结构，在门窗和隔扇上雕刻了不少花饰，手法简洁，图案古朴。

东北农村的门，多粘贴门神，以达到驱鬼辟邪的目的。

云南大理白族民居，门楼是整个建筑的精华部分，有的地方整个门楼不用一颗铁钉或其他铁件，而连接却十分牢固。一般用剔透和浮雕手法，层层刻出带有神话色彩和吉祥幸福的白鹤青松、老鹰菊花、孔雀玉兰以及几何图案，表面还涂有赭红色的红漆，显得光滑明亮、古朴典雅。

（3）欣赏外国建筑的门。

法国的凡尔赛宫，英国的白金汉宫，俄国的克里姆林宫，还有荷兰的教堂大门。其中，为凯旋之时建造的凯旋门，引申了门的含义，是极具象征意义的门。

（4）欣赏现代建筑的门。

现代建筑的门多以简洁、实用、美观为主，体现了人们新的审美观念。

（5）欣赏各种形式表现的门的作品。

手绘的门。

电脑制作的作品，富有立体感。

木制的微型作品，更加真实。

请学生谈一谈对各种门的感受。课堂气氛活跃，学生畅所欲言，大胆表达自己的想法，一个个俨然就是个小小设计师。

3．学生尝试设计

师：在我们生活中，你一定见过许多学校、公园、商场、超市的大门，有你欣赏的地方，也有你不满意的地方，那就请同学们用你手中的材料重新设计一下，设计成你理想中的门，注意要与你所要设计的房屋整体结构相协调。

小组交流合作。

老师对学生的作品进行简单评析，指出同学们大都能设计出门的外形，但门上的图案设计得不够精致漂亮。

4．欣赏各种装饰花纹图片，设计评析

学生的思路进一步拓展，再次设计。综合运用所学的知识加以想像，设计出的作品新颖别致、各具特色。有的学生甚至想像设计出未来的门，极富创造性。

学生大胆把自己的创作意图向大家说明，并表达自己的美好愿望。

5．小结

师：门与我们的生活密切相关，同学们的设计更是富有想像力，老师相信在不久的将来你们都会成为出色的设计师，把我们的世界装扮得更加丰富多彩。

【活动评述】

本活动设计由诗文导入，使学生感知门与我们的生活密切相关，再通过直观的图片欣赏配以历史知识介绍，使学生如身临其境，感受到门文化的博大精深，并由此产生强烈的创作欲望。多种教学方法的运用，使学生在自由的想像空间遨游，创造力得到进一步发挥。

整个环节设计都以学生为主，让学生自己动脑去观察，去思考，去想像，去创作，把课堂完全交给学生，使学生更加自由地发挥，老师只是起着引导的作用。学生的想像力具有无限的空间，加以适当的引导，往往会取得意想不到的效果。

【资料链接】

中华人民共和国教育部制定：《全日制义务教育美术课程标准（实验稿）》，北京师范大学出版社，2001 年 7 月版。

（中央教育科学研究所南山附属学校　矫　墨）

彩陶探微

【设计理念】

本教学活动设计以学生喜爱的T恤衫为载体，依据美国弗切斯等人关于合作学习的实验研究成果，布置学生二人合作进行手绘活动。以贴近生活的美术形式寓教于乐、传承文化，充分体现学生的主体地位，积极引导学生自主学习、合作交流，使课堂真正成为以学生为主体的课堂。

【活动目标】

1. 认知目标：通过欣赏新石器时代的彩陶和借鉴彩陶手绘文化衫的活动，让学生初步认识彩陶的艺术美。这是本课的重点。

2. 情感目标：让学生感受我们祖先在远古时代所创造的灿烂文明，体验我们中华民族卓越的智慧和艺术创造才能，培养学生对人类文化遗产的保护意识。这是本课的难点。

3. 能力目标：通过手绘文化衫的活动，进一步提高学生发现美、表现美、感受美的能力。

【活动准备】

1. 教师准备：课件、教师本人手绘的文化衫一件(上课时穿)、丙烯颜料若干。

2. 学生准备：单色T恤衫、调色盘、水罐、水粉画笔两支。

【活动过程】

1. 创设情境、激发兴趣

首先问学生有没有穿过自己亲手画的衣服，紧接着展示自己身上穿的手绘文化衫，激发学生的动手欲望。然后提议："今天，我们就一起动手，两人一组，合作画一件文化衫。同学们穿上自己手绘的独一无二的文化衫走在街头，一定是一道亮丽的风景。既然是文化衫，传播什么文化呢？下面，让我们一起走进彩陶的世界。"

2. 引导探索、自主学习

老师播放课件，显示本课课题——彩陶探微。

首先询问学生对彩陶了解多少，彩陶美在哪里，造型、色彩与纹饰有什么特色。再分组设疑：第一大组同学重点注意彩陶的造型有什么特点；第二大组同学重点注意彩陶上的色彩有哪些，搭配效果如何；第三大组同学重点看彩陶的纹样有哪些表现题材。让学生自己从介绍彩陶的音乐短片中寻找答案。

在学生小组发言的基础上，教师作适当的补充、小结：造型美：千姿百态、样式多样。罐、盆、瓶、壶、碗、钵、三足器等，以简洁、自然、浑厚的造型，体现出健康、饱满的美感。色彩美：红、白、黑编织出单纯、朴素的美感。纹饰美：内容丰富有几何纹、植物纹、动物纹、人物纹等，手法多样，有线描型、平涂型、综合型等，体现了抽象美。

至此，学生对彩陶的艺术美有了初步的认识。

3. 合作探究、感悟体验

本环节先由教师借鉴彩陶的艺术美，演示文化衫的绘制过程，调动学生动手的积极性："彩陶上的这些纹样我们可以用在文化衫的绘制上。看看我穿的文化衫，就是取材于彩陶的色彩、彩陶的造型、彩陶的纹样。"教师边演示边说："画的时候不要拘泥于彩陶原本的纹样、色彩。可删减，可增加，可在原有的纹样、色彩上创造出新的纹样和色彩。彩陶可以说是我们创作的资源宝库。画的时候，可先用铅笔或圆珠笔起稿勾轮廓，再调水稀释颜料画。丙烯颜料调水多，易画出国画的彩墨韵味，调水少，则易达到油画的凝重效果。"

接着布置学生二人合作手绘文化衫，装饰部位不限，色彩不限。当学生动手实践时，教师巡回辅导，不时提醒注意事项，如：

(1) 丙烯颜料干后难以洗掉，注意不要弄到自己或其他同学衣物上。

(2) 衣服两层中垫纸，以免颜料渗漏到底下那层。

(3) 只须进行局部的装饰。

(4) 笔上颜料要饱满。

(5) 画无定法，可用毛笔以外的工具，如直接用颜料管挤涂等。

给予学生较多的表现空间，提供开放性的过程，倡导探究学习。

4. 科学评价小结、促进发展

让学生将作品展示在教室后墙上，进行肯定和鼓励，让学生获得探索学习的成功感。

下课铃响前给学生讲一个故事：这是一个真实的故事。一位老太太家门口摆了一个破柜子，一位收藏家发现是唐朝的，想买下，老太太开口说 5 块，收藏家说给 10 块，还说买来当柴烧，下午来取货。可等收藏家来搬柜子时，柜子不见了。老太太说："您是少见的好人，我说 5 块，您要给 10 块，自己心里过意不去，帮着把它劈成了柴。"学生们听了这个故事遗憾不已！教师乘机说："同学们不要觉得彩陶离我们很遥远，深圳就有彩陶被发掘出来——最近小梅沙、大梅沙发现了 6000 多年前新石器时代中期人类的生活遗址。如果大家对彩陶一点也不了解，彩陶就是被发现了也一样难逃厄运。所以，在座的每一位都有责任弘扬彩陶文化。这节课我们一起粗浅地接触了彩陶的艺术美，请同学们课后思考一个问题：彩陶的价值仅限于艺术美吗?"——通过课后思考题进行知识的拓展。

【活动评述】

本活动设计依据课程标准，吃透教材内容，灵活运用教材，突出重点，突破难点，结合学生年龄特点，遵循教学原则，创造出独具匠心的设计方案，获得较为理想的教学效果。课堂教学活动设计可以是多种多样的，再好的方案，也有其局限性和适应性。本教学活动的评价小结部分略显薄弱。另外，由于不同的班级有不同的特色，同样的设计、同样的环节，在不同的班级反应是不一样的。作为一位优秀的美术教师，必须对每个班的基础、特点有透彻的了解，并有针对性地准备几种方案才能保证每节课都是优质的。

【资料链接】

1. 杨立梅主编：《义务教育课程标准实验教材 · 艺术（七年级下册）》，课文《黄土地的畅想》，教育科学出版社，2002 年 1 月版。

2. http://workboy.nease.net

3. http://www.pep.com.cn/xsqctws/

4. http://www.guoxue.com

5. http://www.gs.xinhuanet.com

（深圳市蛇口学校中学部　程　珩）

古代岩画

【设计理念】

瑞士心理学家皮亚杰曾提出，就美学而言，孩子们从很小的年纪就开始谈论这些问题，并且带着极大的热情去讨论这些问题。例如，有一天我理了个新的发型，孩子们见到之后，立即加以评论，比任何一次课堂讨论的气氛都要活跃。不仅如此，他们还思索这些问题，并且为自己的见解提出理由。他们有的甚至会指出，直发更适合我或者卷卷的头发像狮子头一样。诚然，孩子是用自己的方式去讨论美学问题。他们的理念常常有别于成年人，而且有局限性。皮亚杰的这一段论述引发了我的深思，鉴于此，我认为教师在美术欣赏教学时要给学生更大的心理空间。不要以“成人视角”来审视学生的表现；不要不顾小学生的年龄特征和语言能力，用过于理性化、专业化、成人化的书面语对作品进行分析、评点；不要教给学生所谓的“标准答案”，因为任何一件美术作品在不同的人看来都可能有不同的评价和感受，即使是同一个人，对同一件美术作品在不同时期、不同环境、不同形式的展现中都可能有不同的评价和感受。也就是说要给学生营造一个更为宽松的心理环境。为此，我将这一教学思索付诸《古代岩画》的教学实践中。

有人说过一句真实的话：“逝去的人们已经沉默，然而岩石还会说话。”岩画，记录了人类远古时代社会生活和思想意识的方方面面。同时，原始时代的艺术，又以其特有的风格，富有魅力地反映了人类社会的童年。岩画所蕴涵的远古人类的信息，是学生了解人类童年时期社会生活极佳的信息平台；岩画所带有的某种幼稚和粗糙的痕迹，表现出了一种生动的、朴素的和富于幻想的特色。而且这种特色，与儿童美术的天真、生动、富于想像有着某种契合。因此，《古代岩画》一课是学生了解远古人们生活体会、原始绘画风格、不同绘画表现形式的良好载体。

【活动目标】

1. 对学生进行浅显的审美教育，渗透初步的美学知识。初步感受古人类的社会生活、思维形式、审美趋向，不断激发对古代人类文明的崇敬之情。

2. 欣赏远古人类的艺术作品。不断理解作品内涵，进行逻辑思维、想像能力的训练。

3. 培养学生用自己的观点去欣赏作品的欣赏态度。鼓励学生大胆提出假想、猜测。

【活动准备】

1. 教师准备作品《祈神》、《步辇图》以及两幅教学用范画。上网搜集世界各地岩画作品及相关知识，关制作成课件。

2. 学生上网了解有关岩画的知识。查资料了解《后羿射日》的故事。

【活动过程】

1. 准备阶段

以热身活动“画一画”和“猜一猜”活动引入。

画一画：请学生代表上黑板用最简单的方法、最快的时间画一个人物形象。（此环节为本节课中心内容——古代岩画奠定基础，从而，也为总结岩画的基本特点埋下伏笔。）

猜一猜：出示作品《祈神》，猜想作品年代、作者何人、画面里的人物在做什么等问题。引导学生展开想像，调动以往的知识进行综合判断，以此为学生综合能力的训练打下基础。

2. 感受阶段

出示范画，分组讨论，并为所选作品命题。学生分组后，小组成员集体对作品进行较长时间的观察、分析、理解和思想碰撞。在此基础上，再进行命题并结合解释理由的活动，是学生对作品内容、作者身份、所处社会环境及生活习惯的再认识。下面是两个小组的感受活动：

第一小组——

小组代表：我们给此画起名为“血的葬礼”或“英雄的凯歌”。因为画面中被人们高高举起的那人的动作表明他已经死去。

师：他是为何而死的呢？

学生1：在战争中牺牲的。

学生2：火烧致死的。

学生3：冻死的。

学生4：为国家利益而死的。

师惊叹：大家将他的死给予了较高的评价，是否源于人们将死者高高举过头顶之故呢？

学生3：感觉和猜测。

老师旋即引入《步辇图》进行对比。画面中主要人物占空间大的特殊审美法则就这样简单明了了。

第二小组——

给范画取名为“客栈”、“家宴”或者“请客吃饭”。原因是，画面中的两个主要人物正在房间里吃饭聊天，所以名为“请客吃饭”。其中一个男人的衣着打扮很像一个服务生，他腰间系着白毛巾，动作很像上菜的样子。主人正在大吃，保镖在他不远处嗑瓜子、看电视。

全班哄笑，显然他们为这些不着边际的猜想逗笑了。

老师跟风笑罢，忍俊鼓励：“真是佩服你的大胆想像，这像现代搞笑版的《笑傲江湖》。”（对有独到见解的学生要给予高度的赞扬、热情的鼓励，培养他们积极健康的审美情趣和正确的审美评价标准，这正是新课改关注人文精神的体现——幽默、生动、充满鼓励和轻松。）

此外，网页展示世界各地岩画作品，使学生进一步了解世界各大洲岩画的分布、地域特点、风格差别等信息，岩画的特点跃然黑板之上。

3. 表现阶段

由各组抽签决定同学代表参与表演《后羿射日》的故事。（这是对远古文明的再认识、再理解。在故事的表演中学生仿佛亲身体验到了远古文明的朴素。）

4. 拓展升华阶段

老师借用著名岩画专家陈兆复的一句话，作为本节课的结尾："岩画最早大约是四五万年前的遗迹，是人类童年时代的艺术作品。岩画是古代人类以山崖、巨石或洞穴为载体，用艺术的语言，绘制或雕刻而成的史书。"

随后，教师让学生带着对远古先民的崇敬之情朗读这段话。然后，教师介绍陈兆复先生的网站，让学生课后上网了解更多的岩画信息。

【活动评述】

案例的实施使学生的审美观得到了进一步的提高，学生在讨论、发言、阐述个人观点的过程中，不受"标准答案"的限制，敢于评价，敢于大胆猜想，丰富了学生的想像力与创造力，树立了学生的自信心，使他们真正懂得了用朴素的审美观去评价作品。反思以往的美术欣赏教学，教师用一种成人的观点代替学生的观点，忽视了学生的个性，在一定程度上抑制了学生思维与创造力。

学生在小组合作、互助、交流、讨论的过程中，培养了集体合作的精神，感受到了集体合作的快乐，体验到了合作探究成功的喜悦。

【资料链接】

1. 陈兆复、邢琏：《外国岩画发现史》，上海人民出版社，1993 年 6 月版。

2. 陈兆复：《中国岩画发展史》，上海人民出版社，1991 年 9 月版

3. 陈兆复岩画网 http://chenzhaofu.nease.net

（深圳市南山实验学校　王金成）

纸　版　画

【设计理念】

何为美的熏陶？就是能让学生在美术活动中真正参与其中，自觉地动脑和动手，并在教学过程中引导学生来创新和创造，不断增强学生的形象思维能力。本教学活动设计旨在培养学生的创新能力。通过制作，体验失败与成功的快乐，同时得到美的体验，达到审美和创造美的目的。

【活动目标】

1. 学生以个人或集体合作的方式参与制作活动，尝试不同工具、材料和制作过程，激发创造精神，发展美术实践能力，形成基本的美术素养，陶冶高尚的审美情操。

2. 能用自然物或人造物的不同肌理，通过拓印或剪贴，制作各种图形。

3. 培养学生的实践操作能力，掌握基本的制作技能。

4. 能运用对比与和谐、对称与均衡等组合原理，通过描绘、拼贴、堆积、组合等手法进行简单的造型活动，获得视觉和触觉经验。

【活动准备】

学生在家捡一片干树叶，在树叶上涂上水粉色，把白纸压在其上观察图形效果。上课时教师组织讨论。

【活动过程】

1. 师生互动

师：同学们，老师上次叫大家做的一个实验——用干树叶拓印，你们发现了什么？

生1：老师，你看这是我做的，有树叶的叶脉的形状。

生2：有很漂亮的肌理。

生3：我用了很多颜色，我的更好看。

生4：我的什么也看不见。

学生展示自己的作品，有各种图形和各种颜色，也有很多发现，并对肌理很感兴趣。一阵热闹后，老师开始今天的新课。

师：同学们，你们做得很好，请问你们拓印的这些图形是根据什么原理而在纸上留下来的呢？

生：是利用树叶上凹凸变化而产生的。

师：让我们再来做个实验好吗？

生：好！

学生注意力再次集中，老师把准备好的碎布条、纸片随意放在一张白纸上，滚上油墨再压上一张白纸，然后拿起来展示给大家看.学生们都惊呼：“哇！真漂亮！”

师：同学们，实际上你们做的就是实物拓印，是版画的一种。(学生的兴趣又来了，这就是版画呀，真有意思。)老师今天要教你们一种新的版画——纸版画。

2. 讲解纸版画基本概念

纸版画是版画的一种。按其制作方法与版面构成，可分为：

(1) 剪贴纸版画。用稍厚的纸张剪或刻出形象的平面轮廓，贴于另一基纸，形成凸版，上墨或上色后即可拓印。凸出部分墨色深，可印出形象块面，轮廓边缘呈白色，基纸上着墨少，形成中间色。

(2) 刻纸凹印版画。用坚实的厚纸刷一层薄的硬涂料，以刀、针刻画形象的线条，形成凹版，用棉花将油墨涂满凹线，擦去平面上不要的油墨，墨用铜版机压印，制作原理与铜版画相近。

(3) 刻纸凸印版画。以较厚的纸版代替木版进行刻作，刻与印基本与木刻版画相似，只因在纸版上不能刻得太深，拓印出来的画面另有其特殊的艺术效果。

3. 出示课件

(1) 网上搜索版画发展史、版画艺术语言、版画艺术形式、版画作品、纸版画概念。让学生在网上搜索是为了拓展知识面，使学生了解更多的有关版画的知识，有更多的想像空间，并能自觉地接受知识。

(2) 纸版画的制作步骤：画稿、剪贴、滚墨、拓印。

(3) 版画制作工具材料及使用方法：剪刀、胶水、油墨、滚筒、印纸等。

(4) 纸版画作品欣赏。

4. 讲解创作过程

(1) 确定题材：风景或生动的人物形象。

(2) 构图：根据题材内容的特点，确定采用什么形式的构图最恰当，考虑画面的布局。

(3) 绘画草稿：把构想的画面画出来，多画几个不同的草图，择优选用。

(4) 绘画正稿，制版：形式，手法不限。用单一的纸材或综合材料制版均可，力求画面效果精美、生动、有新意。

(5) 拓印：必须精心，拓印是最终效果，是作品精美与否的重要工序。

5. 学生创作，教师辅导

(1) 要求本节课完成图稿、制版、拓印。老师在辅导起稿时要根据学生的思路作启发引导，不强加自己的旨意。

(2) 制版：待大多数学生的底版制作完毕，可进行拓印。

(3) 拓印：把全班学生分成6个组进行拓印。老师提出拓印要求并作示范，把印好的作品随即放在投影仪上展示。

(4) 学生感想：用普通卡纸就能制作出多张精美的画，表示还要多做几张。

6. 讲评

对屏幕上的学生作品进行讲评，讲得细致具体。按纸版画的特点和特殊效果进行评价。

【活动评述】

本活动设计是新知识、新技能技法课。老师让学生课前准备，就是让学生发现问题，带着问题上课，激发了学生的学习热情。绘画和手工相结合的活动课使学生兴趣盎然，同时形象思维和动手操作能力得到了锻炼，这也是美术课的基本要求和现实意义。

【资料链接】

1. 《美术（十二册）》，岭南美术出版社。

2. 版画网 http://www.ququ999.com

（深圳市南山实验学校　彭卫平）

大版画与小小藏书票

【设计理念】

版画教学在小学美术教学和活动中已经有所普及，而作为版画中一员的藏书票，却还没有为多少中小学生们所知。本教学活动设计试图通过课堂小话剧的形式，在拟人化的情境中，将藏书票与常见的版画的关系、藏书票的相关知识融会到有趣互动表演中，让美术新知识的获取变得轻松而富有乐趣。

【活动目标】

通过类似于舞台剧的形式演示一场藏书票与大版画的趣味对话，让学生认识和比较藏书票与版画创作两者的联系与区别，从而更明确藏书票设计制作的基本要素与多样性，激发学生美术创作的兴趣。

【活动准备】

1. 2～3 幅(约 4 开纸大)版画原作或印刷品。1～2 块刻好的版。

2. 4～8 张(10×10 厘米、15×15 厘米)藏书票作品。

3. 课前分别制作 2～3 个藏书票卡通头饰和代表版画的卡通头饰。

4. 1～2 本等待粘贴藏书票的精美书籍。

5. 一组 CD 音乐(风格选择活泼、童趣的)及播放器材。

6. 课前挑选 4～6 位学生来分别扮演藏书票角色和版画角色，并作适当的排练。

【活动过程】

1. 两位同学戴着卡通头饰，胸前挂一张 4 开纸版画作品上场，扮演“大版画 1”和“大版画 2”角色。

大版画 1：(骄傲地)我是大版画国王，是美术家族中的重要成员，我已经有一千二百多岁了，比油画还老呢！你们大家不认识我？好吧，我让我的大臣给你们介绍介绍。

大版画 2：(狐假虎威地)我们版画是绘画和印刷工艺相结合的艺术形式。要诞生我们版画作品，必须经过画稿、制版、印刷三大工序。在印刷时使用油墨，就称我们为油印版画；如果印刷时使用水性颜料，例如水粉颜料，印出来的作品就称为水印版画。在中国，我的水印版画弟兄们非常多，领先世界。

大版画 1：我听说，在 15 世纪的欧洲，我们版画王国就有一个部落悄悄地发达起来了，到现在还没有向我禀报呢！这还了得！听说起初的名字叫什么来着？

大版画 2：叫……叫刺猬票！

2. 三位灵巧的同学头戴卡通头饰，胸前各别一枚漂亮的藏书票(其中一枚是最早的黑白稿“刺猬票”)扮演藏书票上场。(也可从一本大“书”里走出来。)

藏书票1:我们不叫刺猬票!我们叫藏书票。刺猬票是我们历史上第一张藏书票,在德国产生,上面画有一只刺猬,它是藏书票的祖宗!

大版画2:啊呀!你们藏书票这么小呀!大王,他们藏书票个子太小了,您收编他们,有失您老人家身份,您看……

大版画1:藏书票,过来!本大王问你们,你们不能长得跟我一样高大吗?

藏书票2:尊敬的国王,我们藏书票不仅像你们版画一样,是供人们欣赏和收藏的艺术品,而且还有一个重要的使命。

大版画2:什么重要使命?快说!

藏书票3:(将一枚藏书票认真地贴到一本精美的书的扉页上)我们藏书票的重要使命就是作为人类千千万万爱书者的一种精美的标志,贴到一本好书的扉页上。因此,我们的个头不能比人类常见的书的个头大,一般只是17×17厘米以内。如果我们也像您一样高大,那人类的书籍岂不是(比划)这么大吗?

大版画1:说得是,说得是。人类的书很多很多呀!爱书藏书的人也越来越多,那你们藏书票的队伍是不是很庞大?

藏书票2:您说对啰!我们虽然小,但我们小巧可爱,美丽多情。而且说不定队伍的数量超过您整个王国呢!

藏书票1:您现在想收编我们进入版画王国啦?

大版画1:嗯,你们虽然小了点,但很漂亮,又有书为家,我们好羡慕呀!(对大版画2)那我们收编吧!

大版画2:慢!大王,我们版画版种繁多。你们小小的藏书票有吗?如果有几个版种,那再收编也不迟!

大版画1:说得有理!

藏书票3:你们太小看我们藏书票啦!说说你们大版画有什么?我们都会有!

大版画2:版画有四大版种。一是木刻版画……

藏书票3:木刻版画,也叫凸版画。就是在木版上把空白的地方刻掉,留下凸起的形象部分,然后涂上油墨或者水性颜料印刷出来。我们藏书票多着呢!你看(拿出两张凸版藏书票展示)。

大版画2:我们版画有叫石版画的版种,你们藏书票有没有?

藏书票1:当然有啦,石版画也叫做平版画。就是在专用的石版上用药墨笔描画,再经过腐蚀制版,利用油和水互相排斥的原理来印刷,形成复杂而有趣肌理的版画,对吧?

大版画2:我们版画还有两大版种,一种叫做铜版画或金属版画,也叫凹版画;另一种是丝网版画,也叫漏版或孔版画。你们有没有呢?除此之外,版画还有影印版、珂罗版、麻胶版……

藏书票3:(打断他的话)停!停!尊敬的大版画先生,下面我给你们念一念1958年由比利时国际藏书票联合会确认,1996年重新改订的《制作藏书票的技法国际通用的简略符号》,你们就知道我们的版种绝不比你们差!(展示)请看:

国际藏书票票面标注版式代号

1958年比利时国际藏书票联合会确订，1996年重新改订：

B 点字版
CAD 计算机辅助设计（电脑设计版）
CGD 计算机总设计
CMD 计算机操作、改造、加工
C 凹版印刷（凹版）
C1 雕刻铜版（凹版）
C2 雕刻铜版（凹版）
C3 腐蚀版（凹版）
C4 干刻（凹版）
C5 飞尘（凹版）
C6 软底蚀刻（糖水法）（凹版）
C7 美柔汀（凹版）
E 装饰文字
L 石版（平版）
L1 磨砂石版（平版）
L2 软石版（水墨法）（平版）
L3 雕刻石版（平版）
L4 石版上飞尘并用（平版）
M 铸造活字版
MT 混合技法
P 照片制版（复制版）
P1 线条凸版（复制版）
P2 网纹版（复制版）
P3 影印版（复制版）
P4 凹版照相印刷（复制版）
P5 珂罗版印刷（复制版）
P6 照相石版术（复制版）
P7 湿式平版（复制版）
P8 写真（复制版）
P9 拨细工版（复制版）
S1 丝网版（孔版）
S2 誊写版（孔版）
S3 型染刷（孔版）
S4 合羽刷（孔版）
T 活字版（孔版）
X 浮雕凸版（空刷）（凸版）
X1 木面木刻（凸版）
X2 木口木刻（凸版）
X3 麻胶版（凸版）
X4 铅凸版（凸版）
X5 锌凸版（凸版）
X6 压克力（塑胶版）（凸版）
X7 打刻印版（凸版）
X8 石刻（凸版）
各版套色符号例：
X1/ 3C 木刻版三色
T / CO1 活字版后刷色（笔彩）
……

※纸版、剪纸、砖刻、拓片、塑胶凹版等均未经“国际联盟”会议确认。

大版画1：原来我们版画发展了多少种版种，藏书票也一样呀！真是没想到！

藏书票2：别忘了，还有不一样的呢！在我们任何一张藏书票上，除了图案画面以外，都有拉丁文[EXLIBRIS]字样，以及票主名。我们虽小，含义却不简单。我们应该算是版画王国里的特殊军团吧?!

大版画1：一定算！一定算！版画王国以你们藏书票为荣！本国王现在就下旨收编！

大版画2：传——旨——收——编！

藏书票1、藏书票2、藏书票3：呸！我们早就打进去啦！

3. 在轻松快乐的音乐声中，一场话剧落下帷幕。无论是演员同学、观众同学还是参与活动的老师、家长，都是兴犹未尽。掌声中人们忘却这是一堂课。这样的课堂，大家不仅学到了知识，而且还伴随着那么多情趣，那么多欢笑，以及对今后审美教育课的新的思考！

【活动评述】

对于什么是藏书票，什么是版画，它们有什么联系，有什么区别这样一类美术问题，要让小学生们主动去接受去理解，不是一件容易的事情。就是有直观的作品在课堂上对照学习，也未必收到理想的效果。这一美术活动设计则另辟蹊径，把那些枯燥的知识巧妙地溶入到一个幽默风趣的课堂小话剧中去，成功地解决了寓教于乐的问题。藏书票是版画中的一个分支，然而它又有独立的不属于版画的艺术特征和实用价值。本活动以拟人的手法，把版画比作国王，把藏书票比作这个王国里一支不为人所熟知的小部落，通过它们之间的争论和对话，恰如其分地道出了藏书票与版画间那种所属而又有别的关系。同时还让大家了解到版画和藏书票各自所派生出来的技法种类，加深了对这两种艺术作品的认识。

【资料链接】

1. 相泽民、赵方军：《版画藏书票教学与欣赏》，湖南美术出版社。

2. http://www.cspys.91i.net

（深圳市南山区育才二小　廖昭军）

名画欣赏与临摹

【设计理念】

欣赏是学习绘画的一个重要过程，是提高绘画技能和绘画水平的一个重要手段。本教学活动设计力图通过欣赏学习使学生们掌握一定的绘画技巧，培养他们的观察感受能力，提高他们对于美的认识和接受美的熏陶。在这种过程中，面对大师们的作品，细细品味，能激发学生们对于画家及其作品的理解和感受。

【活动目标】

1. 初步了解和掌握一些临摹的技巧。

2. 培养学生欣赏名家名作的兴趣。

3. 提高学生的艺术鉴赏能力和观察、创作能力。

【活动准备】

1. 学生准备美术书、绘画工具和材料。

2. 教师准备相关资料和图片、名家名作的多媒体演示。

【活动过程】

师：(出示一些绘画作品)当面对一幅画的时候你有什么样的感受？心里面是怎么想的？

学生们的情绪马上就被调动起来了，纷纷开始思考。

师：可先用你的直觉和感受去观察。

师：我们先来看看水果静物画作品。在画中你看到了什么？有什么样的感受？

同学们展开了热烈的讨论，你一言我一语，纷纷发表自己的看法。

生1：我觉得第一幅画颜色很亮，衬布的白色很亮。第二幅中的苹果画出了烂了的地方，画得非常的真实。

生2：第一幅画上的瓶子上有反光。在阳光下，画面中的苹果有一小块是发亮的。第一幅和第四幅画中的苹果好像要倒下去似的。第二幅画得很暗，其中画上的树叶像要枯了一样。第三幅图的苹果摆放非常散乱。

生3：这些画中的水果有疏有密，颜色搭配也非常合理。

这时老师作总结性的评述，先肯定同学们各自不同的感受和认识，紧接着提问学生们绘画还要注意些什么。学生们又展开讨论，众说纷纭。

师：既然同学们各有看法，那就走进我们今天的课堂一欣赏与学习。

师：接下来，我们改变一下，看一看另一类型的作品——花卉静物画。观察，欣赏，感受一下画家是如何处理画面的。我们会看到很多的图片,请仔细观察思考。老师选择了不同形式和风格的作品,你们要在其中慢慢地欣赏体味。

老师展示画作,学生仔细观察。

师:我们看到了不同形式的花卉静物,你有什么样的感觉?你是如何分析理解的?

生4:第一幅向日葵好像火在燃烧,颜色非常亮。第二幅颜色比较冷。第三幅给人一种对比感。第四幅画面背景是暖色的,花是冷色的。

生5:第一幅像一阵风把叶子吹起来一样。

……

在同学们纷纷发言之后,让学生各小组自己讨论,然后进行总结性发言。

A组同学:我组同学觉得,这些花卉静物的造型都是通过画家精心设计的,颜色上有很多的变化,表现手法也不同,有的颜色很亮,有的颜色较暗,有的很单纯,有的很热情,非常的美丽。

B组同学:我们这组认为,如果我们临摹画家们作品不会和他们一模一样,而是在其基础上加入我们自己大胆的想像和创造,使得作品更具有个性。我们觉得临摹不是照抄,而是可以加入一些自己的东西。

接下来播放许多优秀的风景画作品,让学生们进行欣赏、思考。在经过了一段时间的观察和思考之后,同学们回答的积极性高涨,纷纷发表自己的看法,说出自己的观点。

生6:我觉得第一幅作品中的树木好像风吹过一样。画家改变树的造型的姿态,让我们看到眼睛看不到、手也摸不到的风,让我们了解了怎样表现生活中存在而我们肉眼看不到的东西,让我们学到了许多的知识。

生7:我自己觉得,第一幅重画近处大树。而第二幅的重点是画远处山崖上的房子和树木。第三幅画的是近景,都非常的好看,而且很逼真,让人就像是真的看到了这些树木和风景一样。

生8:我对第四幅画比较注意,我觉得第四幅画中的风景好像是快要下雨一样,画家画了一个好像是快下雨的场景,我们通过画家的着色就可以看出来。真的是画得好好,好真实。还有一点,我还注意到前面景物都画得较大而后面却变小了,老师,这是不是你以前给我们讲过的近大远小的变化啊?

师:我们看到这些作品的表现手法都不相同,说明使用什么样的材料和方法都可以。我们还看到有的画画得很写实,有的很朦胧,有的很混乱,这也表明画同一题材的画也可以用不同的方法。有同学看到画中有近景远景的,这就是风景画的透视关系,在以后的绘画学习当中我们会作进一步的讲解。经过了前面的学习和了解,现在我请同学们来说一下静物画和风景画的区别。

生9:我觉得静物画都是近景的,而风景画可以画近的也可以画远的,我不知道这是为什么。我学习观察到了,但我在学习中也有了问题,和大家一起讨论。

生10:我看到画静物画要比画风景画逼真,而风景画可以画得朦胧一点,不用那么真实,一个比较随意一个比较认真。静物画和风景画的颜色搭配上也不相同。

师:同学们讲得都非常好,也通过欣赏对比看到了画的不同之处,有了这样的认识,我们在下面的临摹中才能有效地创作。

师:接下来的时间你们就在书上的三幅画中任选一幅来临摹,临摹时可以采用多种形式和材料。在绘画中，个人创作和集体创作都可以。

学生临摹，教师辅导。等学生完成了作品之后，展开学生评画活动。

师：现在来看一下你们临摹的作品。先看一下这位同学的作品，哪个同学来给他评一下？

生 11：我觉得他临摹的向日葵，整个画面颜色和效果都还不错，但也有不足的地方，比如颜色中有的部分搭配太过突然，少了一定的过渡和衔接。所以在选用颜色上要注意一下。

师：好，我们再来看一下另外一个同学的，他画的是水果。现在哪位同学来评一评？

生 12：他画的颜色很好看，画面很丰富。但是画面太乱了，所以给人的感觉有一点花了，不那么整洁。

师：同学们都说得很好，他的画有不好的地方，刚才有同学说到了很乱。也有好的地方，画面这一块有点“构成”的感觉。

师：接下来我们看这个同学的画，他画的是风景，他的构图与画家画的是一致的，但你们看他画的颜色完全是自己的风格。画面中的天空和树木很有想像力，画家画的天是灰色的，树是很沉稳的绿色，但这位同学把天画成了湖蓝色的，树画画成了红色的，很热情很有创造力。你们说是不是？

同学们观察后都发表了自己的见解。

师：下面我们看到的是班上几个同学的集体创作。集体创作是比较难的，因为要协调同学与同学之间的工作。并且她们的画又是大幅的创作，所以更难了。同学们，你们说说他们画得怎么样啊？

生(齐)：她们画得好漂亮，颜色好美啊。

师：今天大家通过欣赏画作学到了许多的知识，自己也对画家作品进行了临摹，也得了提高和进步，在以后的学习当中我们还会接触到更多的绘画作品，还会有机会去临摹它们。有了这样的基础我们就能更好地投入到今后的学习中去。希望同学们继续努力。好，今天的课就上到这儿。

【活动评述】

本活动设计运用了观察、分析、讲解、师生互动等多种手段，旨在激发学生主动欣赏和学习的积极性。通过这一教学学生们从不同的角度认识了优秀的美术作品，学习到了一些创作和表现的方法，增进了对美术作品的理解，增强了美术学习的兴趣，也为以后学习美术打下了良好的基础。在欣赏中加入临摹使得学习更有趣，也激发了学生的创造力和鉴赏能力。

【资料链接】

1.《美术(四年级)》，岭南教育出版社。

2. TOM 网美术同盟。

(深圳市西丽小学　黄思熙)

中国花鸟画展览欣赏

【设计理念】

美术欣赏，是欣赏者对美术作品进行知觉、感受、体会和解释、评价的复杂的心理活动过程，其中既有感性的直观体验，又有理性的逻辑思维。本教学活动设计力图使学生在参观画展的氛围中，通过观摩讨论、互动交流，学习花鸟画的有关知识，了解、欣赏中国花鸟画精湛高超的艺术表现手法和技巧，感悟中国画笔墨间的意蕴与表现的情感世界，体验中国传统绘画艺术的本质特征以及独特鲜明的民族艺术风格。培养学生的创新意识，引导学生自己发掘中国画作品共有的人文精神。

【活动目标】

1. 了解中国花鸟画的笔墨意蕴与艺术表达。

2. 感悟情感世界，体验中国传统绘画艺术的本质特征。

【活动准备】

前面已经欣赏过几幅经典的中国古代花鸟画，学生有粗浅知识。准备好多条设问。提醒注意路途安全和观展过程中的注意事项。

【活动过程】

1. 参观中国花鸟画展

展览现场画幅林立、墨色辉映，很容易激发学生兴趣，学生七嘴八舌感慨万千好不热闹。这时教师要重申展馆纪律，引导学生跟随自己一同观展，边看边与学生交流讨论（观展过程中学生肯定有很多提问），此过程教师可在与学生交流中传授花鸟画的有关知识，如中国画的构图、用线、笔墨韵味、工笔与写意之分、画面意境、表达的情感等等。

2. 赏析

师问：哪位同学能说说，你最欣赏哪一幅画，为什么？

生：我最欣赏这一幅画（带全体学生至画前），螳螂、小草、奇石栩栩如生，生动有趣。另一学生说线条精细有力，工笔的功力很深。还有学生说画家观察自然，表现生活的能力很强。

师：中国古代绘画长期以来形成了自己独特的东方艺术体系。花鸟画作为中国画中的一枝奇葩，深得大众之喜爱。它观察自然表现自然，“搜尽奇峰打草稿”，容天地万物于心中。但更重要的是在“外师造化”（大自然）的基础上，还要“中得心源”（解释）。你们能体会到画家当时作画时的情感投入吗？画家准确地抓住动物的特征和神态，用细劲的线条画出轮廓，须翅毕现，十分精细生动，并赋以色彩。从画中能看到画家那热爱自然、潜心观察和钻研画技的态度。此画通过虫草山石的描绘，表达出情感的起伏和更深层次的精神追求，营造出一种令人向往的意境。

意境，既有对客观自然的表现，又有主观世界的表达，体察宇宙的深远，从而提升了人格的修养，达到情与景的水乳交融。

师：工笔只是花鸟画的一种表现形式，有没有同学喜欢别的形式的画呢？

生 1：我喜欢那一幅光用水墨表现的写意画，给人潇洒大气、一挥而就的感觉。

生 2：对，用墨很有变化，畅快淋漓，老师说过的“墨分五彩”在这幅画里表现得很充分，黑白层次的变化同样有韵味，很感人。

师：同学们，说说中国花鸟画有哪些特点？

大家讨论总结：用线、用墨、源于生活高于生活、追求意境、抒发情感……

3. 讨论

教师选一幅典型的佳作欣赏，请学生思考讨论回答下列问题：

(1) 表现的对象是什么？

(2) 画面传达何种情绪？表现什么意境？

(3) 怎样表现物象的笔墨层次变化？

(4) 画面的组成有什么特色？

学生分三小组讨论，学生踊跃发言、各抒己见。各组派代表班上发言。

4. 布置作业

师：同学们能尽情地展示自我，老师十分高兴。请同学们回校后写一篇 300 字左右的观展后的评论文。自己任意选择一幅国画临摹，感受一下画家在表现作品时的笔墨意趣。

5. 集体返校

【活动评述】

本活动设计的特点是让学生身临其境，有感而发，在充分讨论的基础上，学生与教师一起总结归纳出几个欣赏要点，再让学生运用已学的知识写观后感。学生在美的感受中增长知识，陶冶情操，提高审美能力。

（深圳市南山区博伦学校　李衡岳）

感受抽象绘画和音乐的内在共性

【设计理念】

抽象派大师康定斯基说过:“凡是内在需要的,发源于心灵的,就是美的。”本节教学活动是通过聆听、感受音乐所蕴含的各种情感,从旋律、节奏中挖掘音乐和抽象绘画中点、线、面、色块的组合、构成所表达的内在共性,培养学生对富有音乐之美的抽象绘画作品的认识、理解乃至创造。

【活动目标】

1. 欣赏大师作品、感受抽象绘画中的音乐之美。

2. 分析绘画各要素中传递的音乐信息。

3. 聆听、感受音乐,即兴创作一幅抽象绘画作品。

【活动准备】

1. 不同风格、情绪的音乐光盘。

2. 卡纸、水粉、油画棒等。

【活动过程】

1. 欣赏富有音乐性的抽象绘画

师:首先,我们来感受早期抽象主义画家克利的作品,他的艺术充满幻觉,穿过现实的约束和精神的迷雾,任凭创造力自由飞翔,创造出如同魔法般充满魅力的绘画作品。

学生们在门德尔松的音乐《梦》中,欣赏克利的《金鱼》。

师:克利的《金鱼》给你怎样的感受?

生1:色彩像彩虹般地耀眼,而有黑色背景的衬托,让人觉得深不可测。

生2:这些鱼像神鱼一样,非常有灵气。

生3:在黑色的背景中,用暗蓝色描绘海的波浪、海底的水草,让人觉得特别生动,那跳动的鱼儿和水波就像流动的音符,我好像听到了有关大海的音乐。

生4:画面中的鱼非常梦幻,而它们游弋在一个更加神秘而富有灵气的空间里,画面呈现出一种永恒的和谐,就像在聆听古诺的《圣母颂》一样。

同学们都随音乐沉浸在克利的图形世界里,在其中观察、体验、非具象的符号像音乐一样冲击着同学们的心灵,映入他们的脑海,整个画面充满了无限延伸的可能性及生命力。

再如:吉尼·戴维斯(Gene Davis)的《冷圆锯》和约翰·费伦(John Feeren)的《无

题》。两幅画都是非具象的，也就是说，都不是写实的。两幅画长度与宽度几乎都相等。但其相似之处仅止于此。在费伦的画面上，我们看到一种激动不安、近乎疯狂的动感，整幅画像有机体一样在搏动，正如一窝蠕动的虫。而静止的背景和干脆利落、宽大浅淡的笔触则陪衬着绞缠在一起的那些虫形物。

戴维斯的《冷圆锯》的确很冷，画中直线的形体有着费伦的准确性和理性。戴维斯的作品是呆板的，经过深思熟虑的，精确无误的。由明至暗的构形给观者以一种明暗度的直观交响乐。这种交响乐就像巴赫的作品那样有秩序并富于变化。

2. 分析造型要素点、线、面中传递的音乐信息

师：俄罗斯画家康定斯基在绘画时不断思考，运用判断力审视自己的画作。1910年，他画下了美术史上第一幅纯粹的抽象画。《伴奏的中心》是一幅充满了音乐性的绘画，显示出作者丰富的思想与洗练的描写能力。作品色调明朗、华美，画面主体图形与周围的小图形的形状、大小、色彩、位置的变化富有节奏感，宛如一首乐曲，这时，你能感觉到点、线、面传达给你的音乐信息。不同的点、线、面的表现方法，能使人产生不同的情感。

同学们谈论对各种点、线、面的感受：

生1：水平线非常平稳，就像一首平静的音乐，使人联想到宁静的湖水。

生2：斜线使人感到动荡，宛如细细密密的雨、倾斜的山坡，让人有心悸之感，我好像听到了一连串滑落的音符。

生3：还有痛苦的曲折线，高昂的垂直线，活泼的波浪线。

线条的形状、张弛度、疏密感，点的大小、分布、排列，各种色块的组合、表现，引起了同学们丰富的联想，产生了情感上的共鸣。

3. 聆听音乐，即兴创作

听一段音乐，可用多种材料和方法，把对这段音乐的感受表现出来，即兴创作一幅抽象画作品。通过感受梦幻、神秘、快乐、激烈、平静、压抑、痛苦等不同情绪的音乐作品，努力感受音乐在绘画中的媒材作用。在音乐的感染下，同学们开始了即兴创作。

(1) 温柔、舒缓的音乐：

在格里格的《晨曲》陪伴下，我带着我的线条去散步了，在一片空空荡荡的领地，悠悠游历，然后返回起点，蓦然回首它的足迹，造就了一个充满生气和活力的世界。有时是几根线条同时生长，迂回曲折，穿插交织，就像晨曲中万物醒来时生机蓬勃的景象。

(2) 神秘梦幻的音乐：

学生们创作了一幅幅象征性的图画，如：《梦中的眼睛》、《生命的律动》等，充满灵性的色彩，随意分割、创造的符号，给人的印象是即兴的、充满幻觉、扑朔迷离。学生们走进了音乐星空下的诗意造型空间。

(3) 节奏感强烈的音乐：

学生们的作品运用了各种线条，从不同方向挤紧、压迫、重叠、遮挡，表达了生命的律动感，传递出快乐的心境。

(4) 痛苦、忧伤的音乐：

迟疑的线条、灰暗的色调，营造出一种沉闷、压抑的画面氛围，画者的内心情感在特定的时空里被定格在这种情调之下，那忧郁的内心和观者痛苦的眼神切实地相遇了，学

生们在寻找不同情感的音乐中，挖掘自己创造的空间，在克利、康定斯基、蒙德里安的梦中开出更纯粹、耀眼的花朵。

【活动评述】

本活动设计充满了“音乐之声”，对教师和学生都提出了较高的要求。抽象绘画中包含的音乐之美贯穿整个教学环节，让学生们在聆听、感受音乐所蕴含的情感的同时，构想出一幅幅属于自己的符号与图式的精神画面和创造空间。有感于美术教学中往往更多倾向于对具体形象的描绘，容易导致学生们在美术表达上的模式化、概念化。当我们的学生从未见过抽象派时，如果他对美术的概念只包括模仿自然的形式，他就很难用欣赏的眼光与抽象作品打照面。而抽象绘画让他们学会了用自己的语言去说话，作品给人们和自己带来了更大的欣赏空间和思考价值。作为美术教师，应该通过一些手段帮助学生扩展经验，尝试通过调动一切感观，直至心灵的感触来丰富学生对美术的种种表达，让他们体验抽象之美。

【资料链接】

1.〔俄〕康定斯基著，李政文、魏大海译：《艺术的精神》，云南人民出版社，1999 年版。

2. 王林编：《现代美术历程 100 问》，四川美术出版社，2000 年版。

3.〔美〕艾略特·W·艾斯纳：孙宏《儿童的知觉与视觉的发展》，湖南美术出版社，1994 年 4 月版。

（深圳市南山区育才二中　邱旭东）

从东西方宗教的标志看各自的绘画特点

【设计理念】

美术与宗教的关系非常紧密，在美术起源的几种说法中，就有英国人泰勒和弗雷泽等人提出的美术源于巫术之说。巫术虽然有别于宗教，但宗教起源于巫术。无论是在东方还是在西方，很多美术作品的诞生都是基于为宗教服务的需要。东西方不同的宗教导致东西方绘画的巨大差异。基于上述认识，本课的设计旨在让学生学会从广度和深度来思考美术，培养学生探究、分析、欣赏美术作品的能力。

【活动目标】

1. 加深学生解读美术作品的广度和深度。

2. 启发学生通过观察和思考探究事物之间的相互联系和区别。

3. 拓宽学生在人文、艺术等学科的知识面，完善他们的知识结构。

【活动准备】

本活动最好是在学完中国古代绘画和欧洲 17、18 世纪绘画之后学习。老师要准备好课堂上演示的相关图片等资料。老师要提前通知学生在书籍或网络上查找东西方宗教的相关知识及其标志图形。

【活动过程】

1. 提问学生，引入教学

前面我们学习了中国古代绘画和欧洲 17、18 世纪绘画，请同学们说说这些绘画的总体面貌特点。学生回答完毕，教师小结。

检查学生在课前准备好的宗教材料，包括东西方宗教的标志。师生互动，简单总结东西方宗教的特点，由东西方宗教的标志切入正课。

2. 以图形标志导入授课

教师在屏幕上同时打出中国古代道教的标志——太极图和西方基督教的标志——耶稣十字架图片，联系东西方宗教标志和绘画，进行综合讲解。

列项对比二者的特点(以下内容制作成课件展示)：

对比内容		中国太极图标志	西方基督教十字标志

		⬇	⬇
		含蓄、复杂	简单、直观
(1)	外观	圆、随遇而安	坚硬但易折
(2)	颜色	黑白各半	直观，西方人喜欢真实客观的色彩
(3)	构图	“S”形	“十”字形
(4)	表现	抽象	直观、具象
(5)	透视	多点透视	焦点透视
(6)	构成	众多	相对单纯
(7)	气质	气韵流动	定点性强
(8)	特点	对立而又统一	鲜明
		⬇	⬇
(9)	绘画	传统的水墨中国画在用色上使用的是黑白两个极色，这是由中国哲学和特定环境下的艺术观等因素决定的；中国画在构图上上下左右对应，总有一角开方，形成以“S”为主的构图；中国画在立意上是“意在笔先”，气韵为六法之首，贵在神似，似与非似的抽象性是写意画的特点；在山水画中，山即我、我即山，水即我、我即水，这种“天人合一”的作画思维，体现了对立而又统一的思想；国画在透视上采用的是多点透视。中国古代的画家受到道儒文化的影响，在不得志或官场失意的情况下，懂得隐退山林，得以安定。国画的作画方法与中国健身气功有相通之处，具有一定的健身长寿之功能；中国画的包容量很大，包括诗、书、画、印等。以上构成了中国画的绘画特征。	17、18世纪的西方油画在色彩上喜欢客观存在的、真实自然的色彩；在观察上以焦点透视为主；在绘画构图上喜欢用框式移动来检查构图；在表现题材上崇尚写实，注重表面真实生动的效果；西方的油画常采用“十”字的交叉直线打形，尤其在画石膏时最为明显；西方的艺术家受西方哲学和新文化运动的影响，性格比较张扬，身心较受伤害，凡·高是最典型的代表；油画相对中国画在内容构成上少一些。

【活动评述】

本活动设计在欣赏完中国古代绘画和17、18世纪欧洲油画之后完成，它立足于教材，在原有的基础上作了深层次的发挥，利于学生从广度和深度解读美术作品，启发学生通过观察和思考探究事物之间的相互联系和区别，拓宽学生在人文、艺术等学科的知识面，丰富他们的知识结构。从上课效果来看，达到了教学的目的。

【资料链接】

1. 宋玉成编著：《外国美术史》，辽宁美术出版社，1997年版。

2. 胡东放：《中国画黑白体系论》，人民美术出版社，1991年版。

（深圳市南山区南头中学　宁军敏）